D1734152

Die Deutsche Bibliothek - CIP - Einheitsaufnahme

Miška, Ajra:
Von der Ewigkeit berührt : Die Erzählung eines Engels / Ajra Miška.
Mit einem Vorw. von Marco Pogačnik .
- Ottersberg : Ed. Ecorna, 2002
ISBN 3-9806835-3-2

Originaltitel:
Miška, Ajra
Dotik vecnosti - Angela pripoved
Ljubljana 1993

Preis: € 15,90

Bestelladresse:
edition ecorna
Postfach 1228   D-28870 Ottersberg
T 0049 (0) 4205 77 90 58
F 0049 (0) 0425 77 90 59
edition.ecorna@t-online.de

Zeichnungen: Ajra Miška
Deutsche Übersetzung: Christian Močilnik
Lektorat: Michael von Zkopau
Gestaltung und Satz: Flora Baraccani und Bruno Thamm
Printed in Germany
ISBN 3-9806835-3-2

Ajra Miška

Von der Ewigkeit berührt
Die Erzählung eines Engels

Mit einem Vorwort von
Marko Pogačnik

edition ecorna

Ajra Miška lebt in Slowenien, nahe der italienische Grenze. Sie ist Mitarbeiterin und älteste Tochter des durch seine Erdheilungsprojekte bekannten Bildhauers Marko Pogačnik. Ajra Miška arbeitet als Heilerin und spirituelle Lehrerin und schreibt Bücher. Ihr Wirken hat vor etwa zehn Jahren im Alter von 23 Jahren begonnen.

Das vorliegende Buch enthält ihre ersten Übersetzungen von Botschaften aus der Welt der Engel. Im Anschluss begann sie ihre Tätigkeit des Heilens und der spirituellen Lehre. Ihr Wirken befindet sich in ständiger Weiterentwicklung. In den letzten Jahren hat Ajra Miška viele neue Ideen und Anregungen erhalten, die sie in Zukunft auch in weiteren Büchern veröffentlichen möchte.

Inhalt

Vorwort

Ich bin glücklich, dass ich das erste Buch meiner ältesten Tochter und langjährigen Mitarbeiterin Ajra in deutscher Sprache begrüßen kann. In der Zeit seiner Entstehung war es das wichtigste Lehrbuch für mich und für die Entwicklung meiner geomantischen Methode. Ich hatte sogar das Vorrecht, dem Entstehen des Buches zuzuschauen und die gerade aus der geistigen Welt zufließenden Aussagen Ajras Engelmeisters vom Bildschirm des Computers zu lesen, an dem sie, vertieft in die innige Beziehung zu seiner Präsenz, schrieb.

In jener Zeit hat sich Ajra meinem Erdheilungsatelier angeschlossen und mir bei der Ausführung zweier Projekte geholfen, die ich alleine kaum hätte bewältigen können. Zum einen ging es um die Lithopunktur zu beiden Seiten der Grenze zwischen Nordirland und der Republik Irland, zum zweiten um die Entschlüsselung des Landschaftstempels Sloweniens als Grundlage für die Erschaffung des offiziellen Wappens und der Fahne der neu gegründeten Republik Slowenien.

Durch Ajras einfache und doch so präzise Sprachform, durch die sie mit ihrem Engelmeister Christopher Tragius kommunizierte, konnten wir alles erfahren, was nötig war, um das Heranreifen der beiden Projekte zu sichern. Wenn ich auf Reisen war oder wenn gerade keine praktische Aufgabe bevorstand, war Ajra frei, sich an meinen Computer zu setzen und an dem vorliegenden Buch zu arbeiten. Nach einer kurzen Einstimmung und inneren Verbindung begannen die Worte des Meisters ohne jeden Rückhalt frei zu fließen. Die schreibenden Finger konnten ihnen kaum folgen.

Von den Qualitäten des Buches, die vor bald zehn Jahren - als das Buch im Slowenischen erstmals erschienen ist - mein Weltbild mit geprägt haben, möchte ich drei erwähnen.

Erstens habe ich darin eine alle verschiedenen Niveaus einschließende Darstellung des Wesen Mensch gefunden, die ausdrücklich in den Kontext der entsprechenden Dimensionen des Landschaftsraumes eingegliedert ist.

Zweitens ist darin besonders umfangreich die unsichtbare Evolution der Elementarwesen - im Buch auch Elementale genannt, womit keine negativierte Gedankenenergie gemeint ist, wie anderswo dargestellt, sondern ein Synonym für Naturgeister bzw. Elemtarwesen - beschrieben; nicht nur theoretisch, sondern auch im Hinblick auf die Problempunkte der

Beziehung zwischen der Zivilisation des Menschen und der der Elementarwesen. Drittens möchte ich die Abhandlung vom persönlichen Elementarwesen des Menschen erwähnen, dem so genannten "elementalen Ich". Sie leitet ein Novum in unserer Denkweise zur Mehrdimensionalität des Menschen ein, das vor der Veröffentlichung des Buches, soweit ich weiß, kaum ausgesprochen worden war.

Marko Pogačnik

Einleitung

Das Buch, das Du in Händen hältst, ist einer von unzähligen Versuchen, das Bestehende zu erklären. Es umfasst die gegenwärtig interessantesten und aktuellsten Themen. Die Menschheit steht vor einer Entwicklungsperiode, in der sie Fragen über die Mehrschichtigkeit und Vielfalt der Realität nicht mehr vermeiden will. Alle Menschen wählen kontinuierlich ihre Verarbeitungsmethode und bauen damit ihre subjektive Wirklichkeit auf, die von äußeren Kräften nicht zerstört werden kann.

Meine Absicht liegt nicht darin, irgendeine neue "einzig wahre" Lehre zu verbreiten. Ich möchte Eurem Verständnis des bereits Bekannten lediglich eine Ergänzung anbieten. Der Text ist nicht die Frucht meiner Hellsichtigkeit. Er wurde gänzlich unter der Anleitung meines Meisters Christopher Tragius diktiert. Unsere Zusammenarbeit begann zu Weihnachten im Jahre 1991. Vielleicht brodelte sie schon jahrelang zuvor in meinem Unterbewusstsein; sobald ich sie jedoch bewusst und aus freien Stücken annahm, überflutete seine Hilfe mein ganzes Leben. Ich wurde zur Heilerin und empfing regelmäßig seine Botschaften.

Die erste Phase der Zusammenarbeit bestand in meinem Lernen und Meistern der Grundregeln beim Umgang mit den Energien sowie dem Empfinden und Aufspüren energetischer Strömungen.

Die zweite Phase bestand in der Zusammenarbeit mit meinem Vater Marko Pogačnik. In diesem Abschnitt hatte ich die Möglichkeit, die Arbeit mit örtlich gebundenen Energien kennen zu lernen. Gemeinsam nahmen wir die geistigen Ebenen der Landschaft und die Systeme der drei Göttinnen zur Kenntnis.

Meine dritte Phase geht mit diesen Texten ihrem Ende zu. Mein Schwerpunkt liegt nun hauptsächlich im Heilen.

Meine Beziehung zu Christopher Tragius ist die zu einem geistigen oder kosmischen Vater. Er ist stets bereit mit mir zusammen zu arbeiten, weshalb unser Kontakt keine besondere geistige Verfassung oder meditative

Einstellung meinerseits voraussetzt, sondern ein ganz natürlicher, alltäglicher Kontakt ist, den ich in jedem Augenblick herstellen kann. Der vorliegende Text ist meine Übersetzung der kosmischen Botschaft. Die kosmische Sprache ist ein Augenblicksphänomen, das nur intuitiv erfasst und verstanden werden kann. Um sie in verständliche Form zu bringen, muss sie in Worte übersetzt werden. Die Worte kommen nicht von selbst. Alles, was ich im Kontakt mit meinem Meister wahrnehme, ist ein Energiestrom, der mich in Symbolen erreicht. Sie gilt es aus den unterbewussten Schichten ins Bewusste zu übertragen. Meine Rolle dabei ist die einer Übersetzerin. Es ist möglich, dass ich an manchen Stellen die korrekte Formulierung nicht getroffen habe und daher keine vollkommene Entsprechung gegeben ist. Ich anerkenne diese Möglichkeit, und sie erscheint mir nicht einmal so schlimm zu sein. Beim Übersetzen kosmischer Botschaften gilt die Regel, dass alle intuitiven Wahrnehmungen durch das eigene Bewusstsein übersetzt werden. Sobald sich Dein Bewusstsein in irgendwelchen Ideologien verfängt bzw. ein endgültiges Schema oder Verhalten für ein bestimmtes Problem bereithält, verfälscht sich die Botschaft in ihrer ursprünglichen Form. Um die Energiebotschaft wahrheitsgetreu übersetzen zu können, ist es wichtig, keine vorgefassten Urteile über das Thema zu haben, über welches Du sprichst, etwa die Zugehörigkeit zu einer Religion, Ideologie usw.

Ein solcher Zustand ist der der reinen Bewusstheit, auch wenn es im ersten Augenblick den Anschein haben mag, als sei es ein Zustand des Nichtwissens. Wenn Du also die Wahrheit auf Deine eigene Weise sehen willst, darfst Du im Bewusstsein keine fixen Überzeugungen haben. Es ist besser unwissend als gelehrt zu sein, denn jedes verinnerlichte Wissen kann in Dir zu einer Verzerrung der Sichtweise führen und sie diesen altbekannten Mustern anpassen.

In den Botschaften dieses Buches wirst Du vielleicht auf Begriffe stoßen, die sich nach Deinem Wissen nicht an der richtigen Stelle befinden. Ich habe meine Texte ohne zusätzliches Überprüfen mittels verwandter Literatur verfasst, auch wenn diese älter sein mag und vielleicht in mancher Hinsicht wahrheitsgetreuer ist. Während des Schreibens war ich frei, und gerade diese Freiheit schenkte mir Lust und Freude an der Arbeit.

Ajra Miška

Im blauen Bach begegneten einander drei Wesen.
Sie blickten einander an und schauten leise auf die ruhige Oberfläche.
Unter dem silbernen Wasser leuchtete ein runder Ort.
Wenn Du ans Paradies geglaubt hättest,
wäre Dir eine Sonne samt Antlitz in den Sinn gekommen.
"Und dieser Ort wird unser Heim" wussten sie,
ohne ein Wort darüber zu verlieren.

Geleitworte
des Meisters Christopher Tragius

Ich darf mich Euch kurz vorstellen. Ich bin eine Engelsintelligenz und werde Euch keinerlei Gestalt aufdrängen, weil ich keine habe. Ich wohne jenseits von Raum und Zeit. Von dort kann ich Geschichten, inspiriert von einer ganzheitlichen Sicht, ins Leben herbei rufen und erzählen.

Auch ich selbst war einst wie Ihr alle eine Seele und ein inkarnierter Mensch. Mein Bericht ist daher keine Erfindung, sondern beruht auf Erfahrungen, die ich während meiner Inkarnationen erlebte. Wenn Ihr dieses Buch lest, so nehmt es als die Geschichte eines älteren Bruders. Sie verkündet keine allgemeingültige Wahrheit, sondern ist nur eine Wahrheit unter vielen, eben meine Lesart der Wahrheit.

Vielleicht werdet Ihr bei einem der Themen eine Antwort auf die Frage finden, die Euch gerade quält. Das wünsche ich Euch ganz aufrichtig. Ich möchte nicht, dass Ihr den Text passiv aufnehmt, sondern hoffe, dass Ihr darin die Anregung für eine individuelle Weiterbearbeitung verschiedener Gedanken findet. Ich wünsche mir, dass Ihr aktiv seid und dem Geschriebenen nicht als einer Wahrheit begegnet, der kein Widerstand entgegen gebracht werden kann. Ein jedes Wort möge in Euch den Mut zu Erneuerung und Wachstum wecken. Dieser Wunsch soll Euch für die gesamte Dauer des Lesens begleiten.

ENERGIE IST LEBEN

Energie ist immerwährende Gegenwart

Wie alles tanzt in seiner bunten Pracht, so gibt es nichts Schöneres als jede Einzelheit zu beobachten, die Leben bedeutet. Bewegung, Farben und Stimmen sind eine wunderbare Begleitung jeglicher Manifestation des Daseins. Ein jedes Element trägt in seiner Struktur die Bedeutung seiner eigentlichen Natur. Die sichtbare Welt schenkt sich uns nur als Teil unseres Wahrnehmungsspektrums, die anderen Wahrheiten sind für das menschliche Auge unsichtbar und bilden eine vollkommene Mitwelt, eine nicht inkarnierte Begleitwelt. Eine jede Form hat ihren Klang, ihre Farbe und somit ihre Energieinformation, welche die grundlegende materielle Gestalt herstellt. Darum ist jede Form die materialisierte Gestalt ihres Wesens oder der Sinneseindruck während des Kontakts mit dem Energiekern. Die Natur und sichtbare Welt des Menschen sind eine Welt der Symbole. Du bist hier, um die Symbole auf Deine Art zu verstehen und deren Wesen so tiefschürfend wie möglich zu erfahren.

So wie die Natur rings um Euch, so seid auch Ihr nur materielle Inkarnationen Eures wirklichen Seins. Auf der Ebene Eures zeitlosen Seins lebt Ihr in einer gemeinsamen Welt, in ständiger Zusammenarbeit mit Eurer Umwelt. Die Erde, auf der Ihr aufgrund Eurer materiellen Bindung sehr eingeschränkt seid, ist in Wirklichkeit ein Wesen voller Energie, das Euch hilft, die Gesetze Eures Daseins während der Inkarnation zu verstehen und zu erkennen.

Es ist unterhaltsam darüber nachzudenken, wie viele Dimensionen in einem Tropfen Leben verborgen sind. Als würden sich hinter verspielten Masken ganze Wolken mit tausenden Wesen verstecken! Und gerade wegen der Unendlichkeit und Vielschichtigkeit von allem hat der Mensch die Möglichkeit über seine Auffassung bestimmter Augenblicke zu entscheiden. Was real ist und was es in der Realität nicht gibt, ist die Vereinbarung einer Zivilisation. Sie entscheidet sich immer nur für einen Ausschnitt des Existierenden, untersucht ihn und frönt ihm mit Akribie. Zur Zeit hat sich die Zivilisation auf der Erde für ein Hin- und Herpendeln zwischen sichtbarer Materie und unsichtbaren Energiestrukturen entschieden. Die Wissenschaft bemüht sich, den Rahmen materieller Beweisbarkeit zu überschreiten und entdeckt immer abstraktere Faktoren des Daseins. Der einzelne Mensch gewinnt dabei die Möglichkeit eine eigene Weltanschauung zu bauen, die massenpsychologische Perspektive verliert in dieser Hinsicht an Macht. Auch wenn es furchterregend ausschaut und Euch Angst macht, weil Ihr in verknöcherte Muster und Ideologien eingespannt seid: Die Zivilisationskruste wird dennoch immer durchlässiger. Es ist dem Einzelnen mehr und mehr erlaubt, auf eigene Weise zu suchen und die Ergebnisse zum Ausdruck zu bringen. Es gibt keine Inquisition und "Hexen"-Verbrennungen mehr. Die Kirche gibt sich mit Kompromissen zufrieden. Sie sieht sich gezwungen, sich dem wachsenden Selbstbewusstsein der Menschen anzupassen.

Es gilt darauf zu vertrauen, dass wir als Zivilisation reifen, wobei wir unseren Mut und die eigene Subjektivität bei der Suche benötigen, damit wir einst als Gesamtheit den bestehenden Formen und Bewusstseinskräften entwachsen.

Die Energiewelt ist die Basis. Weil Ihr Energiewesen seid, erschafft Ihr diese Grundlage kontinuierlich selber. Die Energie ist keine endgültige Information, die hinsichtlich ihrer Frequenz auf der einen oder anderen Stufe beheimatet ist: Sie verändert sich ununterbrochen, sie bewegt und erschafft. Vor allem ihr schöpferischer Aspekt ist von Bedeutung, schließlich seid Ihr eben daran beteiligt und mit Euren Handlungen darin verwickelt.

Dabei taucht bestimmt die Vorstellung von der Energie als einer abstrakten Substanz auf. Das ist verständlich vom Standpunkt aus, dass wir alle Energie sind und die Energie alles in allem ist, weswegen wir sie nicht isolieren und von außen als eine losgelöste Form anschauen können. Sobald Du in etwas verwickelt bist, kannst Du es nicht mehr objektiv wahrnehmen. Du bist als Subjekt ins Urteil eingeschlossen, und Deine subjektiven Vorstellungen sind wahrhaftig, denn sie sind das Ergebnis Deiner Erfahrungen und praktischen Sichtweisen.

Energie ist ein seltsamer Name für die Gesamtheit, aus der wir kommen und in die wir zurückkehren, um den Kontakt mit allem zu bewahren, was ist und was uns zusammensetzt. Die Energie sind wir alle als Ganzheit. Alles, was getrennt und scheinbar ohne Verbindung ist, bildet in Wirklichkeit die Ganzheit, aus der alles entspringt. Das gleiche geschieht mit allen Energiestrukturen, die uns umgeben. Das ganze Leben lang (die ganze materielle Inkarnation) beschäftigen wir uns mit einfachen Gesetzen, die auf dem Energieniveau banal und unbedeutend erscheinen. Wir tun es, damit wir lernen, die unsichtbaren Prozesse, die uns im materiellen Sinne lebendig machen, möglichst gut zu verstehen und wahrzunehmen.

Das Bewusstsein ist dabei jener Teil, der bei der Selbsterkenntnis als Filter wirkt. Es lässt nur jene Tatsachen durch, die physisch beweisbar oder zumindest logisch erklärbar sind. Aufgrund der verschiedenen Bewusstseinsstufen und -konstellationen werden auch gleiche Phänomene ausgesprochen unterschiedlich wahrgenommen. Die Verschiedenheit ist die Folge vorweggenommener Erwartungen oder bewusster (gelernter)

Anschauungen, die ein jeder in seiner Beziehung zur Wirklichkeit eingefügt hat.

Unabhängig davon, wie wir eine energetische Gegenwart sehen und spüren, ist die Energie unsichtbar in jede winzige Angelegenheit verwoben, die Bestandteil von Welt und Kosmos ist. In jeder Luftbewegung, in jedem Sprung einer Heuschrecke über das hohe Gras liegt eine leichte oder stärkere Energieschwingung, die zunächst ihre eigene kleine Ganzheit bildet, sodann einen kleinen Mikrokosmos mit den umliegenden Energien, in nächstweiterer Folge den Makrokosmos und schließlich die Göttlichkeit als Gesamtheit von allem in allem. Der Mensch ist ein Energiewesen. Sobald er auf dem materiellen Niveau inkarniert ist und für eine Weile Teil der Materie wird, verwischt sich seine Energiebasis. Er wird scheinbar unwirklich.

Die Seele könnte sich auf die ihr eigenen Lernfähigkeiten beschränken, würde dann aber auf das Sammeln von neuen Erfahrungen verzichten. Wir lernen nämlich am meisten, wenn wir in Situationen kommen, die im Gegensatz zur Ausgangsposition stehen. Im Beispiel der Seele ist das die Situation in der Materie - in Zeit und Raum (ihrem Wesen nach wohnt die Seele in der Ewigkeit). Wundert Euch also nicht über den Inkarnationsprozess, das sind notwendige Wege Eurer und unserer geistigen Entwicklung.

Der Mensch ist in seinem Wesen eine Seele, wohnt in der Ewigkeit und weiß genau, was mit ihm und seiner Umgebung geschieht. Während der Inkarnation ist er zweigeteilt in eine bewusste (Bewusstsein, Materie) und eine unbewusste (Seele, Gefühle, Kosmos) Ebene. In der Gespaltenheit in diese zwei Hälften liegen Zweck, Essenz und Aufgabe der Inkarnation. Der Mensch lernt durch den Bewusstseinsfilter und die Endlichkeit der Materie nach Wegen der Selbsterkenntnis zu suchen, ist aber zugleich über diese Spaltung beunruhigt.

Es sieht so aus, als ob jedes Extrem nur sich selber anfeuern würde: "Ich bin das Realste, komm zu mir, glaube mir!"

So berücksichtigst Du einmal diese, einmal jene Richtung und weißt nicht mehr, welcher von ihnen Du vertrauen sollst.

Die Materie ist die am meisten verdichtete Energiestruktur. Wegen ihrer (relativen) Endgültigkeit bietet sie eine Unmenge verlässlicher Informationen über sich. Sie hat ihre Form und Lage im Raum, ihren Anbeginn und ihr Ende in der Zeit. Sie entspricht in idealer Weise bewussten Formeln. Dadurch verführt sie schnell zur Überzeugung, sie sei die einzige wirkliche Substanz, während alles Unsichtbare unbeweisbar ist und daher eine gedankliche Unmöglichkeit.

Der Mensch ist während der Inkarnation ein materieller Organismus und benötigt deshalb Wiedererkennungssysteme für seine materielle Umgebung. Ohne sie würde er vereinsamen, und sein Dasein wäre ohne Sinn.

Zu seiner Verfügung stehen fünf Sinne oder fünf verschiedene Arten, die Materie wahrzunehmen. Sie ergänzen sich untereinander, erschaffen eine ganzheitliche Vorstellung und somit ein vollständiges Bild der Umwelt. Die menschliche Sinneswahrnehmung ist auf ein Spektrum begrenzt, das den Frequenzen der materiellen Struktur entspricht. Der Blickwinkel der Wahrnehmung aller Menschen ist ungefähr der gleiche. Wir alle sehen dasselbe Farbspektrum, hören die gleiche begrenzte Menge von Frequenzen. Abweichungen bedeuten eine zusätzliche Fähigkeit oder bieten manchen (Hellsichtigen, Heilern) einen Zutritt in Sphären, die anderen verschlossen sind.

Es gibt nur eine Wirklichkeit. Stell sie Dir als allumfassendes Bild vor, zusammen gesetzt aus einer Unzahl von Energiewesen, Farben und Strömungen. Nun erdenke Dir die Situation, in der Du das Bild durch verschiedene Filter betrachtest (Filter, die auf verschiedene Weise die Wahrnehmung einschränken, z.B. die Farbfrequenzen).

Durch jeden Filter würdest Du ein anderes Bild sehen. Das geschieht während der Inkarnation tatsächlich. Wir Menschen schauen durch eine Art von Filter, Insekten durch eine andere, die Pflanzen durch einen dritten Filter. Das gleiche System gilt auch für alle anderen Sinne.

An diese Tatsache denke ich, wenn ich sage, dass die äußere Welt subjektiv ist. Die materielle Wirklichkeit kann nicht objektiv bestimmt werden, weil sie von subjektiven Sinnen definiert wird. Es ist klar, dass Mensch und Hund ihre Umgebung nicht in gleicher Weise sehen. Sogar zwei einander gleichende Menschen sehen selten etwas auf dieselbe Weise, weil keine Form oder Gestalt objektive Eigenschaften und Kriterien hat, nach denen sie sich den Sinnen anbietet. Der Mensch nimmt davon nur das wahr, was er bemerkt, oder was ihm nach eigener Einschätzung als bemerkenswert erscheint.

Um es zu illustrieren: Dasselbe Buch wird der eine als dick, grau und rechteckig sehen, dem anderen wird es mitteldick, grau, mit einem roten Titel und quadratisch vorkommen. Beide werden es hinsichtlich ihrer bewussten Einstellung zum Inhalt mustern, und nicht nur nach seinem Aussehen.

Der Mensch würde auf sich allein gestellt die Welt fortwährend subjektiv betrachten. Darum war es notwendig Abmachungen zu treffen und Vereinbarungen auszuarbeiten, um die Grundlage für eine Verständigung zu ermöglichen. Das lernt jeder im Verlaufe seiner Ausbildung, bei der er ein Grundwissen erwirbt und damit die Basis, auf der er in der Gesellschaft etwas Schöpferisches leisten kann. Aus dem Wunsch nach Verständigung entwickelten sich abstrakte Methoden des Aufzeichnens und Notierens - die Schrift, die Rede. Das Kind erlernt schon im ersten Lebensjahr grundlegende Informationen, nur darum kann es überhaupt beginnen zu sprechen und mit seiner Umwelt mitzuarbeiten. Davor ist es zu subjektiv und kann sich mit ihr nicht in Übereinstimmung bringen.

Ein jeder Gegenstand, Begriff oder jedes Lebewesen hat im menschlichen Bewusstsein eine objektive Definition. Diese Bewusstseinsdefinition ist einer der wesentlichen Faktoren bei der Beobachtung der Umwelt. Zum leichteren Verständnis dieser Behauptung möchte ich den menschlichen Körper mit einem U-Boot vergleichen. Alles, was der Passagier bemerkt, sieht er durch die Fenster (Instrumente). Die menschlichen Fenster sind die fünf Sinne, die Bewusstseinsdefinitionen und die Intuition.

Die ersten beiden Fensterkategorien sind gänzlich an die Inkarnationsniveaus gebunden, während die Intuition ihren unbewussten Überbau darstellt.

Sehen wir uns zwei der fünf Sinne, das Sehen und das Hören, noch etwas genauer an. Der Mensch sieht seine Umgebung dreidimensional. Eigentlich sieht er verschiedene Lichtreflexionen, die verschiedene Farben bilden und dadurch eine bestimmte Gestalt annehmen. Sein Sehsinn ist eingeschränkt, und er nimmt nur jenen kleinen Teil des Frequenzbereichs wahr, der die Materie betrifft. Die übrigen Energiefrequenzen bleiben unsichtbar. Um über den Rahmen des materiellen Sehens hinaus zu gelangen, benötigt er eine hochentwickelte, fortgeschrittene Fähigkeit des intuitiven Sehens, denn nur die intuitive Sichtweise ist grenzenlos.

Völlige Stille existiert nicht einmal im beschränkten Frequenzbereich der Materie. Stets ist zumindest ein minimales Geräusch anwesend. Es ist erwiesen, dass eine jede Form akustische Vibrationen abgibt, den Überbau ihres Wesens. Sie verleiht also der Energiefrequenz eine persönliche Note, die sie in den Raum aussendet. Ein Blick in den Raum (ein Blick außerhalb des menschlichen Spektrums) würde ein Geräuschchaos bieten. Der Mensch kann sich glücklich schätzen, dass er nur so viel hört, wie ihm zu hören gegeben ist. Ein erweitertes Gehör würde ihn beim eigenen schöpferischen Tun behindern. Entscheidend ist, dass er Schallvibrationen (Energiefrequenzen) intuitiv erkennt und ihre Charakteristika in Kunst, Architektur sowie bei anderen schöpferischen Tätigkeiten anwendet. Frequenz bedeutet Energie, Energie wiederum tritt in den Raum ein und erfüllt ihn konstruktiv oder destruktiv.

Bei jeder Sinneswahrnehmung spielt die Bewusstseinsdefinition eine bedeutende Rolle. Sie ergänzt die Sinnesinformation mit einer Definition des Wesentlichen. Ein Beispiel dafür: Du siehst einen Stein und weißt, er ist hart. Die Behauptung über seine Eigenschaft ist freilich nur relativ richtig. Meistens können wir uns mit einem derartigen Urteil begnügen, manchmal ist es dagegen notwendig eine solche A-priori-Behauptung zu bezweifeln und damit eine kreative Sichtweise auszulösen.

Damit wir eine Sache wahrnehmen, muss sie reell gegenwärtig sein, zumindest im energetischen Sinn. Deswegen sagen wir, die Energie ist das Urwesen oder die Urmaterie, ihr Wesenskern, ihr Same, ihr Ursprung und Anbeginn.

Die Energie ist also die einzige Urmaterie. Alle ihre Manifestationen (Inkarnationsniveaus des Menschen, die sichtbaren Niveaus der Pflanzen, der elementaren Lebewesen usw.) sind schon ihr materieller Überbau oder ihr subjektiver Ausdruck. Die Energie ist das Fundament, woraus jede einzigartige Gestalt erbildet werden kann.

Energie als Materie

Die Materie ist die am stärksten verdichtete Energiesubstanz. Ihre Endgültigkeit und Festigkeit sind erdachte Eigenschaften, die einer wirklichen Grundlage entbehren. In Wirklichkeit ist sie ein "zeitlicher Trick" der energetischer Wirkungen. Sie existiert nicht aus sich heraus und hat in sich selber keinen Daseinsgrund. Materie ist eigentlich eine Energiestruktur, die auf die (sinnvoll beschränkten) Sinne als endgültige Wirklichkeit einwirkt.

Der Mensch braucht einstweilen noch sein materielles Niveau. Er spielt sein ganzes Leben damit und pendelt zwischen extremen Urteilen über dessen Verlässlichkeit.

Neben dem Menschen sind in die gleiche Welt noch zahlreiche andere Wesen und parallele Zivilisationen inkarniert, die er aber aufgrund der Verschiebung der Grundfrequenzen nicht bemerkt.

Die sichtbare Welt oder der Planet Erde ist ein kleines Stück der inkarnierten energetischen Wirklichkeit, eben jenes kleine Stück, das der Mensch für sich und seine Entwicklung braucht. Alle anderen Frequenzen leben an ihm vorbei bzw. fallen nicht mit ihm zusammen. Die Energie ist unzerstörbar und daher ewig. Sie kann nicht zerstört, ausgelöscht oder getötet werden. Die Materie dagegen, als ihre Inkarnation, ist vergänglich. Vergänglichkeit ist eine ihrer grundlegenden Eigenschaften und Bedingtheiten.

Im Hinblick auf die Funktion der Materie als ein zeitlicher Überbau der Energie ist ihre Vergänglichkeit eine relative, bleibt doch ihre nicht inkarnierte Essenz in der Ewigkeit auch dann erhalten, wenn sie nicht mehr vorhanden ist.

Die Vergänglichkeit der Materie ist eine schmerzliche Eigenschaft, insbesondere für die Lebewesen. Der Tod ist das scheinbare Ende des Lebens. Scheinbar deswegen, weil er keine reale Grundlage hinsichtlich des ewigen Seins aller Energiewesen besitzt.

So wie sich die Energiestruktur mit der Materie vereint und mit ihr eine Weile heranreift, so lässt sie dieselbe eines Tages auch hinter sich und kehrt in ihren Urzustand zurück. Der materielle Ausdruck (Körper, Pflanze) ist eine interessante, zeitliche Bekleidung des Energiewesens. So wie jedes Kleid einmal abgetragen ist, verbraucht sich und altert auch der Körper nach den Gesetzen zeitlicher Vergänglichkeit im materiellen Dasein.

Scheinbar bietet die Materie ein Gefühl der Macht und Sicherheit. Gleichzeitig erlaubt sie eine zunehmende Einschränkung auf ihr eigenes Niveau und unterstützt dadurch die geistige Trägheit der Menschheit. Am leichtesten ist es nämlich, sich mit der sichtbaren Sinneswelt zu begnügen, sogar dann, wenn ihre Vergänglichkeit schauerlich ist und keinen Optimismus auslöst. Sobald Du daran glaubst, nur ein materielles Wesen zu sein, fühlst Du tief in Dir eine menschliche Ohnmacht und Angst vor dem Ende dessen, dem Du allein Beachtung schenkst.

Das Leben ist keine kurze Sinnlosigkeit, die heute da ist und die es morgen vielleicht nicht mehr gibt. Es ist notwendig seinem tiefen Sinn im ewigen Dasein zu vertrauen. Die Materie • ist einer der wichtigsten Lernfaktoren. Durch ihre Doppelnatur erlernt der Mensch wesentliche Wahrheiten und beginnt seine Unsterblichkeit zu achten.

Vielleicht übertreibe ich, wenn ich von Materie wie von einer toten und unbewussten Wirklichkeit spreche. Die Materie kann ein lebloser Gegenstand sein, aber auch ein Baum oder ein Mensch. Eine jede ihrer Manifestationen ist Symbol eines tieferen Inhalts, deren Überbau sie ist.

Die Einstellung des Menschen zur Materie (ich denke an seine bewusste Einstellung) hat sich den zivilisatorischen Veränderungen entsprechend gewandelt. In jedem Abschnitt bildete sie die Grundlage seiner Beziehung zum Kosmos oder zu Gott. Seine Einstellung zur Materie zeigt den jeweils gültigen Ausdruck für seine Beziehung zu den Mitmenschen, zur Natur und zum Weltall.

Weil die Materie lebt, (sie wird doch von ihrem energetischen Wesen belebt), ist ihre Betrachtung als ein Objekt schmerzlich. Daher rührt die Vorstellung vom Schmerz der Materie. Die Materie ist in der jüngsten Zivilisation fast der einzige Ausdruck von Reichtum und Überfluss. Der naturgemäß beschränkte Verkehr mit ihr (beschränkt ausschließlich auf ihren materiellen Ausdruck) lähmt sie. Der Mensch pendelt bewusst unablässig zwischen dem Schaffen und dem Schaffenstod. Alles, was er erschafft, ist vergänglich. Die Kluft zwischen seinen Wünschen und der Bedrohung durch die Zeit bringt ihn an den Rand der Verzweiflung.

Von den negativen Energien

Das energetische Niveau ist eine ganzheitliche Substanz. Der Kosmos ist die grundlegende Ganzheit. Damit er bestehen kann, m u s s er polarisiert werden. In ihm müssen zwei grundlegende Gegensätze vereint sein: positiv und negativ, plus und minus. Wird eines entfernt, so zerfällt das Ganze.

Dieses kosmische Gesetz überträgt sich wie alle anderen Regeln in jede noch so winzige Energiesubstanz (mit Energiesubstanz meine ich jede mögliche Substanz, auch alle materialisierten). Jedes noch so unscheinbare Energiewesen (sei es, dass es eine eigene materielle Inkarnationsgestalt in der materiellen Welt hat oder nicht) ist in seinem Kern polarisiert.

Das Positive und Negative sind zwei entgegengesetzte und nicht zwei einander bekämpfende Pole. Darum existieren sie als sich ergänzendes Gegensatzpaar und schließen sich nach einer grundlegenden Regel alles Seienden zu dynamischen Ganzheiten zusammen.

Die Zivilisation der Christenheit hat in ihrer Eigenheit den Streit zwischen objektiv Gutem und objektiv Schlechtem auf die Bühne des Lebens gebracht. Damit hat sie ihre Ganzheit in eine gute und eine böse Hälfte polarisiert.

Aufgrund der nicht realen Objektivität (ein objektives Urteil kann nur annähernd angestrebt werden) im Urteil über die zwei Hälften des Bestehenden war der Streit zwischen den beiden Polen ein scheinbarer. Wen wundert es da, dass solch ein Konflikt zu Erklärungen anregte, wonach das Positive objektiv gut, das Negative objektiv schlecht sein sollte. Ein Urteil dieser Art ist ideologisch - eine aufgezwungene oder angelernte Wahrnehmungsweise, die subjektive Variationen nicht zulässt. Ich will damit keineswegs behaupten, dass irgendeine Ideologie alleine schuldig sei an der essenziellen Spaltung im letzten Zyklus der gegenwärtigen Zivilisation. Die Menschheit hat diese Schule gebraucht und sie daher aktiv oder passiv herbei geführt und vorangetrieben. Die Spaltung der Ganzheit in zwei Teile manifestierte sich für das Bewusstsein im Verlust seiner ganzheitlichen Selbstwahrnehmung. Der Mensch benötigte die Erfahrung der Selbständigkeit in der Materie. Daher verlor er die immerwährende Verbindung mit sich selbst als Ganzheit - also mit seiner Seele als ewigem Wesen. Er verlor die Verbindung auf der bewussten Ebene, denn in Wirklichkeit besteht sie noch immer.

Die Intuition wurde Schritt für Schritt unwichtiger. Immer gebieterischer brach sich im Menschen, und somit in der Welt, der Verstand seine Bahn. Die Worte der Seele verwandelten sich in ein fernes Rufen, ein unbeachtetes Raunen und Stammeln, das nicht notwendigerweise in seiner wahren Bedeutung verstanden wurde. Was jedoch das Bewusstsein nicht versteht, das lehnt es ab. Es "sagt", es sei ihm fremd, es gehöre nicht zu ihm. Es wird sogar das eigene Rufen und Stammeln so irgendeiner äußeren Kraft zuschreiben, die es noch am leichtesten versteht, wenn sie "böse" und gefährlich ist.

Die Spaltung der Dinge in gute und schlechte kam nicht von einem objektiven Gesetz des Zerteilens und Auseinanderdividierens, sondern aus der subjektiven Angst vor dem Unbekannten. Die Angst wiederum entspringt dem Schein der Entfremdung vom eigenen Wesen.

Damit die Ganzheit leben kann, muss sie in Plus und Minus polarisiert sein, also in eine positive und eine negative Hälfte. Wenn wir eine Hälfte entfernen, zerfällt das Ganze oder halbiert und polarisiert sich neu. Die Ganzheit ist durch ihre Balance zwischen dem Negativen und Positiven ganzheitlich und erkennbar.

Jeder kleine Winkel und jedes noch so winzige Energiewesen, mag es nun eine materiell registrierbare bzw. inkarnierte Gestalt in der materiellen Welt einnehmen oder nicht, ist in seinem Wesen polarisiert. Kaum hatte sich der Mensch (scheinbar) von der Ganzheit (dem Göttlichen) entfernt, schon stellte er Gott oder das Göttliche als etwas außerhalb seiner selbst vor sich hin und begann es voll Angst, Achtung und Abhängigkeit zu verehren. Reell gesehen, verehrte er somit nur sich selber voll Angst, Achtung und Abhängigkeit im Herzen, weil wir alle als zeitlose Ganzheit das Göttliche sind.

Besonders intensiv zeigte sich dies in allen großen Religionen, vor allem im Christentum. Der Mensch ist darin ein Wurm und der göttlichen Gnade nicht würdig. Diese muss er sich kniend verdienen, mit demütigen Gebeten und Fürbitten, Verbeugungen, regelmäßigen Ritualen voller Phrasen, in Angst und Hinnahme allen Übels als Gottes Rute und Strafe.

Der Mensch erniedrigte sich selber zu etwas Kleinem, Wertlosem und Unbedeutendem, zu einer Beute des Satans. Er verwandelte sich in ein wandelndes Arsenal von Sünden und unvergesslichen Fehlern, die kaum zu vergeben sind. Was zunächst als ein lustiges Spiel für eine von der schweren Arbeit erschöpfte, von der Routine geplagte, abwechslungsbedürftige Bevölkerung erschien, wurde bald zu einer bitterbösen Erfahrung von hundert Generationen, die sich da hindurchschlugen, um daraus zu lernen. Mit einer solchen Anschauung waren alle Wege zu einer ganzheitlichen Seinswahrheit versperrt.

Die Christenheit benannte die Spaltung in Gut und Böse als Trennung in Gott und Satan. Nur die Kirche hatte ein Recht darüber zu entscheiden, was dem einen und was dem anderen Pol angehörte.

Die Institution als oberstes Subjekt nahm sich das Recht, über Dinge zu entscheiden und Urteile abzugeben, die eigentlich als natürliche Folge subjektiver menschlicher Einzelurteile heranreifen sollten. Die Aufgabe einer Ideologie ist nämlich folgende: das allgemeine Bewusstsein zu fixieren, das zu den gegebenen Rahmenbedingungen am besten passt. Jede Abweichung von diesem quasi objektiven Bewusstsein muss bestraft werden. Die Bedingung für die Fortdauer kollektiver ideologischer Erfahrung ist freilich die Befolgung all ihrer Regeln ohne subjektives Urteil oder abweichende Gedanken. Eine solche Ideologie erfüllt das menschliche Dasein ganz und gar. Das Christentum verordnete ein ewiges Pendeln zwischen Gott und Teufel, zwischen Himmel und Hölle. Durch das ganze Leben hindurch wollte der Himmel schwer verdient sein. Mit jeder Handlung, jedem Gedanken, auf Schritt und Tritt riskierte der Mensch sündig zu werden.

Es ist in der Tat ein interessantes Phänomen zu beobachten, auf welche Weise sich die Kirche als Institution das Recht nahm, Gott zu personifizieren und in einem Namen Urteile zu sprechen (ich denke vor allem an die Inquisition, ein ideologisches Verbrechen). Dazu ein Hinweis. Die

Institution ist ein imaginärer Begriff, denn sie setzt sich aus konkreten Personen, also Subjekten zusammen. Jedes ihrer kirchlichen Urteile ist ein subjektives Urteil, auch wenn es dem Rahmen einer quasi objektiven Ideologie angepasst ist.

Vorstellungen wie "sich den Himmel verdienen müssen" oder "von einem Gott bestraft werden" sind keine guten Vorstellungen. Sie sind alle der menschlichen Ohnmacht entwachsen, sich selbst als Teil der göttlichen Ganzheit zu sehen.

Es gibt noch einen weiteren Aspekt, um das Vorhandensein negativer Kräfte zu begründen. Der Mensch gelangt in die materielle Welt mit einer bestimmten kleineren oder umfangreicheren Aufgabe, die gleichsam das Ziel seines Inkarnationszyklusses ist. Die Seele als Wesenskern des Menschen lernt. Das materielle Leben ist Teil der Schule, die wir durchlaufen. Einst, als sich der Mensch trotz seiner materialisierten Veräußerlichung noch daran erinnerte und seiner Verbindung mit der Ganzheit auf göttlicher Ebene gewahr wurde, konnte er diese Schulen bewusst annehmen. Sobald er sich jedoch in seines Wesens Entfremdung verstrickte, begannen ihm die Schul- und Hausaufgaben als Rätsel zu erscheinen. Er sah sie nicht mehr klar vor sich, sondern wurde im Alltag damit konfrontiert.

Die Schule kann mitunter sehr grausam und unerbittlich sein, ganz besonders, wenn Du nicht erlaubst, dass bestimmte Dinge passieren, wenn Du sie vor Dir herschiebst, tagtäglich leugnest und nicht kreativ genug bist, um sie zu verstehen. Nur darum (und das passiert den meisten Menschen) erscheint eine Aufgabe, die schon lange Zeit an die Tür unseres menschlichen Bewusstseins pocht, als negative Kraft in unseren Augen. Der Mensch versteht nicht die Aufforderungen nach Erneuerung, bemerkt nicht, dass die nächste Übung fällig ist, und schreibt darum die Bitte und Ermahnung seiner Seele einer feindlichen Kraft zu, die ihn aus einem unerfindlichen Grund verletzen möchte.

Bei diesen seelischen Mahnungen oder Forderungen geht es um allmähliche Steigerungen. Es beginnt mit Kleinigkeiten, die weggeschoben werden, weil sie Dir als unwichtig erscheinen. Irgendwann löst sich eine Lawine, und je mehr Du Dich dagegen stemmst und es leugnest, umso drastischer begegnet Dir die Herausforderung zum nächsten Lernschritt, Optimierungs- oder Reifungsprozess. Als wollte sie Dir ins Ohr schreien. Bald darauf passiert es oft, dass Du das Allerliebste verlierst, erkrankst oder in völliger materieller Einsamkeit und Isolation zurückbleibst.

All das geschieht vor allem als Folge einer gewissen Ignoranz und Zurückgebliebenheit, einer Angst vor sich selber und am häufigsten aus Faulheit. Zunächst müsstet Ihr Euch schon selber fragen, warum manche Dinge gerade so oder so ablaufen, statt zu erschrecken, panikartig alle unliebsamen Tatsachen in jenen höllischen Kessel zu stoßen, der in Wirklichkeit innen leer ist, außen dagegen überhaupt nicht existiert, und den Ihr "negative Kräfte" nennt. All Eure unterdrückten Forderungen an Euch selber bedrängen Euch in der Realität immer vehementer, bis ihr sie dereinst bewusst als kreative Kräfte Eurer Schule annehmt und ihnen erlaubt, dass sie Euch auf Euren Weg bringen.

Die menschliche Vorstellung vom ewigen Bedrohtsein kommt aus der Angst. Die Angst wiederum ist Folge der Entfremdung vom eigenen Kern. Auf dem höchsten göttlichen Niveau sind wir alle eins, und von daher können wir die Nicht-Existenz des Negativen als das Böse leicht erkennen. Wenn im Urgrund alles gut ist (der Urgrund ist das göttliche Niveau - die Ebene, auf der wir alle "alle und alles" sind, wo sich Raum und Zeit im Unendlichen verlieren), konnte das Böse als scheinbar existierende Substanz lediglich auf einem tieferen Niveau entstehen - auf der Ebene inkarnierter körperlicher und psychosomatischer Bewusstseinsrealität. Darum kann es in der Ewigkeit nicht vorhanden sein und in der eigentlichen Wirklichkeit gar nicht existieren. Alles, was als das Böse vor Euch tritt, ist lediglich das Ergebnis subjektiven Folgerns und Urteilens - hüben wie drüben ist es, objektiv gesehen, gar nicht vorhanden. Alles Böse ist subjektiv, das Ergebnis eines Bewusstseinsprozesses und nicht einer intuitiven ganzheitlichen Anschauung.

Also Mensch! Wenn vor Deiner Nase Sachen passieren, "als ob sie der Teufel selber inszeniert", wisse, dass dies ein größeres oder kleineres Ultimatum ist und Du etwas Ernsthaftes und Großes für Dich und bei Dir tun musst. Sag nicht: "Oh, wie unglücklich ich bin, was für ein Pechvogel muss ich sein, alles geht daneben auf dieser Welt!", sondern sag: "Oh, wie faul bin ich, dass ich nichts für mich selber tue und für meine wirkliche Entwicklung!"

Nie soll irgendetwas auf andere geschoben werden. Nichts Gutes und nichts Schlechtes. Die Beziehung zu den Mitmenschen und zur Umwelt ist im Vergleich zur Beziehung zu sich selbst, als grundlegendes Beziehungs-muster, sekundär. Wenn Du aufrichtig zu dir selbst bist, bist Du es auch andern gegenüber. Wenn Du Dich vor Dir selber verstellst, verstellst Du Dich auch vor anderen. Wende Dich also Dir selber zu und mach reinen Tisch. Sobald Du das getan haben wirst, wird sich die Welt verändern. Natürlich musst Du Dir selber nicht für alles, was passiert, die Schuld geben. Aus den Begebenheiten, die sich für Dich aneinander reihen, sollst Du etwas Konkretes lernen.

Von da bis dort gibt es ungefähr tausend Haltestellen. Wenn Du bei jeder wenigstens hinschaust und sie wahrnimmst, wirst Du fortschreiten, ansonsten wirst Du wieder und wieder an den Anfang geführt. Das Leben ähnelt in dieser Hinsicht einem Labyrinth. Ein jeder Schritt, eine jede Entscheidung an jeder Kreuzung, ist ein Versuch. Wenn es Dir gelingt, dann ist es gut. Wenn nicht, versuchst Du Dein Glück auf anderen Wegen.

Was zählt, ist das Bewusstsein, dass Du der Schöpfer Deines Lebens bist, derjenige, der darüber entscheidet, was geschehen wird und welcher Weg der bessere ist. Da ist nirgendwo ein äußerer Schuldiger, der Dich zermalmen oder vernichten will. Hinter jedem Ereignis und jeder noch so schmerzhaften Tatsache steht Dein Bedürfnis zu lernen und das Ringen ums Ganze. Du baust die Welt, die Dich umgibt, also einige Dich mit Dir selbst. Wenn Dir etwas nicht gefällt, wälze die Schuld dafür nicht auf etwas Irreales ab. Ängste, Zweifel und Hass sind Sackgassen. Wenn Du sie begehst, bist Du unglücklich, und Dein Taumeln wird ziellos. Sobald Du Dein Dasein als Teil im Einen wirst wahrnehmen können, wirst Du Dich aus der Vogelperspektive leichter anschauen. Der Blick aus der Vogelperspektive ist nicht etwa irgendein von außen auf Dich gerichtetes Gottesauge, sondern Dein Blick aufs Ganze. Er entspringt dem Bewusstsein von der Raumlosigkeit des Weltalls, von der Zeitlosigkeit als der wirklichen Substanz.

Die Angst ist ihr eigener Schöpfer. Für Dich dagegen ist sie ein Schädling und ein Verlust Deines Bewusstseins vom Ganzen. Sobald Du sie besiegst, hebst Du Dich selber auf ein Niveau, von wo aus das Bild von der Ganzheit, der Ganzheit als Realität, für Dich als ein Wesen in materieller Inkarnation deutlicher und wirklicher wird.

Die Welt funktioniert wie eine Menge verwandter und doch völlig unterschiedlicher Schwingungen. Jeder Gegenstand, jedes Lebewesen sendet eine bestimmte Strahlung aus, bzw. bietet seine Hand an zur Zusammenarbeit mit der Umgebung. Die Ausstrahlung eines Gegenstandes oder Lebewesens ist sein Kontakt mit der Umgebung. Alle anderen Energiestrukturen innerhalb dieser Strahlung sind dagegen unzugänglich und mit Kodierungen geschützt. Die Energiestruktur von zwei Lebewesen (oder Gegenständen) wird sich von selber niemals vereinen, kreuzen oder überschneiden. Wir könnten sagen, dass ein Energiewesen (also auch der Mensch) beständig in seine Umgebung ausstrahlt und aus ihr nur absorbiert, was es selber will. Alles andere bewahrt es sorgfältig auf. Ich erwähne das, weil ich erklären will, dass kein Strahlen im Raum objektiv schlecht oder schädlich ist.

Es ist zur Mode geworden zu sagen: "Hier ist ein negativer Punkt, aber natürlich, deswegen ist dieser Unglückliche erkrankt!" Das ist eine sehr verengte Sichtweise. Ein negativer Punkt ist eine örtliche Strahlung, die auf einen Menschen, der viel Zeit an dieser Stelle verbringt, schlecht wirkt. Er erkrankt. Die Krankheit ist also scheinbar die Folge der negativen Strahlung. Doch der Schein trügt.

Auf diese Weise ist es am leichtesten, sich der wirklichen Ursache für die Krankheit zu entziehen. Ich behaupte, dass auch die Strahlung nur eine Folge ist, und zwar die Folge von etwas, was der Leidtragende schon jahrelang unterdrückt oder verneint, jedoch die Neben- und Folgewirkungen irgendwelchen äußeren Ursachen zuschreibt. Die Strahlung ist die Folge (Auswirkung) der Zusammenarbeit Deiner Seele mit dem Raum. Ich denke dabei ans Schicksal als ein Muster, wonach sich beim jeweiligen

Menschen Dinge und Abläufe im Leben gleichsam in einer sinnvollen Reihenfolge einfädeln und aneinanderreihen. Diese Zusammenarbeit ist vorstellbar als Zusammenwirken zweier Energiewesen. Es funktioniert sehr einfach: Das Energiewesen des Raumes (meistens sind es Elementarwesen oder auch vitale ortsgebundene Energiesysteme) organisiert seine Kodierung in einer Weise um, dass die ausgesandte Strahlung auf den materiellen Körper des Energiewesens schädlich wirkt. Der Mensch selber erlaubt die negative Strahlung, weil er sich dadurch zu eigener Aktivität zwingt. Dabei kann es geschehen, dass er auf dem materiellen Niveau erkrankt. Sobald die Aufgabe dieser Zusammenarbeit beendet ist, wird es notwendig diese Strahlung zu neutralisieren oder das betreffende Verhalten zu kompensieren. Dazu gibt es unzählige Wege. Wer immer es selber nicht fertig bringt, sucht eben Hilfe, und wer sie wirklich braucht, findet sie ohne große Mühe. Oft bietet sie sich regelrecht selber an.

Worauf es ankommt, ist zu erkennen, dass es keine objektiven negativen Einflüsse oder objektiv schädliche Ausstrahlungen gibt, denen wir irgendein Wertetikett umhängen könnten. Stets ist der Energieraum, im Zusammenhang mit dem jeweiligen Subjekt und dessen unbewusster Verbindung, d.h. mit dem Grund des entstandenen Zustands in funktioneller Einheit zu sehen. Der Mensch verstrickt sich gleichsam stufenweise in sein über ihn stolperndes "Schicksal". Alles, was ihm widerfährt, ist gut für ihn. Auch die schlimmsten Augenblicke sind ein Geschenk, das nur scheinbar vom Göttlichen kommt. Vom Göttlichen, das er eigentlich selber ist. Der einzige Weg "das Negative" (das es in Wirklichkeit nicht gibt) zu besiegen, ist Vertrauen. Das ist der Schlüssel, der wirklich Tür und Tor öffnet. Wenn Ihr einfach ein aktiver Teil Eurer Umgebung und der Ganzheit seid, dann schwindet die Angst vor den unsichtbaren Gefahren und Ihr werdet aufhören über alle Schädlichkeiten zu sinnen, die doch nur in der Irrealität Eures Bewusstseins existieren.

Erde, Natur und Mensch als geistige und materielle Wesen

Betrachten wir die Welt als eine Ganzheit von Energiewesen, die auf dem Planeten Erde ihre materielle Inkarnation erlangen. Die Materie ist eine Inkarnation von Energien. Das inkarnierte Wesen bewahrt und schützt sich selbst auf seinem Grundniveau dadurch, dass die zusätzlichen Niveaus an die aktuelle einzigartige Inkarnation gebunden sind, die es selbst plant und entwirft.

In ihrem Grundniveau sind alle inkarnierten Wesen in ihrer Ganzheit vereint - also im Göttlichen - im einzigen Objekt.

Auf der nächsten Ebene sind alle Wesen Subjekte. Auf dem Inkarnationsniveau sind alle Energiewesen materialisiert. Die Bedingung für die Lebendigkeit der Materie ist das vitale Energiesystem der Energiewesen, das sich aus den Vitalenergien bildet.

Alle Energiewesen unterscheiden sich also in ihren Zwischenniveaus (Konstellationsreihen), den geistigen und vital-materiellen Niveaus voneinander. Unsere Erde hat dank der Elementarwesen ein hochentwickeltes emotionales Niveau. Elementarwesen sind Wesen mit einer bestimmten emotionellen Ladung, materiegebunden, doch ohne Materiekörper. Das Zwischenniveau des Menschen ist in zwei Teile geteilt: ins Gefühlsniveau oder Unterbewusstsein und ins Bewusstsein. Das Bewusstsein ist eher an die materielle Inkarnation gebunden, das Gefühlsniveau dagegen ist die Nabelschnur zur geistigen Ebene oder Seele.

Die menschliche Seele ist ein komplexes Energiesystem auf geistiger Ebene, ein System von Energieknoten, Spiralen, Schlingen und Schlaufen. Es funktioniert separat von den Inkarnationszyklen und ist in seinem Kern ewig. In Übereinstimmung mit seinen primären Mustern funktioniert es auf mehreren Frequenzen unabhängig und gleichzeitig. Das geistige Niveau ist das Vorniveau der Göttlichkeit. Auf dieser Ebene sind Seelen selbständige Wirklichkeiten.

Seele und Körper sind in einem ähnlichen Verhältnis wie Faun und Baum. Die Seele spielt die erste Geige, weil sie das Wesentliche ist. Der materielle Körper, Bewusstsein und Charakter sind Ausdruck eines materiellen Lehens der geistigen Schule. Das Urmuster der Seele ist jener Urgrund, aus dem die Informationen darüber fließen, was mit dieser Seele geschieht, was sie lernen darf und muss, weshalb sie lebt und wohin sie als reife Energieintelligenz gelangen will und muss.

Abgesehen davon, dass der Mensch in seinem Wesen Seele ist, also eine gänzlich immaterielle Substanz, hat er auch sein vitales Energieniveau, das seine materielle Gestalt belebt. Das Vitalniveau ist ein Chakrensystem, durchdrungen von einem Wurzelwerk aus Meridianen. Der Mensch ist im Sinne der Vitalität zwischen Kosmos und Erde aufgespannt, mit anderen Worten, zwischen seinen immateriellen und materiellen, vertikalen und horizontalen Niveaus. Dazwischen fluktuiert eine ständige Verbindung in aktiver und ununterbrochener Zusammenarbeit. Der Punkt, der den Menschen mit seiner Seele symbolisch verbindet, ist die Lotosblüte: ein Brennpunkt, in dem sich die kosmischen Vitalenergien sammeln. Von hier aus durchfluten sie das Energiesystem (in welches der materielle Körper eingebunden ist) und damit sein ganzes Sein. Die Kerneigenschaft der menschlichen Vitalstruktur ist ihr Gleichgewichtszustand. Krankheit und Schmerz sind die Folge eines aus dem Gleichgewicht geratenen Systems. Die Ursache dafür finden wir auf der geistigen Ebene, die Gründe habe ich bereits aufgezählt. Nichts passiert eben einfach nur so.

Und wie ist es um die Energiestruktur der Pflanzen bestellt? Die Pflanzen haben analog zum Menschen ein Vitalniveau, das ihren materiellen Körper belebt. Sie unterscheiden sich vom Menschen durch das Fehlen von Bewusstsein und Unterbewusstsein sowie die Abwesenheit einer eigenen Intelligenz. Das bedeutet, dass sie nie bewußt wirken, sondern sich nach ihrem Kern orientieren, dem Thema und Muster, das ihnen im Samen bestimmt ist, aus dem sie sprießen.

Ihr geistiges Niveau ist das ganzheitliche Urmuster der Pflanze, das eine exakt bestimmte Aufgabe (Funktion, Bereitschaft) enthält. Ihr Gefühlsniveau, das die Stelle der Bewusstseins- und Unterbewusstseinsniveaus einnimmt, sind Elementarwesen. Elementarwesen heißen Devas oder Faune. Jede Pflanze, und sei sie noch so zart und klein, hat ihr Elementarwesen, das ihr Zwischenniveau bildet. Pflanzen sind wegen ihrer eingeschränkten Beweglichkeit außerordentlich verletzlich. Ihr Wachsen vollzieht sich in ständiger Verbindung mit ihrem Grundmuster. Eine Eiche kann keine Linde werden. Ein Elementarwesen kann also nicht in ein bestehendes Urmuster oder in den Pflanzensamen eingreifen, sondern es kann der Pflanze nur helfen ihr Urmuster möglichst einzigartig zu entfalten.

Pflanzen sind anpassungsfähige Lebewesen und eignen sich für eine Zusammenarbeit mit dem Menschen. Sie bieten ihm Nahrung und Schutz. In Zusammenarbeit mit ihm liefern sie kreative Gegenstände, Werkzeug und Rohstoff für seine Arbeit. Ihr Sein ist für die Menschen unabdingbar, nicht nur wegen ihres offensichtlichen Nutzens, sondern auch wegen ihrer anpassungsfähigen Energiestruktur, die heilend wirkt.

Der Mensch heilt sich schon seit jeher mit heilenden Kräutern. Heilpflanzen tragen nicht allein heilende Säfte in sich. Wichtig ist ihre Energievibration, die auf den Menschen heilend wirkt. Heilpflanzen sind wissenschaftlich anerkannte Hilfsmittel in jeder Heilkunst. Doch nicht nur das. Darüber hinaus können sie uns auch beim Heilen des Raumes helfen. Sie vermögen die Elementarwesen des Raumes an sich zu binden und zu heilen. Sie können ihnen wieder zur neutralen Ladung verhelfen, die sie bei ihrem Lernweg und bei der Zusammenarbeit mit dem Menschen verloren haben. Darum gedeiht zum Beispiel der Lebensbaum besonders gut an einem Punkt, der für den Menschen schädlich ist. Das Wesen vermag bestimmte Punkte seinem Bedürfniskontinuum anzupassen und sich dadurch zu heilen. Praktisch jede Strahlung kann durch Pflanzen neutralisiert werden.

Pflanzen sind fühlende Wesen. Fast jede Frau weiß, dass ihr Blumengarten hübscher wird, wenn sie sich mit den Blumen viel beschäftigt, mit ihnen spricht und ihnen verschiedene Annehmlichkeiten zukommen lässt, nicht nur Wasser und Dung. Pflanzen können mit Liebe und aufrichtiger Bewunderung geheilt werden, oder sterben, wenn sich ihre Umgebung ihnen gegenüber nachlässig und unfreundlich verhält. Sie haben ein äußerst großherziges Vitalsystem, das gerne mit anderen Vitalebenen zusammen arbeitet. Daher sind Bäume die idealen Mitarbeiter bei der Strukturierung landschaftlicher Energiesysteme. Die Linde ist zum

Beispiel ein Wesen, das den Brennpunkt des Raumengels ideal in die Landschaftsstruktur einbindet. Bäume erfüllen eine solche Aufgabe jahrhundertelang und sind dabei schön und ideal gewachsen. Mit ihnen kann die Kunst der Landschaftsakupunktur bis zur Blüte entfaltet und geübt werden. Das ist für Bäume eine große Aufgabe. Sie brauchen Zeit, bis sie sich ihr ganz anpassen können. Aber das ist nur eine ihrer Inkarnationsaufgaben, der sie sich widmen können.

Bestimmt hat schon so mancher versucht, seine Beziehung zu Bäumen auszuloten. Wahrscheinlich habt Ihr festgestellt, dass der Baum eine Energie besonderer Art hat, die immer wohltuend ist. Bäume sind Filter, die alle möglichen existierenden Energien in wohltuende umwandeln. Aus diesem Grund sind die Wälder so wunderbar und Parkanlagen so entspannend. Ihre Vibrationen sind heilend, und ihre Hilfe steht Euch immer zur Verfügung.

Die Tiere verfügen über eine andere Niveaustruktur. Ihr Wesensmerkmal ist eine gemeinsame geistige Ebene, weswegen sie auf dieser Ebene eine Ganzheit bilden. Alle Hunde haben eine gemeinsame geistige Ebene, die Katzen einen anderen gemeinsamen "heissen Draht", die Bienen einen dritten usw. Daher benötigen sie keine wechselseitigen Kommunikationssysteme wie der Mensch. Bei höher entwickelten Tierarten verliert sich bei einzelnen Tieren bereits die Bindung an das gemeinsame Niveau und zarte Kommunikationssysteme entstehen. Neben dieser charakteristischen Struktur (die bei Insekten und wenig entwickelten Tierarten ohne erforderlichen Überbau die Grundlage bildet) taucht bei höher entwickelten Tierarten wie Hunden, Affen, Pferden oder Katzen noch ein Niveau auf, das der Ebene des menschlichen Unterbewussten vergleichbar ist.

Daher haben diese Tiere manche menschliche Eigenschaften, weshalb sie der Mensch leichter als Weggefährten akzeptiert. Der Hund hat z.B. ein außerordentlich gutes Gedächtnis, seine Intelligenz freilich hängt von seinem Charakter ab. Der Charakter ist nur ein Merkmal dieser Tiere, eines von einer Vielzahl anderer ebenso wichtiger Merkmale, das die Menschen gerne herausstreichen, weil es sie am stärksten an ihre eigene bewusste Sicht der Welt erinnert.

Dank dieser Eigenschaft lernte der Mensch über die Jahrtausende, in Harmonie und Symbiose mit zahlreichen Tierarten zu leben. Er passte sie seiner Lebensweise an und zwang ihnen nebenbei auch so manches Merkmal auf, das ihnen bis dahin nicht angeboren war. Im Klartext: Der Mensch erzog die Tiere in einer Weise, dass sie ihn als ein Wesen zu akzeptieren begannen, mit dem sie kommunizieren mussten. So entwickelten sich bestimmte Unterarten von Tieren, die vom Menschen völlig abhängig sind. Zu ihnen pflegt der Mensch leider oftmals ein Verhältnis von Sklaverei und Besitzanspruch.

Es wäre dennoch verkehrt zu behaupten, dass die Tiere an der Seite des

Menschen leiden. Sie brauchen den Menschen, weil sie in ihrer Beziehung zu ihm ihre Lebensaufgaben üben. Sicher unterscheiden sich ihre Aufgaben von den menschlichen, auch wenn sie sich in kleinen Dingen gleichen und ergänzen, wie z.B. in den Stimmungsmustern von Treue, Hingabe, Achtung, Erinnerung, Anpassungsfähigkeit oder Vertrauen. Denkt nur daran, wie sich ein Pferd dem Menschen anzupassen vermag. Jede noch so kleine Bewegung kann in einer Weise anerzogen werden, dass sie menschlich wirkt - menschlich vollkommen. Mensch und Tier helfen einander auf ihre eigene Art möglichst kreativ zu sein. Doch kann diese Beziehung nur erhalten bleiben, wenn der Mensch die Wesen achtet, die in seiner Umwelt wohnen. Achtung und Dankbarkeit sind die Bedingung dafür, dass die scheinbare Abhängigkeit nicht in eine echte Versklavung abgleitet.

DIE SEELE - DAS WESEN DES MENSCHEN

Der energetische Aufbau

Seele und Engel sind Bezeichungen für die feinstofflichste, d.h. die am wenigsten materielle Substanz, die unabhängig von Zeit und Raum eigenständig existiert. Ihre Zusammensetzung ist vom Standpunkt einer zeitlichen Weltanschauung überraschend unverständlich. Sie ist weder linear noch punktförmig ausgerichtet, sondern umspannt das Ganze als Voraussetzung von allem, was Wirklichkeit ist.

Im energetischen Sinn geht es also nicht um eine Energiestruktur, die auch im materiellen Raum zu messen ist, sondern um eine Energie, die nur auf zeitlosem Niveau wahrnehmbar ist, frei von räumlicher Begrenzung und zeitlicher Abfolge. Seele und Engel berücksichtigen keinerlei "Davor und Danach", sondern wohnen in der Ewigkeit und erkennen durch sie ihre Rolle im Kosmos.

Vom Standpunkt der materiellen Inkarnation von allem, also vom Standpunkt von Mensch und Natur, sind Engel und Seele ewig gegenwärtige Substanzen, die wir einfach als Essenz bezeichnen können. Zum Beispiel: Die Seele ist die Essenz eines Menschen und natürlich eine Energieform. Da jedoch eine Substanz jenseits von Zeit und Raum für die materielle Weltanschauung nicht wahrnehmbar ist, bleibt die Seele eine immaterielle, den Augen verborgene Essenz, Herzstück oder Samenkern im Sinne eines Musters, aus dem heraus sich alles geheimnisvoll entfaltet und zu seinem Höhepunkt strebt. Der Vergleich von Same und Seele ist sehr schön, denn die Struktur der Seele ist immer im Gleichgewicht und vollständig.

Seele und Engel sind verwandte Energiestrukturen. Sie wirken auf derselben Frequenz. Bildhaft gesprochen, stehen sie zueinander wie jüngerer und älterer Bruder. Die Seele ist eine Schülerin in der Ewigkeit. Ihr zeitloses Streben nach Vollkommenheit und Ganzheit führt sie durch eine Reihe verschiedener Schulen, in denen sie alle kosmischen Regeln erlernt. Die Seele ist einerseits Autodidakt, denn sie bestimmt ihre Schule, andererseits aber auch eine Schülerin von Engelsintelligenzen, die ihr durch schwere und zugleich selbst auferlegte Aufgaben und Erfahrungen hindurchhelfen.

Engel oder Engelsintelligenzen sind eigentlich Seelen, die alle Aufgaben gemeistert haben und genug Erfahrung besitzen, um anderen belehrend und anleitend beizustehen.

Die Engel sind ein Geflecht aus Energiewirbeln, Knotenpunkten, Schlingen und Schlaufen, die an den Kern anknüpfen, der ihr eigentliches (verschlüsseltes) Wesen birgt.

Wir denken an eine intelligente Energie mit einer Vibrationsskala, einem bestimmten Schwingungsbereich. Die Seelen unterscheiden sich voneinander, eine jede hat eine minimal unterschiedliche Frequenz, die zu ihrer individuellen Ausrichtung führt.

Aufbau und Schichten der Seele

Die Seele trägt mehrere Frequenzbewegungen in sich: Aufnahme, Verarbeitung, Erinnerung und Ausrichtung von Informationen.

Bei der ersten Frequenzbewegung, dem Aufnehmen, geht es um die Art und Weise, wie sie Informationen aufnimmt, aber auch um ihre Fähigkeit mit anderen Strukturen auf geistigen Ebenen in Kontakt zu gelangen. Auf geistiger Ebene kann sie auch mit anderen Wesen kommunizieren: geistige Ebene (Seele) + geistige Ebene (des Raumes, Baumes).

Beim Aufnehmen ist eine jede Seele durch ihre spezielle Kodierung (Verschlüsselung) geschützt. Diese ermöglicht ihr, dass sie stets nur jene Kommunikation absorbiert, die sie benötigt oder aufnehmen will.

Über die zweite Frequenzbewegung begreift und verinnerlicht die Seele die aufgenommenen Informationen als verstanden. Auf dieser Frequenz nimmt sie also Informationen auf, die Einlass durch ihre kodierte Schutzhülle gefunden haben: der ureigentliche Lernbereich der Seele und die wichtigste Phase überhaupt.

Mittels dieser Frequenzbewegungen reift sie heran und bewegt sich auf ihrem Weg aufwärts oder vorwärts. Auch darin liegen gewaltige Unterschiede zwischen den einzelnen Seelen. Manche verinnerlichen eine bestimmte Information deutlich schneller als andere und erkennen sie als wertvolle Erfahrung. Andere sind hartnäckiger oder eigenwilliger. Bei ihren Entscheidungen darüber, was die Seele verinnerlichen wird, spielt ihr Charakter eine wichtige Rolle, der sich aus ihrer essenziellen Grundfrequenz ergibt.

Die dritte Frequenz ist das Erinnern: das Gedächtnis als Zentrum, in dem alle Erfahrungen gespeichert sind, die auf dem Weg durch die Ewigkeit gewonnen wurden. Die Erinnerung funktioniert nicht nur als ein Ozean von Informationen, sondern auch als beratende Instanz bei allen Entscheidungen.

Die vierte Frequenz stellt sich ein, sobald die Seele an irgendeine Inkarnation gebunden ist, die nicht notwendigerweise materiell sein muss. Über diese Verbindung kommen anleitende Informationen. Auf dieser Frequenz zeichnet sich das Schicksal als Lernplan des Inkarnationszyklus ab.

Die Engel sind ähnlich konstituiert, nur ist die Bedeutung ihrer vierten Frequenzbewegung, die an eine bestimmte Inkarnationsphase gebunden ist, eine lehrende oder meisterliche.

Auf dieser Ebene können sie mit den Seelen oder anderen Wesen auf geistiger Ebene in Kontakt treten. Freilich ist dafür die Erlaubnis des anderen Wesens nötig; mit anderen Worten, ein freiwilliges Öffnen seines Kodes. Das geschieht beispielsweise beim Heilen: Die Engelsintelligenz auf der lehrenden Frequenz tritt mit der heilenden Person in Kontakt, die Informationen von der geistigen Ebene auf jene Ebene zu übersetzen vermag, auf welcher die leidende Person der Heilung bedarf. Die Engelsintelligenz kann immer nur auf die geistige Ebene einwirken, die inkarnierte Seele muss also fähig sein, diese Verbindung auf die übrigen Inkarnationsniveaus zu übersetzen.

Beide, Seele und Engel, wirken also mit Hilfe von Frequenzbündeln, deren einzelne Stromlinien alle ihre unteilbare Aufgabe haben. Die Engelsdynamik ist auf die geistige Ebene beschränkt, die Seele dagegen vermag eine echte Bindung mit ihrer Inkarnation einzugehen und kann ihre Gestalt auf eine materielle oder andere nicht geistige Struktur übertragen und durch sie lernen.

Freilich haben Engel und Seelen einen Berührungspunkt. Jede Seele wird einmal ein Engel mit dem vorrangigen Ziel, jenen zu helfen, die lernen.

Es wäre falsch diese Erklärung als eine Art Hierarchie zu verstehen. In der Ewigkeit ist eine Hierarchie gar nicht möglich. Es geht um zyklische Wiederholungen und dabei um ein zyklisches Über-sich-hinaus-Wachsen.

Seele und Göttlichkeit

Das Göttliche ist ein überaus abgedroschener und manipulierter Begriff. Seine Verfälschung setzte mit dem Verfall der ersten irdischen Zivilisation ein, also mit dem Untergang der matriarchalen Kulturen. Der Mensch löste sich aus der Ganzheit heraus, so als stünde er außerhalb von ihr, auf irgendeiner Erde mitten im endlosen All und sähe dem Göttlichen ins ferne Angesicht. In dem Augenblick, da der Mensch nicht mehr Teil des Göttlichen ist, wird dieses zu einer äußeren Kraft, vor der man sich fürchten, die man achten, der man Opfer bringen, die man lieben muss. Zuerst wurde eine große Anzahl von Göttern und Göttinnen eingeführt und allen eine Funktion im Aufbau des Kosmos zugedacht. Die Sicht des Göttlichen als weit draußen befindlich verschärfte sich mit dem Christentum und allen anderen monotheistischen Religionen.

Das Göttliche lag in seinem Himmelshafen irgendwo in weiter Ferne vor Anker. Seine Nähe musste verdient werden. Gott wurde derjenige, der ewig über jeden Einzelnen wacht und sich alle seine Sünden und

Tugenden merkt. Seither lässt sich nichts mehr vor seinen Augen verbergen. Gott ist Schiedsrichter, und er wird darüber entscheiden, wie unsere Buße sein wird. Er ist etwas geworden, vor dem wir uns mit Liebe im Herzen fürchten sollen.

Es war besser, als Gott Liebe wurde. Doch wurde diese Phrase eingeführt, ohne dass sie irgendwer hätte wirklich verstehen können. Was könnte sie überhaupt bedeuten? Dass Gott gut ist, dass alles, was uns umgibt, gut ist. Doch ich bleibe dabei, dass diese Phrase noch immer zu eng ist. Sie erweiterte das Gottesbild gerade so weit, dass sie es dem menschlichen Herzen teilweise näher brachte, indem sie den Gott der Angst entfernte. Gleichzeitig verstieß sie alles, was vom subjektiven Urteilen her (objektives Urteilen kann es nicht geben) negativ ist. Darum umfasste die Phrase "Gott ist Liebe" nur einen Teil dessen, was Gott tatsächlich ist und wurde in dieser Verkürzung Ursache zahlreichen Unrechts.

Die Religionen haben ein großes Problem, das ihnen durch die Art ihrer institutionellen Organisationsformen aufgebürdet wurde: die Unzugänglichkeit des Göttlichen. "Ein jeder kann es nicht in seinem Herzen tragen", sagen die Auserwählten. "Wenn Du dereinst vollkommen vor sein Antlitz treten willst, so musst Du ihm Dein ganzes Leben lang dienen, musst Rituale und Zeremonien pflegen, diszipliniert sein und Dich taufen lassen. Bist Du nicht getauft, so bist Du verloren."

Doch auf der Welt gibt es noch eine Unmenge anderer Religionen und Glaubensbekenntnisse. Werden alle ihre Anhänger vor einen anderen Gott treten, auch wenn längst alle behaupten, dass es nur einen Gott gibt? Vor welchen von all den tausenden von Göttern werdet Ihr dann treten, sobald Euer Leben beendet ist?

Diese Frage müsste eigentlich auch noch so unbeirrbare Gläubige beunruhigen. In allen Religionen wird von dem einen und einzigen Göttlichen gesprochen. Der Unterschied liegt nur in der Art und Weise, wie jede regionale Religion sein Wesen interpretiert. Daher gibt es keine Heiden und verkehrten Religionen. Wenn schon eine Religion das Fundament einer Zivilisation sein muss, so soll sie wenigstens duldsam zu anderen sein und kleine Unterschiede akzeptieren.

Die Zeit, da die Religionen keine Achtung mehr finden werden, ist nicht mehr weit. Die Menschen haben gelernt von jeder Wissenschaft, jeder Erkenntnis das heraus zu nehmen, was ihnen persönlich entspricht. Sie wurden selbständige Beobachter und Wertschätzer der Wahrheit.

Die Wahrheit ist eine, die Wege zu ihr unendlich viele. Wenn alle ihren eigenen Weg einschlagen, ist das ein Zeichen für Entwicklung. Sobald jedoch ganze Zivilisationen auf dem angeblich einzig möglichen Weg losstürmen, verkeilen sie sich, und es tritt so lange Stillstand ein, bis die Mehrheit eine Kehrtwendung macht und verschiedene Richtungen zum Erreichen ihrer Ziele einschlägt.

Freilich benötigt der Mensch beide Erfahrungen der Routine und der Kreativität und teilt sie sich nach Bedarf selber zu. Vom Standpunkt der Ewigkeit und Wahrheit waren daher auch solche Epochen zäher Massenreligionen, welche die Zivilisationen formten, kein Irrweg oder eine verlorene Zeit.

Der Mensch nahm sich selbst aus der Ganzheit des Göttlichen heraus und gab damit u.a. zu, dass er eigentlich ein materielles Wesen (und kein geistiges) ist. Sobald Du Dich von der Ganzheit abspaltest und einen eigenständigen Weg beginnst (scheinbar, denn im Grunde bleibst Du in die Ganzheit eingebunden), gehst Du und entscheidest Dich von Wegkreuzung zu Wegkreuzung. Sobald Du denkst, Du bist schon sehr weit, drehst Du Dich um und erkennst, dass Du Dich verirrt hast und auch vom eigenen Guckfenster aus nicht mehr wiederfindest. Von dieser veralteten Position aus bewahrst Du die Sicht aufs Ganze wie auf ein verlorenes Wesen. Vielleicht nennst Du es Gott, ohne zu verstehen, welches Dein Teil darin ist. Die Ganzheit ist vom Standpunkt des Einzelnen nicht mehr zu erkennen. Dann geschieht es, dass sich das Göttliche als Ganzheit in der Vorstellung des Einzelnen auf einen kleinen Blickwinkel verengt. Alles andere wird nicht gesehen und letztlich vernachlässigt.

Im Beispiel Eurer Zivilisation springt das Ausschließen der Natur als Teil des Göttlichen ins Auge. Die Folge ist ein Sklavenhalterverhältnis zu ihr. Sie wird zu einem Ding, worauf man sich bewegt, einem vielleicht netten, aber nicht heiligen oder gar göttlichen Gebrauchsgegenstand. Durch diese Sichtweise zerfällt die Ganzheit immer mehr. Du befindest Dich am äußersten Teilchen der zerfallenen Ganzheit und tauchst in einen Nebel, in dem Du nichts mehr siehst als nur noch das, was vor Deiner Nase liegt. Du bist Deinen eigenen Vorstellungen und Ängsten ausgeliefert wie ein Kind, das sich verirrt hat und seine Eltern nicht findet. Wenn Du schließlich vergisst, was Du gesucht hast und wohin Du eigentlich gehen musst, dann passiert vielleicht ein Wunder und Du erkennst in der "jenseitigen" Welt wiederum den Standpunkt der Ganzheit. Dieses Szenario ist die äußerste Möglichkeit. Doch führt Euch die Zivilisation, in der Ihr Euch immer noch befindet, gerade auch in diese extremen Möglichkeiten hinein.

Und was ist das Göttliche in Wirklichkeit? Es ist alles in allem, es ist jenes höchste Niveau, worin wir alle alles sind und das in Ewigkeit als das Essenzielle besteht, aus dem alles entspringt und wohin alles zurückkehrt. Alles wohnt zugleich auf diesem Niveau und auch auf den jeweiligen anderen. Dennoch befinden sich die Wurzeln im göttlichen Niveau.

Einfacher gesagt: Das Göttliche ist der Kosmos, und der Kosmos ist die Ganzheit.

Vom Standpunkt des materiellen Lebens ist es sehr schwer zu verstehen, dass wir auf einer Ebene eins sind. In der bewussten Vorstellung ist so etwas fast unmöglich. Daher ist es nicht verwunderlich, dass manche Menschen dereinst diesen "schlimmen Unsinn" auf eine vereinfachte

Formel brachten, die dann alle auch mit ihrem logischeren Bewusstsein "verstehen" konnten. Auf diesen Weg begab sich die Religion. In einer bestimmten Weise personifizierte und materialisierte sie Gott und sorgte dafür, dass es in den Vorstellungen der Menschen auch so blieb.

Es naht eine Zeit, in der die Menschen reif genug sein werden, dass sie sich von den materialisierten Vorstellungen über Gott lösen und versuchen werden, ihre Beteiligung am Göttlichen praktisch zu verstehen. Das ist auch die Bedingung dafür, dass die irdische Zivilisation die Umwälzungen überstehen wird, die in allen Lebensbereichen begonnen haben.

Das Göttliche ist demnach als Kosmos oder alles in allem das höchste Niveau eines jeden Energiewesens, oder das gemeinsame Energieniveau aller Energiewesen. Auf diesem Niveau sind alle eins. Daraus entspringt jede Möglichkeit zur Zusammenarbeit zwischen ihnen wie auch mit aller Kreativität auf geistiger Ebene bzw. auf allen (zeitweiligen) Inkarnationsebenen.

Das dem Göttlichen nächstgelegene ist das jeweilige geistige Niveau. Auf diesem Niveau befindet sich die Seele als individuelle intelligente Einheit mit ihrer eigenen potenziellen und reellen Ausrichtung und Aufgabenkonstellation. Sie lebt einerseits individuell und ist zugleich ans göttliche Niveau gebunden. Sie ist also gleichzeitig selbständig und alles in allem. Die Seele vermag mit ihrer Ganzheitlichkeit in Kontakt zu treten und kann daher auch andere Energiesubstanzen kontaktieren.

So gesehen ist das Göttliche ein Ort, an dem alle Wesen dieselbe Sprache sprechen, weil sie eins sind. Von dort aus wachsen sie als einzelne Substanzen auseinander.

Die geistige Ebene lebt ihre kosmische Verbundenheit als Teil ihrer Eigenheit, Wesen von allem und zugleich ihrer selbst zu sein.

Die modernen Erkenntnisse verlegen den Kosmos gerne irgendwo weit hinaus, gleichsam als ein Weltall über unserem bestehenden materiellen Raum. Das ist ein ähnlicher Fehler wie das In-den-Himmel-Heben von Gott. Dennoch verbergen alle Religionen in ihrem symbolhaft verschleierten Kern die Erkenntnis der Wahrheit.

Seele und Schicksal

Als ich über die Zusammensetzung der Seele sprach, erwähnte ich auch ihre vierte Frequenzebene, die den Kontakt mit ihrer aktuellen Inkarnation oder bisweilen auch ihren Parallelinkarnationen darstellt. Diese Frequenz reguliert den Kontakt der Seele mit den Ebenen ihrer inkarnierten Gestalt. Das heisst keineswegs, dass diese Verbindung der Faden ist, der sie an die Materie bindet. Sie ist vielmehr die Verbindung des in seiner materiellen Inkarnation wohnenden Menschen mit seinem Wesenskern - der Seele. Die Verbindung ließe sich auch als Nabelschnur umschreiben - schließlich strömen durch sie Energien herbei, die der Erhaltung des Menschen als lebendem und bewusstem Wesen dienen - gleichsam als zuleitender Lebenskanal. Im energetischen Sinne handelt es sich um eine Vibration, die ganz und gar unmessbar, weil raumfrei (überdimensional) ist. Sie bindet sich an einen Energieknoten, den wir Lotosblüte nennen. Die Lotosblüte ist ein durch Kodierung geschütztes System, das die kosmische Energie in die jeweiligen Energien umwandelt (einschließlich der Vitalenergie), die den Körper beleben. Der entsprechende Punkt am physischen Körper ist der Nabel.

Es geht ums Überleiten von Informationen aus der geistigen (gänzlich raumfreien) Ebene auf die Ebenen, die der materiellen Inkarnation angehören (nun werde ich nur von der materiellen Inkarnation auf der Erde sprechen, um nicht zuviel Verwirrung auszulösen). Das ist die einzige Verbindung zwischen dem physischen Körper und seinem Wesenskern.

Dieselbe vierte Vibrationslinie trägt eine weitere Bedeutung in sich. Sie überträgt die Informationen über das Schicksal des inkarnierten Menschen.

Doch was ist das Schicksal? Das uralte Rätsel! Die Leute wissen schon seit urdenklichen Zeiten, dass ihr Leben kein Flechtwerk aus Zufällen, sondern sehr sinnvoll geordnet ist. Abfolgen und Reihenfolgen der Geschehnisse beinhalten ein hohes Maß intelligenter Auswahl. Nichts passiert einfach so, und daher drängt sich die Frage auf, nach welchen Regeln ereignen sich die Dinge und ergänzen einander just in der notwendigen Weise?

Alle Menschen inkarnieren sich mit einer bestimmten Aufgabe, der sie nicht entfliehen können. Das Motiv dieser Aufgabe treibt sie als unsichtbarer Schatten auf Schritt und Tritt an. So manches Mal ist es vom Standpunkt des materiellen Lebens scheinbar unerreichbar oder unverständlich. Für manche ist es die Hauptursache von Leid und Trauer für den gesamten Inkarnationszyklus.

Wenn die Menschen die Dinge, die ihnen widerfahren, als Teil ihrer Aufgaben (an)erkennen, die sie allerdings erledigen ohne zu wissen, wo die Ursache dafür liegt, so fragen sie sich, wer ihnen eigentlich dieses Muster gewebt hat und warum ausgerechnet ihnen.

Das Schicksal ist eigentlich eine Mitteilung über diese Aufgaben und den Verlauf (Fortschritt) ihrer Erfüllung. Es sind Aufgaben, die in der Inkarnation zu bewältigen sind, um etwas daraus zu lernen, was uns auf unserem Weg durch die Ewigkeit nützt. Dabei geht es um Informationen, die wir uns immer nur durch eigene Erfahrungen aneignen können. Den Plan dazu, der in Wirklichkeit eine äußerst verwickelte Formel ist, entwirft jede Seele für sich, bevor sie sich in einem Körper inkarniert. Daher erschafft sich eine jede Seele ihr Schicksal doch nur selber.

In keinem Fall gibt es eine äußere Kraft, schon gar keinen Gott oder Teufel, der uns nach seinem Willen führen würde. Wir selber sind derjenige, der am besten weiß, was er zu tun hat und wohin er kommen will, damit es für ihn am besten wird.

Das ist gewiss eine schmerzliche Erkenntnis, denn wenn Du daran glaubst, dass jemand anders Dein Schicksal bestimmt, so attackierst Du ihn mit Deinem Zorn. Du wälzt die Schuld für Deine Probleme von Deinen Schultern und lebst scheinbar leichter.

Ohne Zweifel ist die Erkenntnis, dass Dein Schmerz nur Deine Angelegenheit ist, beträchtlich schwerer zu ertragen als die Vorstellung, dass ein anderer die Schuld dafür trägt.

Das Schicksal ist nicht einmal annähernd ein Szenarium von Ereignissen, die in bestimmter Reihenfolge eintreten, sondern ein Drehbuch mit Aufgaben, die als Ursache-Wirkung-Einheiten aufgebaut sind. Wenn Du Dich so und so entscheidest, wird das und das passieren.

Der Anfang ist stets genau fixiert und zwar in Form einer Ursache. Die Ursache ist ein bestimmtes Problem, das Du in Verbindung mit der materiellen Wirklichkeit lösen musst. Zum Beispiel: Du kannst das Leben nicht offen genug annehmen, vermagst also kein Kind zu sein. Entsprechend dem Anfang und der anfänglichen Information beginnt die Zusammenarbeit der Seele mit den inkarnierten Ebenen. Die Seele initiiert ein Problem auf der unterbewussten Ebene und erlaubt seine Übertragung in übersetzter Form auf die bewusste Ebene. Der Mensch ist ein bewusstes Wesen. Und gerade wegen seines Bewusstseins ist die seelische Verbindung vernebelt. Die Information muss somit aus dem Unbewussten übersetzt werden. Im Einklang mit seiner dem Bewusstsein angepassten Aufgabe, die in seinem Leben von einem Ereignisgefüge begleitet wird, entscheidet sich der Mensch für einen Weg. Diese Situation gleicht einer Kreuzung. Alle Wege sind verschieden, und es steht ihm stets eine endlose Zahl von Verhaltensmöglichkeiten zur Verfügung. Ein jeder Weg, für den er sich entscheidet, ist richtig, denn er gibt ihm die Erfahrungen, die er als ganzheitliches (körperliches, bewusstes und geistiges) Wesen benötigt. Alle Wege führen also zum Ziel. Für einen jeden möglchen Weg ist im Voraus ein Muster vorbereitet, worüber die geistige Ebene oder Seele als Lehrer, Helfer und Beschützer wacht.

Die menschliche Einsamkeit bei der Entscheidungsfindung ist eine durchwegs scheinbare. Auch das Gefühl, dass alles vorausbestimmt ist, ist verkehrt. In Wirklichkeit macht das Bewusstsein viele Dinge, so als wäre es der Feind seines eigenen Wesens. Oft scheint es, als wären Seele und Bewusstsein Feinde und Fremde statt Gefährten und ständige Mitarbeiter.

In Zeiten wie diesen manifestiert sich diese Auffassung umso stärker, weil sich der Mensch mehr und mehr von seinem Wesen entfernt und die Ursache für seine Aufgabe auf Erden irgendwelchen zufälligen materiellen Prozessen zuschreibt, angefangen von Empfängnis und Geburt über alle möglichen biologischen Parametern bis hin zu biografischen Vorkommnissen und der Kombinationen von Einflüssen.

In Wirklichkeit gibt es keinen Zufall, wenn es um das Leben geht. Nichts kann zufällig geschehen, vor allem kann keine Seele durch Zufall sich inkarnieren. Das Schicksal ist ein Plan, den alle Einzelnen für sich selber entwerfen. Dies legt die Frage nahe, wie die zwischenmenschlichen Beziehungen mit dem Schicksal verwoben sind. Sie spielen die zweite Hauptrolle im Leben (die Beziehung zum Mitmenschen ist also eine sekundäre Beziehung, sie kommt nach der Beziehung zu sich selbst, zum primären Urmuster). Auf dem göttlichen Niveau sind wir alle eins. Von dort entspringen wir als Einzelwesen, die noch immer ans Göttliche als einen Ort gebunden bleiben, von wo wir ausgehen und wohin wir als Teile des Ganzen zurückkehren. Von dort kommen die Informationen, die wir voneinander benötigen, damit sich unsere Bedürfnisse zu einer vollkommenen Melodie aufeinander abstimmen. Der Kern der Zusammenarbeit im materiellen Leben ist die wechselseitige Ergänzung. Stets begegnest Du Menschen, die Du brauchst, um etwas mehr oder weniger Wichtiges zu lernen - und die Menschen brauchen Dich. Diese Begegnungen sind schicksalsmäßig einkodiert und ergänzen sich auf dem göttlichen Niveau in ständiger "Hochrechnung".

Ich habe schon die Begegnung zweier Energiewesen beschrieben. Ihre Energiehüllen schneiden, kreuzen oder vermischen sich niemals untereinander, denn das würde eine jede Energiestruktur zu verletzlich und zerbrechlich machen. Zwei Energiewesen geben immer nur solche Vibrationen und Energiestrahlen ab, die sie auch abgeben wollen, alle anderen Strukturen sind durch Kodierung sicher geschützt. Wenn wir diesen Aspekt veranschaulichen, dann würde eine Begegnung zweier Energiewesen zum Beispiel aussehen wie eine Begegnung von Öl und Wasser. Nur die äußeren Energieschichten berühren einander und ihr Wesen bleibt geschützt. Daher sprechen wir von einem Schutzmantel. Die Energie zweier Wesen vermischt sich nicht einmal bei den intimsten Beziehungen.

Ich erwähne das zum besseren Verständnis der Unantastbarkeit des Menschen bei der Zusammenarbeit und im Zusammenleben mit den anderen. Scheinbar werden die Menschen von den Ereignissen unglaublich getroffen, ja sie vermögen einander wirklich viele emotional intensive Augenblicke zu schenken, und dennoch ist es notwendig zu wissen, dass es sich dabei nur um ein vergängliches Spiel handelt. In diesem Spiel ist dem Menschen eine bestimmte Rolle zugeteilt, und sobald sie gespielt wurde, wird er eine neue und danach wieder eine neue bekommen, bis in alle Ewigkeit.

Das Gefühl, dass alles irgendwann aufhört, kennzeichnet die bewusste Sicht auf die Welt. Vom Standpunkt der Ewigkeit haben solche unerheblichen Sachen keinen wirklichen Wert. Was bleibt, ist das, was Du daraus lernst. Gerade das materielle Leben bietet unendlich viele Möglichkeiten, sich selbst sowohl als selbständige Wirklichkeit als auch Teil des Ganzen zu erkennen und wiederzuerkennen.

Man sagt, dass die Beziehungen schicksalhaft sind. Und das ist wahr. Niemand auf der Welt vermag allein zu leben, weil es einfach so viele verschiedene Tätigkeiten gibt, dass sie vom Einzelnen physisch nicht bewältigt werden können. Es kommt also darauf an, unter allen diesen Möglichkeiten einen Weg zu finden, wodurch Du als Einzelnes das Ganze aktiv ergänzt, das Du Dein Leben nennst. Du wirst lernen müssen, Deine Ganzheit mit anderen zu teilen.

Tatsache ist, dass ein noch so intensives Gefühl des Verlorenseins keine reelle Ursache haben kann. Die Seele verändert sich in ihrem Inkarnationszyklus nicht in ihrer Grundrichtung oder Gestalt. Sie bleibt sich gleich, einerseits ans göttliche Niveau, die Ganzheit gebunden, andererseits durch ihre inkarnierte Gestalt als eigener Lehrling oder symbolisiertes Wesen fixiert. Es stimmt nicht, dass ein Kind eine kleine Seele hat, die allmählich heranwächst. Die Seele ist gleichermaßen erwachsen, ob sie ans Kind oder den alten Menschen gebunden ist. Sie verändert sich oder lernt auf ihrem dritten Niveau, wo sie Erfahrungen sammelt. Doch dieses Lernen ist nicht mit dem materiellen oder zeitlich bedingten Erwachsenwerden zu vergleichen. Es ist ein Erwachsenwerden in der Ewigkeit, ein Reifen des eigenen Wesens.

Das Verständnis des Schicksals hängt ab von der Beziehung der Seele zu ihren inkarnierten Niveaus. Konkret ist es davon abhängig, wie rein und in welcher Weise sie die unterbewusste Ebene zu Bewusstsein bringen kann. Gewöhnlich sind alle Empfangskanäle mit verschiedenen Anschauungen, Vorstellungen und Voraussetzungen versperrt, die sich der Mensch allmählich anerzogen und ins bewusste Wahrnehmen eingespannt hat, so dass eine Botschaft überhaupt nicht bis zu ihrem Ziel durchdringen kann. In diesem Fall muss das menschliche Bewusstsein durch eine Reihe von Ereignissen zum selben Ergebnis gebracht werden.

Alle sind wir dazu befähigt eine sehr reine und schöne Beziehung mit unserem Wesen zu haben, wenn wir uns das nur wünschen und es ganz einfach erlauben, dass dieser Kontakt geschehen kann.

Und die Angst vor dem Schicksal? Bestimmt haben wir sie alle schon wenigstens einmal intensiv gefühlt. Dennoch muss ich sagen, dass es für die (verpürte oder unmerklich vorhandene) Angst immer nur einen einzigen Grund gibt: mangelndes Urvertrauen. Die meisten Menschen leben in ständiger Angst vor allen möglichen Dingen, die ihnen zustoßen könnten. Könnten sie einfach darauf vertrauen, dass alles, was ihnen widerfährt, seine Richtigkeit hat, dann wäre es wirklich so. Einige brauchen ihr ganzes Leben, ja nicht nur eines, sondern sogar eine Folge von Inkarnationen, um zu erkennen, dass Vertrauen jener Schlüssel ist, mit dem sich jede noch so merkwürdige Tür öffnen lässt. Wenn wir im Zustand des Vertrauens sind, verschwindet die Angst und wir wissen, dass wir mit einer bestimmten

Aufgabe auf der Welt sind in der Hoffnung, sie rechtzeitig zu erkennen. Dann öffnen wir uns am stärksten der eigenen inneren Kommunikation. Die Informationen werden leichter verarbeitet, und dadurch entwickelt sich wirklich alles so, wie es für Dich und Deine Umgebung am besten ist. Alle, die in sich hineinhören, spüren die sich ewig wiederholende Frage: Wozu bin ich hier? Wozu bin ich hier? Wozu bin ich hier? Das ist eine Kraft, die uns wie ein Sog oder Vakuum weiter zieht. Wenn wir diese Frage hören und mit dem Herzen erfassen, so öffnen wir unseren blockierten Kanal, und die Antwort wird von selbst kommen. Schon bald. Wenn wir aber die Frage überhören und uns selber somit nur als materielles und unwiederholbares Wesen anerkennen, intensiviert sich unser scheinbarer Selbstverlust in der Materie schmerzhaft, bis wir einmal eine ultimative Erfahrung machen.

Seele und Bewusstsein

Das Bewusstsein ist im Unterschied zur Seele ein anerzogenes Muster, durch das wir die Welt wahrnehmen. Es ist die denkbar imaginärste Form, eigentlich überhaupt keine Form, sondern ein unsichtbares Existenzmuster. Der Mensch lebt bewusst, verhält sich bewusst, doch er selbst ist nicht das Bewusstsein, das Bewusstsein gibt ihm auch keine zusätzlichen Energiestrukturen. Die Fähigkeit zu bewusster Wahrnehmung hängt von den Ordnungsmustern der Gehirnzellen und Zentren ab, die ein bewusstes Erfühlen und Erfassen des Bestehenden ermöglichen.

Der Mensch besitzt ein großzügig ausgestattetes Hirnsystem, das ihm eine ganzheitliche Wahrnehmung der bewussten und zeitlosen Ebenen erlaubt, ein Erfassen von Bewusstsein und Seele. Das vollzieht sich durch das Gleichgewicht zwischen linker und rechter Hirnhälfte. Durch die linke Hälfte lebt er bewusst, dank der rechten intuitiv.

In der Zivilisation, die gegenwärtig auf der Erde vorherrscht, war es von wesentlicher Bedeutung die linke Hirnhälfte zu entwickeln und dadurch den bewussten Wahrnehmungsmustern die Vorherrschaft zu überlassen. Freilich bewirkt das eine schmerzhafte Distanz vom Wissen über die eigene tiefere Natur. Andererseits ist die bewusste Existenzweise eine bereichernde Erfahrung und Prüfung für den Menschen in seiner Wahrhaftigkeit vor sich selber.

Das Bewusstsein hätte ohne Materie keine existenzielle Grundlage, denn seine Existenzbedingung liegt in der materiellen Begründung jeder Behauptung. Nichts ist imaginär, sobald es in der Materie beweisbar ist.

Das Bewusstsein ist die Gesamtheit aller Wahrnehmungsmuster. Diese Muster bestehen nicht aus sich heraus, sondern sind allen Einzelnen anerzogen. Das ist ein langer Lernprozeß, der bald nach der Geburt beginnt und bis zum Lebensende anhält. Wesentlich sind die ersten intuitiven

Jahre, wenn das Kind ohne irgendwelche Scheuklappen lebt, die ihm naheliegen würden, nach einem anerkannten und eingefahrenen Reglementierungskanon zu handeln. Was das Kind als richtig empfindet, das tut es ohne jede peinliche Scham und Reue. Über ein zwei- oder dreijähriges Kind hört man für gewöhnlich sagen: "Aha, mein Töchterlein zeigt erste Anzeichen von Scham!" Sobald das Kind bewusst Handlungen vermeidet, bei denen es fühlt, dass sie eigentlich richtig sind, sind sie ihm deshalb peinlich, weil es sich vor der Reaktion der Erwachsenen fürchtet oder geniert. Die Erwachsenen sind es also, die mit ihren Reaktionen das Verhalten des Kindes zu seinen Nächsten und zur Materie hervorbringen und formen.

Die Kinder eignen sich durch Nachahmung die Lebensmuster und Formeln von ihren Eltern an. Sie lernen, welche Nahrung besser ist, dass Speiseeis etwas besonders Gutes sein muss usw. Habt Ihr einmal den Unterschied bemerkt zwischen der Mutter, die ihrem Kind ein Eis oder eine allerbeste Schleckerei zur Belohnung kauft, und der anderen Mutter, die dem Kind ein Eis ohne jedes Urteil oder besonderen Kontext zukommen lässt? Im ersten Fall wird das Kind immer aufs Eis warten und es mit dem Gefühl essen, dass es etwas Großartiges ist, während das andere Kind selbst darüber urteilen wird, ob ihm das Eis überhaupt so gut gefällt. Vielleicht wird es sogar zu der Auffassung kommen, dass ihm Bonbons oder Bananen lieber sind. Das ist ein banales Beispiel, doch lernen die Kinder so gut wie alles nach eben diesem Muster. Die Eltern tragen dabei eine ungeheure Verantwortung, werden doch die erworbenen Muster schon bald zur Grundlage für alle anspruchsvolleren Muster im weiteren Leben. Ein Kind verliert oder bekommt zum Beispiel schon in seiner Kindheit ein Gefühl für Verantwortung, das es später zu den Fähigkeiten eines guten Vaters (Mutter) oder eines schwierigen Lebensgefährten (Gattin) weiter entwickeln kann. Es erlernt gegenseitige Achtung und entwickelt sein Gefühl für gut und schlecht. Die einmal angeeigneten Charakteristika werden nur noch schwer verändert oder in ihr Gegenteil umgewandelt.

Die Zeit der Kindheit ist eigentlich ein schmerzlicher Kampf zwischen Bewusstsein und Intuition. Das Kind nimmt am Anfang alles intuitiv wahr. Schon im Mutterleib erlernt es die Grundlage von allem, doch ist keine der Grundlagen des ungeborenen Kindes (mit Ausnahme der intuitiven Wahrnehmung) als gebrauchsfertige Grundlage verankert. Von allen Mustern entwickelt sich in der pränatalen Phase nur ein Keim, ein Same, woraus erst später dann das bewusste Muster wird. Als Neugeborenes erkennt das Kind seine Mutter lediglich durch das Empfinden ihrer Energie, die ihm besonders vertraut ist, und Wärme und Geborgenheit symbolisiert. Das verspürt es auf dem materiellen Niveau. Als Seele fühlt es sich in diesem Augenblick am intensivsten in seine materielle Gestalt eingezwängt.

Der einzige Weg für die Seele zu ihrer Inkarnation ist Intuition und die Fähigkeit, alles Weitere der Umgebung zu überlassen, in die das Kind gerät. Die körperliche Schwäche zwingt die Seele, ihrer Bewusstseinsentwicklung zuzustimmen und ihre intuitive Verbindung in den Hintergrund treten zu lassen. Menschen, die sich schon als Kinder nicht mit der Welt des Bewusstseins anfreunden (z.B. behinderte Kinder), bleiben zeitlebens abhängig von ihrer physischen Umgebung, weil sie ohne Bewusstsein über das Bestehende keine Verantwortung sich oder anderen gegenüber fühlen können, mit denen sie ihr Leben teilen. Der Sieg des Bewusstseins über die Intuition beginnt in der Schule, wenn die Kinder noch die letzten gemeinsamen Muster annehmen, entscheidende Zusammenhänge aus Chemie, Physik oder Biologie erlernen und für sich selber, ausgehend von der materiellen Wirklichkeit, jede ihrer Behauptungen begründen können.

Die Welt des Bewusstseins ist in dieser Hinsicht exakt und konsequent. Das Kind akzeptiert die Allgemeinbildung, wenn nicht aus einem anderen Grund, so schon allein deswegen, damit es sich von den anderen nicht unterscheidet und dieselben Dinge auf gleiche Weise wahrnimmt. Wenn es erwachsen wird, ist seine Intuition (nicht bei allen gleich) nur noch ein entfernter Ruf, den es zu zügeln gewohnt ist, um seine Umgebung nicht zu verletzen oder sonstwie zu provozieren.

Für die irdische Zivilisation ist die bewusste Anschauung eine Bedingung für ihre Einordnung in die Materie. Durch die Übermacht des Bewusstseins über die Intuition bekam die Materie ihre überragende Bedeutung als einzige real existierende Substanz.

Der einzige Weg zur intuitiven Wahrnehmung ist die Kunst. Die Kunst beruht auf Intuition, darum vermittelt sie so wichtige Botschaften für den Einzelnen und die gesamte Gesellschaft. Durch die künstlerische Kreativität verwirklicht sich jene andere Gehirnhälfte, die der heutige Mensch zumeist nur als ungelöstes Rätsel und ungenutztes Potenzial in sich trägt.

Es ist fast unmöglich sich vorzustellen, dass irgendwann ein harmonisches Gleichgewicht zwischen Intuition und Bewusstsein bestehen wird. Das Bewusstsein ist der Sendbote der Materie, die Intuition das "Telefon der Seele", beides zusammen ist unvereinbar. Wären sie vollkommen vereinbar, dann wäre die materielle Inkarnation unnötig. Gäbe es kein Bewusstsein, dann wäre auch keine Materie vorhanden. Ein jeder könnte sie ins Wanken bringen, denn sie besäße keine verlässlichen Gesetzmäßigkeiten und vor allem weder Raum noch Zeit als die Voraussetzungen von Bewusstsein und Materie. Ohne Bewusstsein wäre die Welt in sich zu differnziert und zu unterschiedlich, als dass sie überhaupt noch notwendig wäre. Gleichzeitige Evolutionen wären nur unbedeutende Abschnitte. Sie müssten intensiver gelebt werden, als heute die Materie gelebt wird.

Der Materie wird (über das Bewusstsein) nur ein bestimmter Teil zugerechnet. Die energetische Zusammensetzung wurde noch bis vor kurzem gänzlich ignoriert. Nur eine kleine Anzahl von Menschen wagte es, die physikalischen Beweise von der Vergänglichkeit der Welt (von allem) zu bestreiten, insbesondere über die Vergänglichkeit des Lebens. Der Mensch sieht nur das kleine Farbspektrum und vermag keine Energieschwingungen zu sehen. Ebenso hört er nur ab einer gewissen Intensität und innerhalb einer eng begrenzten Bandbreite und kann all die Laute und Klänge gar nicht hören, die alle Gegenstände und Räume in Wirklicheit von sich geben. Die Materie, wie der Mensch sie heute in sehr begrenztem Umfang wahrnimmt, ist in Wirklichkeit ganz anders. Sie hat viele Eigenschaften, für die wir blind, taub und empfindungslos sind, weil wir uns eben darauf geeinigt haben. Ohne diese Einschränkungen wäre die Materie als Gegenstand und Medium des Lernens unpraktisch, denn es wäre allzu leicht, sie handzuhaben und auszubeuten.

Der Mensch ist heutzutage in erster Linie ein bewusstes Wesen mit einem hohen Maß an Vertrauen in die Wirklichkeit von allem, was ihn umgibt. Die Intuition überlässt er den launischen Urteilen seines Bewusstseins. Fühlt er einen Impuls, so setzt er ihn nicht gleich in die Tat um, sondern berät sich zuvor gründlich mit seinem Bewusstsein darüber, ob der Intuition Folge geleistet werden soll oder nicht. Jede intuitive Wahrnehmung durchläuft also ein längeres oder kürzeres bewusstes Abwägen und erhält im günstigen Fall erst danach grünes Licht.

Häufig sind die Menschen regelrecht in ihren bewussten Wahrnehmungen gefangen. Das bedeutet Schmerz, im Extremfall auch Krankheit, und zwingt dann zu einer Veränderung der zu eng gewordenen Muster.

Der Mensch glaubt gerne, dass er die Welt bewusst beherrscht. Das ist eine der prahlerischsten Illusionen, auf die er je verfallen ist. Er kann die objektive Welt bewusstseinsmäßig überhaupt nicht beherrschen, sondern lediglich sein eigenes subjektives Spektrum von ihr. Die Welt in ihrer Ganzheit wird ihm ein ewig ungelöstes Rätsel bleiben, ist sie doch zu umfangreich und voll an Wirkungsquellen, die sie gleichzeitig schützen und unberührbar machen.

Alles, was der Mensch im Bewusstsein erfasst, gehört zu der Ebene, die ihm auf dem materiellen Niveau zugänglich ist. Dieses ist nur scheinbar so wie es sich zeigt. In Wirklichkeit existiert es in zahlreichen verschachtelten Dimensionen, was dazu führt, dass ihm der Mensch nichts anhaben kann.

Scheinbar vergiftet der Mensch tatsächlich seine Umwelt, in Wirklichkeit vergiftet er nur ein kleines materielles Spektrum, das für die Dimension der Ewigkeit keine Rolle spielt. Die Zerstörungen der Menschen erscheinen schicksalhaft und werden von ihnen oft als fatal angesehen, weil es ihnen eben gefällt, dass ihre Eingriffe mit viel Wirbel solche Folgen zeitigen. Das Bewusstsein behauptet von sich, es sei der einzig wahre, ja der einzig bestehende Faktor, der eine reelle Wahrnehmung bilden kann. In Wirklichkeit ist es ein Angeber, der die ganze Zeit vor sich hin murmelt, wie wichtig und notwendig er für das Funktionieren der Materie ist.

Ich darf daran erinnern, dass es (bei seelischen Behinderungen) möglich ist ohne Bewusstsein zu leben, nicht dagegen ohne energetische Strukturen, die ein materielles Leben ermöglichen.

Vergessen wir andererseits nicht, dass Bewusstsein die Bedingung dafür ist, dass die materielle Inkarnation überhaupt eine sinnvolle Zeit des Lernens und Daseins wird. Ohne das Bewusstsein als Wegbegleiter der Materie würde der Mensch niemals seine inkarnierten materiellen Systeme entfalten können. Er wäre nicht dazu fähig, seine Wege auf so vollkommene Weise zu verlieren und wiederzufinden, wie dies eben geschieht.

Es ist also nötig die Materie, das Bewusstsein und natürlich sich selbst (die Seele) als das Wesentliche zu achten. Wenn wir die Bedeutung auch nur einer dieser drei Ebenen verneinen, verlieren wir unsere Antwort auf die Frage, warum wir uns überhaupt in der materiellen Inkarnation befinden.

Unabhängig davon, dass die Materie vom menschlichen Standpunkt aus nur ein Körnchen Wahrheit birgt und das Bewusstsein dazu dient, dass wir uns noch mehr von uns selbst entfernen, sollen wir das Leben in der Materie genießen und ein großes Maß an Vertrauen und Verantwortung dafür fühlen.

Seele und Raum

Die Seele ist eine Substanz, die sich dem Raum entziehen kann. Ihre Bindung an Zeit und Raum ist eine scheinbare, vom Standpunkt der Ewigkeit nur ein Augenblick im Meer der Zeitlosigkeit.

Was ist eigentlich der Raum und welche Regeln spielen darin die wichtigste Rolle? Der Raum ist eine Substanz, die jedem Wesen seine Ausdehnung, seinen Anfang und sein Ende zuteilt. Sie bestimmt, dass jede Sache irgendwo beginnt, irgendwo aufhört und sich irgendwo dazwischen entwickelt.

Die wesentliche Eigenschaft des Raumes ist die Begrenzung: die Begrenzung irgendeiner Form, die einen Anfang und ein Ende besitzt. Der Raum begrenzt die Information und gibt ihr dadurch Verkörperung und Kontur.

Die Ordnung der Formen, die eigentlich in den Raum gefügte Energiesubstanzen sind, bildet die räumliche Perspektive des Bestehenden.

Die Welt ist zusammengesetzt aus einzelnen, räumlich begrenzten Einheiten, die untereinander in einer logischen Reihenfolge geordnet sind.

Die logische Reihenfolge ist real nicht existent und doch die Bedingung für die Beständigkeit der materiellen Welt, dafür, dass in ihr stets die Gesetze der unverrückbaren "Wirklichkeit" gelten.

Ein Kind wird ohne solch unverrückbare Muster von der Welt geboren. Es hat in sich noch keinerlei Vorstellung davon, wie die Dinge aufeinanderfolgen. Erst mit seinem materiellen Dasein in der Welt beginnt seine Anpassung an die Regeln. Es beginnt die Nacht als Ruhezeit zu akzeptieren, die Empfindung des Hungers als Zeit der Nahrungsaufnahme, und schließlich erkennt es die umsorgende Person als sein liebstes Wesen. So fängt es an. Als nächstes kommt das Gleichgewichtsgefühl, das Gespür für den Raum als Wohnort, Heim usw. Das Kind könnte das niemals selber erlernen. Dafür hat es die Eltern, die es Schritt um Schritt in die Wahrnehmung der Welt einführen, die sie alle umgibt.

Der Raum allein kann also nichts lehren. Immer ist es der Mensch, der ihn wahrnimmt und sein Gefühl vom Ablauf der Dinge, wie alles seinen Gang geht, für Ordnung und Abfolge von Generation zu Generation weitergibt. Dabei geht es um die Erfahrung einer Zivilisation, in der nicht der Einzelne die Maßstäbe dafür setzt, was im Raum passiert, sondern alle lernen, die Welt auf "normale" menschliche Weise zu sehen.

Diese Zivilisationserfahrung funktioniert vergleichbar dem Prinzip der kritischen Masse. Sobald ein bestimmter Prozentsatz der Menschheit erlernt, etwas auf bestimmte Weise zu sehen, sieht es die ganze Menschheit so, sonst gäbe es so viele verschiedene Wege den Raum zu sehen, wie es verschiedene Zivilisationen auf der Erde gegeben hat.

Die Unterschiede in der Anschauung des Raumes sind im Laufe der Menschheitsgeschichte sehr groß. Weil wir auf der gemeinsamen göttlichen Ebene alle eins und gegenwärtig sind, leben solche Erfahrungen noch immer im seelischen Gedächtnis fort.

Die Zivilisation legt ihre Wahrnehmungsart fest, weil sie ihre zivilisatorische Erfahrung benötigt. Das bedeutet, dass die Menschheit in einer bestimmten Zeitepoche gewisse Erfahrungen einfach braucht, um das mehr oder weniger variable Evolutionsbedürfnis aller Einzelnen zu befriedigen, die in dieser Zeit leben.

Der Raum begrenzt die Substanz auf ihren Anfang und ihr Ende. Das wäre nicht möglich, wenn wir davor nicht die Zeit als Ursubstanz des Raumes anerkennen würden. Der Raum ist in jedem Fall nur die Folge zeitlicher Begrenzung.

Die Zeit ist eine primäre Begrenzung und Bedingung für die Existenz der Materie. Sie ordnet alles Bestehende im Hinblick auf Anfang und Ende. Im Unterschied zum Raum gibt sie der Materie aber keine Form, sondern die Grundlage für ein gegenwärtig Bestehendes und gleichzeitig Vergängliches. Sie verleiht dem Geschehen einen Fluss, der Anfang, Entwicklung und Ende beinhaltet.

Würde die Zeit die Ewigkeit als tatsächlich existierende Wirklichkeit anerkennen, so ginge ihre Bedeutung verloren. Weshalb sollte sie die Enden der Ewigkeit voneinander abgrenzen, wenn die Ewigkeit all ihre Bedeutung außer Kraft setzt?

Zeit und Ewigkeit schließen einander also aus. Der Mensch hat sich die Zeit als seine erste Voraussetzung erwählt und respektiert sie auch mit entsprechendem Ernst. Nur unter dieser Voraussetzung ist sein Inkarnationszyklus sinnvoll.

Die Zeit wurde zur Schöpferin des Bestehenden, denn durch sie wird die Materie zur fühlbaren Daseinsebene mit der Zeit als ewiger Weggefährtin und Richterin. Die Menschen leben in dem Gefühl, dass die Zeit Herrscherin und Schiedsrichterin ihres Lebens ist. Sie messen sie dadurch, dass sie ihre äußerst subjektive, variable und imaginäre Natur auf irgendeine Weise materialisieren.

Es ist interessant, dass die Zeit die immateriellste von allen Substanzen geblieben ist, die das menschliche Leben gestalten. Die Wahrnehmung ihrer Dimensionen ist überaus subjektiv und verläuft je nach Gefühlslage und Befinden der Betroffenen. Keine zwei Menschen nehmen die Zeit ganz gleich wahr. Dem einen vergehen die Augenblicke schnell, dem anderen erscheint dieselbe Zeitspanne als halbe Ewigkeit. Die Zeit existiert, weil sie messbar ist und über die Zyklen des Alltags entscheidet.

Was um Euch herum passiert und Euch als geordnetes Neben- und Hintereinander erscheint, geschieht aus dem einfachen Grund, weil es dem Menschen gelungen ist, Raum und Zeit bis zur Perfektion in sein Bewusstsein einzugliedern. Wenn ich über die Zeit als eine subjektive Wahrnehmung berichte, so spreche ich über die Unterschiede der einzelnen Menschen als Schöpfer ihrer Umwelt und ihres Lebens. Wenn wir uns unsere Aufgaben aussuchen und unseren Weg, wie wir sie angehen wollen und für uns verwirklichen werden, entscheiden wir uns auch für unsere Art der Wahrnehmung: Dies gilt für das emotionale und das unterbewusste System, die beide im Einklang mit unserem Wunsch stehen, etwas zu lernen. Das Bewusstsein ist dann jener Faktor, der unsere subjektive Orientierung den bereits bestehenden Regeln anpasst, die wir erlernen müssen, wenn wir wollen, dass unser Aufenthalt in der Materie aktiv und sinnvoll verläuft. Viele Leute wissen bewusst und mit Bestimmtheit, dass sie eigentlich geistige Wesen sind und ihre einzige wirkliche Voraussetzung die Ewigkeit ist. Dennoch werden sie, wenn sie in eine materielle Inkarnation geraten sind, hier gebraucht: zunächst für sich selbst und dann für andere, die synergetische oder polarisierende Hilfe brauchen, weil sie die Informationen über ihre Ureigenes noch nicht in der ihnen entsprechenden Weise in die bewusste Ebene übersetzt haben. So ist es also falsch, wenn die Menschen davor ausweichen, auch in der materiellen Welt gegenwärtig und anwesend zu sein. Die geistige Ebene bleibt stets das Fundament. Es wäre falsch, aufgrund der Erkenntnis der wahren eigenen Natur die materielle Ebene geringschätzen zu wollen. Wenn der Mensch in die Materie getreten ist, muss er sie so genießen und leben können, wie ihm das sein Wesen eingibt, auch wenn er weiß, dass die Materie nie sein Anfang und sein Ende sein kann oder sein wird.

Die Seele wohnt in der Ewigkeit. Auf geistiger Ebene, wo sie eine real bestehende raumfreie und zeitlose Substanz ist, kann sie sich nicht in dem Sinn verändern, wie sie sich materiell verändert. Sie kann also nicht wachsen im Sinne einer vertikalen, sich verfeinernden, verstärkenden Bewegungsdynamik oder reifen und Früchte tragen. Ebensowenig kann sie altern im Sinne eines selbsttätigen Geschehens bis hin zum Sterben und Vergehen. Die Seele wirkt gänzlich unabhängig von den Vorgängen rund um ihre inkarnierten Formen. Sie hat keinen Anfang und kein Ende. Sie bewegt sich nicht über Hierarchien, denn die Hierarchie ist ein Begriff, der einer hierarchischen Zivilisation entstammt. Er bedeutet, dass wir wachsen und andere überflügeln, um aufgrund unseres schnelleren Fortschreitens wertvoller zu sein und vielleicht gerade deswegen das Reifen eine Zeit lang vermeiden, welches wir in einer weniger hierarchischen Zivilisation gewünscht und erreicht hätten. Es geht dabei um eine Art wertende Betrachtung des Aufwachsens.

Die Seele dagegen wächst zyklisch. Das Wachstum der Seele ist nicht gedacht als eine Vergrößerung oder Expansion, sondern es geht um geistiges Heranreifen: um das Erfahren von Neuem oder um Weisheit. Das zyklische Heranreifen verläuft in Spiralen, was bedeutet, dass wir an bestimmten, zyklisch wiederkehrenden Punkten immer wieder dem gleichen Problem auf einer höheren Ebene begegnen. Dabei erweist es sich, ob wir es als Erfahrung verinnerlichen können oder nicht. In Hinblick darauf entscheiden wir uns für unsere Inkarnationszyklen.

Die Seele gehorcht nicht den Regeln von Zeit und Raum. Ihre Zeit ist nicht logisch-linear, sondern zyklisch, organisch und lebensnah. Sie ist eine Substanz jenseits von Raum und Zeit, ein organischer Überbau im Sinn eines spiraligen Rücklaufs durch die Unendlichkeit.

Die Ewigkeit ist für das Bewusstsein der unverständlichste Begriff. Dadurch wird das Weltall zur härtesten Nuss und schwierigsten Angelegenheit, die überhaupt vorstellbar ist. Das Weltall ist das einzige Symbol, das den Menschen noch daran mahnt, dass die materielle Welt nicht die einzige mögliche Wirklichkeit darstellt, ihre Festigkeit gegenüber allen sie umgebenden unsichtbaren Welten überaus zerbrechlich ist. Das Weltall bedeutete seit jeher Angst. Wegen seines Unverständnisses erdenkt sich der Mensch alle möglichen Geschichten über unbekannte Zivilisationen und unsichtbare kosmische Bewohner, die sich in sein Leben einmischen wollen. So entstehen Geschichten über unbekannte Flugobjekte und vieles mehr.

In ihrem Innersten wissen alle, dass das Weltall die einzige nicht messbare Substanz ist, die uns umgibt. Es ist überaus originell, wie wir uns eine Maßeinheit ausdenken konnten, die weder räumlich noch zeitlich ist - das Lichtjahr. Wirklich interessant, wie der Mensch dank seiner Intuition den unsichtbaren Kern trifft: das Lichtjahr als räumliche Einheit. Es ist schwierig sich wissenschaftlich einzugestehen, dass im Weltall die Ewigkeit herrscht, weil der das Weltall betrachtende Mensch einen tiefen Einblick in die symbolische Inkarnation seines Wesen benötigt. Sonst wäre ihm die Behauptung sehr einfach verständlich, dass unser Weltall die symbolische Inkarnation des Kosmos oder der Göttlichkeit ist, von der wir wissen, dass wir sie alle gemeinsam als eines und als Augenblick sind.

Seele und Raum haben keinen Berührungpunkt. Ihr Sein verläuft auf unterschiedlichen Ebenen und in zwei verschiedenen Wirklichkeiten. Der Mensch pflegt die symbolische Vorstellung, dass seine Seele irgendwo im Herzen wohnt. Doch das ist nur ein symbolisches Bewußtsein von der Seele als dem Wesen des Menschen. Das Herz ist das Wesen des Menschen - des materiellen Lebewesens, weil es das Blut durch die Adern treibt und den Körper mit den notwendigen Lebensstoffen versorgt. Erst auf der bewussten Ebene ist das Wesen des Menschen in seinem Gehirn und Nervensystem.

Die Seele ist eine Energiesubstanz, die mit ihrer inkarnierten Gestalt nur insofern eine Verbindung besitzt, als dass sie ihr eigentliches Wesen ist.

Dieses Wesen ist raumfrei und zeitlos. Auch in bewusster Hinsicht auf das Bestehende ist das Wesen ein Ewigkeitsbegriff. Die beste Erklärung für die Seele wäre also: Die Seele ist das Wesen des Menschen. Die Seele ist ewig, der Mensch als ihre inkarnierte Gestalt freilich erlebt seinen Inkarnationszyklus gebunden an die Spielregeln der Materie. Er geht mit einer bestimmten Rolle in die Welt hinaus, die er darin spielen muss. Sodann kehrt er in die Ewigkeit zurück, indem in seiner ewigen Gestalt nur die Quintessenz an Erfahrungen bleibt und alles andere aber verschwimmt und entschläft.

Der Mensch bewahrt in seiner Erinnerung an seinen Inkarnationszyklus immer nur das, was in der Ewigkeit wirklich Bestand hat. Das ist die Erfahrung dessen, was er erlebt hat, als er noch in den Regeln zeitlicher und räumlicher Abfolgen gefangen war.

VERWANDLUNG UND MITWELTEN

Die Seele lebt zyklisch. Das ist ihr Weg, auf dem sie sich in einer Spirale nach oben bewegt, indem sich die Aufgaben auf immer höherer Stufe zyklisch wiederholen. Die Seele bewegt sich in ihrer Entwicklung niemals im Kreis, denn das würde Stagnation bedeuten. Sie schwingt sich zyklisch zu immer anspruchsvolleren Erkenntnissen hinauf.

Die Aufgaben sind im Wesentlichen immer die gleichen. Es geht nur um die Art wie sie akzeptiert werden müssen und bereits als Erfahrungen auf der Ebene der Erinnerung niedergelegt sind. So wiederholen sie sich in immer neuer Gestalt mit anderen begleitenden Aufgaben.

Nehmen wir als Beispiel die materielle Inkarnation. Die Seele wird sich zyklisch in die materielle Welt inkarnieren, bis sie eines Tages alles erkannt haben wird, was sie hier lernen kann. Dann wird sie denselben Aufgaben auf neuem und höherem Niveau begegnen und sich wieder inkarnieren, um sie dann von einem neuen - anspruchsvolleren - Blickwinkel aus zu erkennen.

Wenn die Seele von einem Zyklus in den anderen eintritt, so erscheint ihr das, als würde sie auf ein neues, höheres und anspruchsvolleres Niveau gelangen. Es kommt zu einer Verwandlung. Auf geistiger Ebene geht es nicht um eine Verwandlung im Sinne einer Wesensveränderung, sondern um den Eintritt in eine neue Sphäre, worin die gleichen Dinge anders sind. In einem Seelenzyklus können sich zahllose Inkarnationen in verschiedene Welten ereignen, weswegen der Seelenzyklus nicht nur an einen bestimmten Inkarnationszyklus gebunden ist. Beide Verhältnisse wirken unabhängig von jeder zeitlichen Abfolge in enger Verbindung zum Wesen der Seele.

Eine Verwandlung auf seelischer Ebene ist ein allgemeiner Vorgang der Anhebung auf eine höhere Anschauungsebene oder ein Schritt in Richtung Vollkommenheit. Die Seele strebt wie alle Energiewesen zu einem Zustand der Vollkommenheit, Selbstgenügsamkeit, Autonomie und Symbiose. Das ist die treibende Kraft, die sie zu Veränderung und Entwicklung führt. Jeder Weg der Veränderung und Weiterentwicklung ist zutiefst subjektiv und zugleich ans Ganze gebunden (das Göttliche ist nicht die Summe aller Einzelnen, sondern die Ganzheit als einheitliches Subjekt, also in sich autonom und richtig ausbalanciert). Der Vorgang der Verwandlung, der dem Menschen wie ein Rätsel des Lebens erscheint, ist der mit der Zeugung beginnende und mit dem Tod endende Inkarnationszyklus.

Die Menschen haben heutzutage schon ganz vergessen, worin der Sinn der Inkarnationszyklen liegt. Das Leben auf der Erde bedeutet ihnen eine begrenzte (in jedem Fall kurze) Freude, die es zu genießen gilt, solange sie dauert, weil niemand weiß, wann sie urplötzlich beendet wird.

Geburt und Heranwachsem

Es ist interessant, wie der Mensch der gegenwärtigen Zivilisation seine Situation vor der Zeugung und nach dem Tod beschreibt. Die Christenheit meint: Aus Staub bist Du geboren, zu Staub wirst Du werden. Ist das nicht die ideale Voraussetzung für die Auffassung, dass wir aus dem Nichts kommen und ins Nichts zurückkehren?

Dieses Denken ist alltägliche Wirklichkeit geworden. Der Mensch glaubt, dass die Zeugung ein biochemischer Prozeß ist, wobei sich mütterliche Eizelle und väterliche Samenzelle vereinigen, sei es aus Liebe oder durch einen unglücklichen Zufall. Zufall! Ist es nicht närrisch zu glauben, das menschliche Leben sei durch Zufall entstanden? Der Mensch ist doch nicht irgendein Gegenstand, der durch chemische Prozesse heranwächst, um dann durch Zellteilung erwachsen zu werden.

Die Zeugung als materielle Entstehung des menschlichen Wesens erfolgt immer durch die Wahl aller Beteiligten, also des Kindes und seiner Eltern. Es gibt keine Möglichkeit, dass irgendein Kind zufällig von bestimmten Eltern gezeugt werden könnte. Es wird stets bei den Eltern geboren, die es braucht und von denen es benötigt wird. Sie werden es in die gesellschaftliche Sphäre einführen, die es benötigt, um sich auf rechte Weise den Aufgaben seiner Inkarnation zu widmen. Das Kind ist niemals eine zufällige Strafe oder ein großer Irrtum. Es ist stets eine Belohnung, denn es kommt als kosmisches Rätsel und scheinbar unbeschriebenes Blatt, wodurch die Eltern einander über die verschiedenen Ansichten verstehen lernen, die durch ihren neuen Berührungspunkt in die Welt treten.

In Wirklichkeit ist der Embryo von Anfang an ein zarter Keim des Menschen. In seinem millimeterkleinen Körper befindet sich ein Schlüssel, der alles festlegen wird, was dieser Mensch einmal sein wird. Die Mutter trägt zur Zeit der Schwangerschaft nicht nur den Keim des werdenden Körpers in sich, sondern arbeitet auf ihrem geistigen Niveau ständig mit der Seele ihres ungeborenen Kindes zusammen. Diese ist kein Seelenkeim oder irgendeine Miniseele, sondern eine sich gleichbleibende Seele, weil sie sich in Hinblick auf die Situation des Inkarnationszyklus nicht verändert.

Die Mutter trägt während der Schwangerschaft eine große Verantwortung. Es ist die wichtigste Zeit. Wenn sie jetzt auf geistiger Ebene keinen Kontakt mit ihrem Kind bekommt, so hat sie ihn oft auch schon für die spätere Zeit verloren.

Das Gefühl, dass uns die Kinder nur als Leihgabe anvertraut werden, ist völlig real. Sie werden bei den Eltern geboren, weil sie gemeinsam etwas erleben oder eine bestimmte Erfahrung durchlaufen müssen, um sodann ihren eigenen Lebenszyklus zu beginnen. Andere Menschen treten später statt der Eltern an die erste Stelle, der Kontakt mit den Eltern bleibt dann ein Kontakt der Erinnerung, der Achtung und Zuneigung und ist nicht mehr der primäre Lernprozess.

Jede Mutter müsste sich gewahr sein, dass ihr Kind ein Geschenk ist, an dem sie sich nur leihweise erfreuen kann. Sie ist die Einzige, die das Kind im materiellen Leben willkommen heissen kann über den Kontakt auf geistiger Ebene, den sie von Anfang an fühlen muss. Es geht vor allem um die intuitive Verbindung und das allerschönste Gefühl. Es ist die Liebe, die auf der Achtung des ungeborenen Kindes beruht, das auf ebenso verantwortliche Weise wahrnehmen kann wie die Mutter selbst.

Es ist also von entscheidender Bedeutung das ungeborene Kind als gleichwertige Persönlichkeit zu achten. Das Kind erlebt den Aufenthalt im mütterlichen Leibe als letzte Phase der Ausgeglichenheit vor seinem Eintritt in die äußere materielle Wirklichkeit. In seiner räumlichen Begrenztheit empfindet es noch nicht, dass es tatsächlich begrenzt würde, und in dieser Unbegrenztheit kann es allmählich die Regeln des Bewusstseins lernen, die es intuitiv über seine Mutter empfängt. Darum sind die Gedanken der Mutter während ihrer Schwangerschaft so bedeutsam. In diesen Monaten übernimmt das Kind viele Wahrnehmungsmuster von ihr und erlernt alle Grundlagen, aus denen später ein bewusstes Wissen von der Welt entsteht.

Den Zustand im Körper der Mutter erlebt das Kind als Zwischenniveau zwischen Ewigkeit und Raum. Es ist wichtig ihm möglichst viel Wärme und Liebe zu schenken, denn nur auf diese Weise öffnen sich seine Kanäle, wodurch es sich in aller Ruhe auf die Inkarnation vorbereiten kann.

Wenn aber ein Kind unerwünscht ist oder in einer Mutter heranwächst, die ihre einfachsten Probleme noch nicht gelöst hat, entwickelt sich seine Wahrnehmung von der Welt zu einem A-priori-Widerstand gegenüber der materiellen Wirklichkeit.

Bereits im Körper der Mutter empfindet es Wut und Hass, Angst und Trauer. Das zarte Immunsystem, das in der Folge sein Kommunikationssystem hervorbringt, löst sich wieder auf, noch bevor es sich richtig bilden kann.

Erst nach der Geburt des Kindes beginnt sein Zyklus in der materiellen Welt mit allen nötigen und unnötigen Zwängen. In der vorgeburtlichen Zeit bedarf das Kind keiner Schutzebenen, da es ja über die Mutter geschützt ist. Das mütterliche Immunsystem ist auch sein eigenes. So lebt es in stärkerer oder schwächerer Symbiose mit den mütterlichen Inkarnationsniveaus. Außer seines sich entwickelnden Körperchens besitzt es selber nichts, was auf seine Inkarnationsgestalt hinweisen könnte.

Sobald es zur Welt kommt, ist sein Vitalsystem nur noch sein eigenes. Die Energie dieses Systems, von der es bei der Geburt wie von einer Schutzschicht umspült wird, wirkt wie eine kalte Dusche. Plötzlich soll sich der Körper, der an die mütterlichen Systeme gewöhnt ist, selbst vor anderen Wesen schützen und ein vitales Energiesystem aufbauen. Die Seele ist die ganze Zeit über gegenwärtig. Ihr Wesen ist gewissermaßen nicht ausgelastet und eingeengt durch die Hilflosigkeit des zarten Lebewesens.

Die Geburt ist ein großes Ereignis für das Kind und beansprucht alle seine Niveaus, wird es doch in diesem Augenblick ein gleichberechtigtes inkarniertes Wesen unter anderen. Die Geburt könnte viel einfacher vor sich gehen. Sie könnte ganz und gar unkompliziert sein, doch wäre sie dann ihrer wesentlichen Rolle für die Entwicklung des Menschen beraubt, der durch sie in Erscheinung tritt. Die Geburt ist ein großes Ereignis sowohl fürs Kind als auch für seine Mutter. Sie erwartet das Kind neun Monate lang. Ihre Einstellung zur Geburt ist ein wichtiger Faktor für die kindliche Entwicklung während seiner gesamten Zeit im mütterlichen Körper. Während der Schwangerschaft spielt für die Mutter ihr Charakter und ihre Bereitschaft, für das werdende Mitwesen Geduld aufzubringen, ein wichtige Rolle.

Das bedeutet, dass eine Mutter durch die Geburt lernt, Opfer für ihre Kinder zu bringen und sie während ihres sehr schweren Prozesses die Bereitschaft spüren zu lassen, mit ihnen zu leben und sie an ihrem Leben teilhaben zu lassen.

Leider befällt die Mehrzahl der Mütter bei Erwartung der Geburt ein Gefühl von Angst. Das ist eine negative Emotion, negativ für das werdende Wesen. Die mütterliche Geburtsangst empfindet das Kind als Angst vor der eigenen Verwirklichung. Sie überträgt sich von der Mutter auf das Kind. Sie wird zur Angst vor der Ankunft in der Welt, was bestimmt nicht günstig für das auf die Materie sich vorbereitende Wesen ist.

Die Mütter müssten ihrer übernatürlichen Kraft vertrauen, die ihnen dabei hilft, diese Angst mit ihren vielen Gesichtern zu überwinden. Sie endet nämlich immer mit einem Sieg. Das Kind ist das schönste Geschenk, das sich ein Mensch vorstellen kann. Wenn es uns gegeben ist ein Kind zu haben, dann bedeutet das, dass uns die Verantwortung für seine Entwicklung und sein Lernen anvertraut wird. Damit will ich nicht sagen, dass Unfruchtbarkeit eine Strafe für menschliche Unfähigkeit ist. Das meine ich in keinster Weise. Das Kind ist wirklich Ausdruck des Vertrauens. Es muss Glück für Euch bedeuten, weil es ein Teil von Euch ist, und wenn schon nicht ein Teil von Euch im energetischen Sinn, so doch ein Teil Eures Weges in der Ewigkeit. Die Begegnung mit anderen Wesen auf der Bezugsebene Mutter (Vater) - Kind gehört mit zu den schönsten Beziehungen, die es überhaupt im Kosmos gibt.

Die Angst vor der Geburt ist also fehl am Platz. Die Schmerzen, die auf die Mutter zukommen, dauern nicht allzu lang. Durch sie wird sie neu geboren, und eine andere. Mutter zu sein bedeutet für die Frau einen neuen Zyklus in ihrer Lebenserfahrung.

Die Männer können ihre Verwandlung von Mädchen (Frauen) zu Müttern zu Recht bewundern. Der Prozess des Vaterwerdens ist schwieriger, weil der natürliche Druck zur Veränderung, wie ihn die Frauen erlebt, nicht besteht.

Der Augenblick der Geburt ist für das Kind eine der ersten schweren Prüfungen. Es ist gezwungen die Gebärmutter zu verlassen, die bequemste und ausgeglichenste Ganzheit, die es in der Materie überhaupt gibt. Das Kind ist nur im Inneren seiner Mutter ein ausgeglichenes Wesen. Alles, was es im späteren Leben suchen kann, ist nur eine andere Form des Gleichgewichts, das es im Körper der Mutter kostete.

Die Geburt bedeutet fürs Kind das Durchtrennen energetischer und materieller Bindungen zur Mutter. Die Vorbereitungszeit für die materielle Existenz ist beendet. Die Geburt ist nicht aus purem Zufall eine schwierige Hürde. Durch sie gewöhnt sich das Kind allmählich daran, dass es mehr und mehr in die materielle Festigkeit eingezwängt wird. Dabei muss es sich zum ersten Mal als ein überaus anpassungsfähiges Wesen erweisen und sich wie die Mutter auf seinem Weg in die "lichte Welt" bemühen. Die Geburt ist der erste Schock und wirkt aufs Kind als Augenblick des Erwachens.

Würden wir Kinder und ihre Mütter genau beobachten, die gezwungen wurden, die natürliche Geburt durch einen Kaiserschnitt zu ersetzen, so könnten wir feststellen, dass ihnen eine bestimmte Erfahrung vorenthalten wurde. Sie werden sie vielleicht ihr ganzes Leben lang vermissen. Die Geburt ist nämlich ein Geschenk für beide - für Mutter und Kind. Ein Geschenk, das wir alle mit größter Dankbarkeit annehmen sollten. Ist es uns vorenthalten, suchen wir diese Erfahrung unser ganzes Leben, freilich unterbewusst. Vor allem zwischen natürlich geborenen Kindern und Kindern, die durch einen Kaiserschnitt zur Welt gekommen sind, ist ein Unterschied im Zyklus des Aufwachsens bemerkbar. Doch dieser fehlende Faktor ist wiederum Teil ihrer spezifischen Aufgabe beim Kennenlernen des Lebens in der Materie.

Die Geburt ist die erste große Umwälzung im Inkarnationszyklus, die erste große Erfahrung für die Seele. Je nach der Stimmung, in der das Kind geboren wurde, beginnen die ersten Auseinandersetzungen mit der Umwelt.

Es gibt große Unterschiede in den Antworten der Seele auf die Umformung zu einem selbständigen Körper. Einige Seelen beginnen den Kontakt mit ihrer Inkarnationsgestalt zu verlieren. In diesem Fall bleiben die Kinder für immer geistig abwesend. In der Alltagssprache würden wir sagen, dass ein Teil ihres Hirnsystems bei der Geburt beschädigt wurde. Die Folgen solcher Probleme sind irreparabel. Von diesem Standpunkt aus ist klar, welch wichtige Rolle die Verbindung der Seele mit ihrer werdenden, materiellen Inkarnation spielt. Von entscheidender Bedeutung ist dabei das geistige Niveau der Mutter. Bei der Geburt müsste sich jede Mutter ihrer Verantwortung bei der Gestaltumformung des Kindes bewusst sein, umso mehr, da jede Schwangerschaft auch für sie selbst eine große Umwälzung bedeutet.

Während der Schwangerschaft lernt die Mutter viel bei ihrer Zusammenarbeit mit dem Kind, ob sie das nun akzeptieren möchte oder nicht. Die Frau ist nicht mehr dieselbe, sobald sie Mutter wird. Das ist eine ganz alltägliche und erprobte Tatsache.

Bestimmt fragt Ihr Euch, welche Rolle der Vater für das Wesen des Kindes spielt. Der Vater hat stets zwei Möglichkeiten, gleichgültig, ob er auch biologisch der Vater ist oder nicht. Er kann sich immer entscheiden, ob er seine Vaterschaft akzeptiert oder nicht. Es ist seine persönliche Entscheidung, die das Kind nicht beeinflussen kann, weil es sich mit ihm weder in einem physischen noch in einem energetischen Kontakt befindet. Seine Beteiligung ist äußerlich und entspricht der Natur des männlichen Prinzips (so wie auch bei der Zeugung die Natur des männlichen Prinzips symbolisch verkörpert ist - das männliche Prinzip ist nämlich die Initiation). Es gibt nirgendwo ein Gesetz, wonach der Vater im selben Ausmaß Verantwortung für das ungeborene Kind tragen müsste, wie die Frau es tut. Die Verantwortung, die er fühlen muss, ist jene bewusste Verantwortung, die ihm seine Ethik, sein Gewissen, seine gute oder schlechte Erziehung vorschreiben.

Wenn er nicht will, wird der Mann niemals Vater, die Frau dagegen ist Mutter, oder sie ist es nicht. Für die Mutter gibt es keine Möglichkeit, sich der tatsächlichen Verantwortung, d.h. der Verantwortung für das kindliche Leben in seiner Ganzheit zu entziehen. Es ist eine Verantwortung, um welche die Männer ihre Frauen beneiden sollten. Es ist dies die schönste Verantwortung, die das Leben im Zusammensein zweier Wesen aufbaut, die in ihrem Innersten beide erwachsen sind und ein Spiel spielen, bei dem das eine Kind, das andere Mutter ist, obgleich es genauso gut umgekehrt hätte kommen können.

Wesen, die einander im Inkarnationszyklus begegnen, treffen bestimmt nicht zufällig aufeinander, sondern durchleben in verschiedenen Beziehungen und Verhältnissen mehrere Inkarnationszyklen miteinander. Darum finden wir manchmal einen Menschen, der uns so vertraut erscheint, als wären wir schon seit langem eng mit ihm verbunden. Dabei spielt mit Sicherheit unser uraltes Gedächtnis eine Rolle, das uns während unseres materiellen Lebens nur als Intuition zugänglich ist.

Die Beziehungen zwischen den Seelen während ihrer materiellen Inkarnation sind als Prozess zu verstehen. Es wäre unmöglich eine Seele nur aus einem Blickwinkel heraus erschöpfend kennenzulernen. Zwei Seelen, die sich im Rahmen ihres Schicksals als Lebensaufgabe dafür entscheiden, begegnen einander in mehreren Inkarnationszyklen in verschiedenen Verhältnissen. Im Gedächtnis bleibt ihre Verbundenheit in der Ewigkeit als Kraft grenzenloser Anziehung, die sie auch während der jeweiligen Inkarnation stets auf wundersame Weise verbindet. Häufig tritt auch der Fall ein, dass zwei Seelen in einer Inkarnation ein liebendes, glückliches Paar sind, in der nächsten dagegen Mutter und Sohn. Auch dadurch lässt sich die krankhafte Anhänglichkeit einer Mutter an ihren Sohn oder umgekehrt verstehen. Im Tiefengedächtnis, das sich am ehesten über die Gefühle manifestiert, bleiben Eindrücke aus dem vorigen Inkarnationszyklus zurück. Das Leben auf der Erde mit seinen charakteristischen Ereignissen weckt diese uralten Erinnerungen. Häufig ist auch der Fall, dass zwei Menschen in einer bestimmten Inkarnation einfach nur vollenden, was sie im vorigen Leben nicht fertigbrachten. Gefühlsmäßige Verbindungen mit Erinnerungen, die in die Ewigkeit reichen, sind außerordentlich intensiv und schicksalhaft.

Das Kind lebt in den ersten Jahren seines Lebens am intensivsten. Es beginnt die Welt wiederzuerkennen, die es umgibt und versucht sie auf seine Weise zu beherrschen. Durch sein Ausprobieren von allem, was es so ereilt, errichtet es sich ein System, wie es seine Umgebung nutzen kann. Das scheint vielleicht übertrieben, ist es aber nicht. Das Kind sucht und findet aufgrund seiner materiellen Ohnmacht wirklich Systeme des Wollens und hartnäckigen Strebens (und noch viele andere), die ihm dabei helfen das zu erreichen, was es sich wünscht.

Das tut es nicht aus irgendeiner bösartigen Laune oder Unerzogenheit, sondern weil es die Aufmerksamkeit benötigt, die es um jeden Preis zu erregen wünscht. Einem Kind fällt es nicht schwer zu erkranken, wenn das notwendig sein sollte, damit ihm die Eltern mehr Zeit und Beachtung schenken. Seine Systeme geben sich nicht mit materieller Aufmerksamkeit zufrieden. An erster Stelle pochen sie auf unsichtbare Aufmerksamkeit, die ihm Sicherheit, Behaglichkeit und Liebe bedeutet. Die Welt, mit der es sich anlegt, um seine Gespaltenheit in eine materielle und eine ewige Ebene leichter zu erkennen, ist ihm ein Rätsel, das zu lösen ihm nur die Eltern helfen können.

Es muss jede Kleinigkeit erkennen, von der es umgeben ist, um ein neues Gefühl von Ganzheit zu erwerben, während gleichzeitig seine intuitive Weltsicht in einem Nebel verschwimmt. An ihre Stelle tritt sein Bewusstsein des Bestehenden. Das erste Jahr ist besonders kritisch. Das Kind lernt die ersten Regeln von Raum, Zeit und Materie. Es lernt zu schmecken, zu schauen, zu berühren und gleichzeitig auch darüber zu befinden, was ihm besser oder weniger gut gefällt. Es beginnt also auf seine Weise das Bestehende daraufhin zu prüfen und zu beurteilen, was ihm geboten wird und welche Auswahlmöglichkeiten bestehen. Das wiederum hängt von seiner Umgebung ab. Das Kind lernt von seiner Umgebung, indem es wählt, was ihm mehr oder weniger zusagt.

Die Kommunikation zwischen Kind und Umgebung wird schon in den ersten Wochen nach der Geburt hergestellt. Sie ist noch ausreichend offen und funktioniert auf der Linie von Intuition und energetischen Wahrnehmungen. Sie bewirkt beim Kind, das in dieser Zeit sehr empfänglich (man sagt auch neugierig) ist, eine bestimmte Reaktion, die meistens als Gefühlsreaktion sichtbar wird, weil die anderen Ebenen (Unterbewusstsein und Bewusstsein) noch nicht ausgeformt sind. Bis zum dritten Jahr entwickeln sich diese Ebenen schon deutlich. Das Kind geht mit großem Eifer an verschiedenste Aktivitäten heran. Es zeichnet, spielt mit allen möglichen Gegenständen, hört gerne Märchen, und seine Phantasie wird zur Grundlage seiner Wahrnehmung. In Dingen, die für Erwachsene nur Trivialitäten ohne besonderen Informationsgehalt sind, sieht es stets mehr, nämlich eine Botschaft über eine andere Welt - die Welt der Märchen. Es ist interessant, dass das Kind von sich aus seine Vorstellung über die Welt der Märchen und ihre innere Logik aufbaut. Ein jedes wird sich ein anderes Bild eines märchenhaften Ereignisses aussuchen. Das ist die schöpferische Kraft der Kinder und sie überraschen wirklich mit ihrer schöpferischen Freude.

Der kindliche Wille die Welt zu erkunden ist unglaublich. Sein Sinn fürs Schöpferische ist ein Vorteil, der von der bewussten Sicht auf die Umwelt jedoch bald unterdrückt werden wird. Die Gewohnheit, Kinder als unschuldige Wesen zu betrachten, ist also verständlich. Sie haben ja noch wirklich keine den Erwachsenen vergleichbaren Systeme, welche die Wahrnehmung beeinträchtigen und verfälschen.

Die Zeichnung eines Kindes ist ein interessantes Beispiel. Sie ist ein Ausdruck des kindlichen Willens seine Sichtweise auszudrücken und bedeutet stets ein aktives Geschehen. Die ersten Zeichnungen des Kindes sind nur selten statisch, sie stellen immer eine Bewegung dar und bilden eine aktive Grundlage für Märchen oder irgendwelche Phantasiegeschichten.

Das Motiv der Zeichnung ist für die Augen der Erwachsenen zu abstrakt. Es kann uns aber nachdenklich stimmen, wenn ich sage, dass die kindlichen Zeichnungen die Qualität von Kosmogrammen haben und das Kind mit der Zeichnung seine Umwelt so verändert, bis sich darin die Strahlungen befinden, die ihm am besten entsprechen. Es ist möglich, dass manche Zeichnungen sogar eine Qualität besitzen, die zur Heilung erforderlich ist. Das Kind erkennt seine Umgebung intuitiv in einer Weise, die den Erwachsenen (die von einer gemeinsamen Anschauungsweise des Bestehenden infiziert sind) bereits verborgen und somit über die intuitive Wahrnehmung unzugänglich ist.

Wir können die Entwicklung der kindlichen Bewusstwerdung an der Entwicklung seiner kreativen Ansichten - seiner Zeichnungen, Produkte und Phantasien - mitverfolgen. Die abstrakte Zeichnung trennt die kindliche Intuition vom bewussten Erkennen der Symbolik, die die Erwachsenen als anerzogene Bewusstseinsfilter verinnerlicht haben.

Die gedankliche Abstraktion von Begriffen ist der kindlichen Wahrnehmung sehr nah. Die Kinderwelt ist just darum märchenhaft. Jedes in den Augen der Erwachsenen eingeschränkte Symbol trägt in sich noch andere, vom kindlichen Subjekt bestimmte Dimensionen.

Durch die planmäßige Erziehung und Gewöhnung der kindlichen Wahrnehmung verengt sich der wertende Sichtwinkel der Symbole auf das vereinbarte Etwas. Das bedeutet, dass alle Leute dasselbe Symbol auf gleiche Weise wahrnehmen (die Verkehrszeichen sind ein triviales Beispiel). Sie betrachten also das gleiche Symbol mit gleicher Intensität, mit anderen Worten, sie schauen passiv und unkreativ.

Die kindliche Wahrnehmung des Bestehenden ist von kreativer Art, kreativ auch jenseits von allen bewussten Urteilen, die für Erwachsene Tabuthemen sind. Die Welt ist fürs Kind ein unendlicher Reigen interessanter Möglichkeiten, die alle gleichwertig sind, bzw. ihre subjektive Bedeutung aus den kindlichen Wünschen oder Tendenzen beziehen.

Der Menschheit ist es in vielen Generationen geglückt jedes noch so kleine Geheimnis zu katalogisieren. Damit der Einzelne nicht zu viel Zeit darauf verwendet etwas bereits allgemein Bekanntes zu entdecken, gibt es Schulen. Die Leute haben Angst vor dem Anderen, bzw. davor, dass jemand etwas auf andere Weise entdecken und erklären könnte, was sie mit aller Sicherheit bereits selber entdeckt und verstanden haben. Die Angst vor dem Anderen ist ein doppelter Schmerz dieser Zivilisation: zunächst einmal deswegen, weil schon die Angst allein mit ihren Folgen schmerzlich genug ist, dann aber auch deshalb, weil die Angst eine Blockade ist, die viele große Entdeckungen verhindert hat, die möglich gewesen wären. Die einzigen menschlichen Wesen, die eine gänzlich alternative Wahrnehmung frei von endgültigen Bewusstseinsurteilen zulassen, sind Kinder und Narren. Damit will ich nicht sagen, dass Kinder und Narren etwas Gemeinsames im schlechten Sinn haben. Auch nicht, dass Kinder verrückt sind. Ganz und gar nicht, im Gegenteil: Gemeinsam ist ihnen nur die Art und Weise, wie sie die Welt wahrnehmen - voraussetzungslos und ohne Scham vor den Tabus dieser Zivilisation. Das ist ihre Freiheit, um die sie alle anderen beneiden können. In dieser Freiheit liegt ein unglaubliches kreatives Potenzial verborgen.

Verrückte Leute sind Flüchtlinge, die den grundlegenden Zivilisationskonflikt nicht ausgehalten haben und irgendwelche eigenen subjektiven Regeln über sich und die Umgebung aufstellen wollen. Ihr Konflikt mit der bestehenden Sicht der Wirklichkeit ist zu schmerzlich, als dass er ihnen die Freiheit der Wahl bieten könnte. Die Einmischung einer Welt (der normalen) in die andere (abweichende) ist ihr Kernproblem und auch der Grund, weshalb sie in ihrer Entscheidung nicht jenen Erfolg haben, wie er bei idealen, subjektiv bestimmten Gegebenheiten möglich wäre, die mit der materiellen Welt nicht zusammenfallen können. "Die Verrückten" sind lediglich vom Standpunkt des materiellen Lebens her verrückt.

Dieses bestimmt dank der Zivilisationserfahrung, die alle als Voraussetzung beim Beurteilen des Bestehenden akzeptieren müssen, die Rolle des Einzelnen oder urteilt über sie. Das Urteil über geistige Beschränktheit oder Gesundheit ist immer ein subjektives (willkürliches) Urteil, das vom Standpunkt der Ewigkeit keinen realen Wert hat. Ein Mensch, der sich entschließt, seine Kindlichkeit nicht zu verlieren, ist immer dem Urteil des Nicht-normal-Seins ausgesetzt. Dieses Urteil kann nur eine subjektive Entscheidung sein, ohne realen Wert im Hinblick auf das Ganze.

Lasst mich zu den Kindern zurückkehren. Die Kinder sind die freiesten menschlichen Wesen unter der Sonne. Die Kindheit ist die einzige Zeit, da der Mensch schöpferisch noch völlig unbegrenzt ist. Später ist er immer durch unterbewusst anerzogene Muster kreativ. Diese Muster beherrschen sowohl seine Gedankenwelt wie auch sein schöpferisches Tun. Dadurch schränken sie ihn ein, drücken ihm den Stempel von Zeit und Ort auf und machen es ihm unmöglich in der Ewigkeit zu bestehen.

Der Gedanke ist interessant: Niemand hat bestimmt, dass der Mensch ein Gefangener in Raum und Zeit sein muss. Dazu hat er sich selbst entschieden. Hätte er das nicht, so könnte er ebenso gut in der Ewigkeit verweilen.

Die Kreativität ist schon seit Beginn des Inkarnationszyklus ein Schwerpunkt der menschlichen Existenz in der Materie. Schöpferisch sind alle Formen der Arbeit, der Wahrnehmung, des Denkens, Wiedererkennens und Kommunizierens, die nicht auf vorgegebene Muster und Urteile über das Bestehende fixiert sind. Mit anderen Worten, wir erschaffen stets etwas, was es noch nicht gibt, oder etwas Neues, was im Menschen als eine Voraussetzung des Kosmos geboren wird. Das kreative Hervorbringen ist der Schlüssel zu jeder unerreichbaren materiellen oder gedanklichen Form. Es ist subjektiv und entspringt als intuitivste Information stets dem Niveau des Unterbewussten oder der Seele, um vom Bewussten als ein bestimmter, mental begründeter Plan durchgesetzt zu werden. Über die Kreativität, die alle Niveaus des menschlichen Lebens durchströmt, ereignet sich die zweite große Verwandlung des Menschen während seiner Existenz in der materiellen Welt.

Wenn ich sage die zweite, so denke ich an keine Rangordnung. Es gibt keine Regel, wonach die Geburt die erste Umwandlung ist, der mit zunehmender Reife das Schöpferische folgt. Beide Umwandlungen sind aneinander gebunden. Schöpferisches Hervorbringen durchtränkt jeden Augenblick des Daseins. Die Geburt ist eine Umwandlung, die an den Beginn der materiellen Wirklichkeit geknüpft ist, an die sich die Seele klammert, um sich aktiv ihrer Kreativität als grundlegende Aufgabe zu widmen.

Die Kreativität als Prozess der Veränderung umfasst das ganze Leben, vom Kind über die reife Person bis hin zum greisen Menschen. Sie schläft nie ein und hört nie auf, nach Weiterentwicklung und immer neuen schöpferischen Zielen zu streben, die durch sie zutage treten. Die Kunst dabei ist, mit jedem Augenblick schöpferisch umzugehen. Wenn uns das gelingt, dann verstehen wir auch jeden Augenblick oder versuchen zumindest ihn zu verstehen. Das Leben vereinfacht sich.

Der Übergang von der Kindheit zur Jugend ist unsichtbar und subjektiv bedingt. Es ist fast unmöglich diese beiden Abschnitte objektiv zu unterteilen. Einige Kinder entschlüpfen früher in die Pubertät, andere später.

Die Pubertät ist ein schwieriger, jedoch unabkömmlicher Abschnitt auf dem Weg zum Erwachsenwerden. Es handelt sich dabei eigentlich nicht um einen bestimmten Zeitabschnitt, denn manche können ihre Pubertät im Vergleich zu ihren Altersgenossen mit großer Verspätung erleben und durchleben. Einmal freilich müssen alle hindurch, wenn nicht zur Zeit ihrer zarten Jugend, dann eben später.

Das Wesentliche dieser Phase ist, dass ein Kind es nicht mehr dabei bewenden lässt, was es von der Umgebung gelehrt bekommt, sondern damit beginnt, über die gängigen Muster hinauszuwachsen. Weil es aber faktisch noch ein Kind ist und daher sein Verantwortungsgefühl noch nicht entwickelt hat, kommt es sehr oft in Konflikt mit seiner Umgebung. Diese Konflikte bereiten ihm Schmerzen, weil es das so wünscht. Denn es durchläuft Erfahrungen, die ihm zu verstehen geben, dass das Leben nicht nur ein Spiel ist. Es lernt, dass die Gesellschaft ihre Gesetzmäßigkeiten hat, die respektiert werden müssen.

Das ist der letzte Reifungsabschnitt und eine Zeit, in der die Eltern die wichtigste Rolle in der Entwicklung des Kindes spielen, das zu einer ihnen gleichwertigen Person heranwächst. Ihre Verantwortung beim Erwachsenwerden des Jugendlichen ist sehr groß. Es ist wichtig, dass sie sich bewusst sind, dass das Kind keine Verantwortung fühlt. Eben daraus entstehen die vielen Gelegenheiten, dass es sie als wichtiges Muster für eine Zusammenarbeit mit der Umgebung erkennt. Die Eltern müssen stets bereit sein auch die Verantwortung für das Kind mitzutragen.

Im großen Wunsch des Kindes erwachsen zu werden, liegt immer ein Beigeschmack des Kampfes ums Erwachsensein, eines Kampfes im richtigen Sinn des Wortes. In der Beziehung zu den Eltern äußert sich der Kampf ums Erwachsenwerden als Widerstand. Die Rebellion ist in diesem Fall nur symbolisch gegen die Eltern gerichtet. Diese werden für den Jugendlichen zu einem Symbol für alle Erwachsenen, deren besitzorientierten und erwachsenen Umgang miteinander die Jugendlichen als Unrecht und übertrieben beengend empfinden. Eigentlich müssten die Eltern, falls sie mit ihrem kleinen Rebellen richtig verfahren wollen, erlauben, dass sich der Widerstand gegen die Zivilisation über sie ergießt, ohne sich davon betroffen zu fühlen. Das Sich-dagegen-Stemmen und Zurückschlagen ist in diesem Fall die schlechteste Reaktion.

Der Pubertierende ist also ein Kind, das sich im Clinch mit einem unsichtbaren Feind befindet, der äußeren Erwachsenenwelt, die ihm selbstsüchtig und verdorben vorkommt im Vergleich zur eigenen offenen Kindlichkeit, die es noch in sich selber fühlt.

Während dieser Phase wandelt es sich in eine erwachsene Person um. Früher oder später erkennt es durch ein nebensächliches Geschehnis, dass es die ganze Zeit über gegen einen unsichtbaren Feind gekämpft hat, der keine wirkliche Bedeutung für sein Leben hat. Mit jedem Tag wird es verantwortungsvoller gegenüber sich selber und den anderen.

Eine große Rolle bei den Erfahrungen des Jugendlichen spielt das Gefühl der Liebe. Dieses war bis zu diesem Augenblick vor allem für die Eltern reserviert, jetzt verwandelt oder überträgt es sich in Bindungen außerhalb seines alltäglichen Kreises.

Die Liebe ist das kreativste aller Gefühle und eine ideale Lehrmeisterin des Verantwortungsgefühls. Wenn wir jemanden lieben, dann beginnen wir zu fühlen, dass wir für diese Person auf die intensivst mögliche Weise verantwortlich sind. Die Pubertät ist zwar eine schwierige Umwälzung, dennoch ist sie für alle ein schöner Abschnitt, voll mit verrückten Geschichten, die keinen wirklichen Sinn ergeben. Ein schöner und unvergesslicher Abschnitt.

In der Zeit der reiferen Lebensabschnitte reihen sich ganze Serien von Augenblicken und Umwälzungen aneinander, gleichsam hingeordnet auf ihre Bedeutung im Schicksalsmuster.

Je mehr sich der Lebenszyklus des Menschen seinem Ende nähert, umso mehr beruhigen und konzentrieren sich die Ereignisse, die seinen Lernprozess gestalten. Der Mensch hat die Möglichkeit ruhig im Ganzen mitzuarbeiten. Seine Kreativität, die seine ganze Lebenszeit durchwirkt hat, beschränkt sich mehr und mehr auf Erinnerungen und verlangsamt sich in ihrem Ablauf. In ihrem Kern sind Seelen greiser Menschen um nichts erwachsener als Kinderseelen.

Es wäre verkehrt zu behaupten, dass die Alten weiser sind als die Kinder. Die Frage ist, wie über die Erfahrung zu urteilen ist. Sind die Erfahrungen einer materiellen Inkarnation wirklich maßgeblicher als die Erfahrungen in der Ewigkeit? Bestimmt nicht. Also können wir uns ohne Sorge um schöne Erfahrungen bemühen. Die Alten urteilen nur leichter über ihren jungen Weggefährten als über sich selber. Es ist verkehrt, dass der Mensch in das Geschehen des Alterns auch Hierarchiemuster eingeflochten hat, weswegen die Alten a priori Möglichkeiten besitzen mit ihrer jungen Nachwelt wie mit einer minderwertigen Schar zu verfahren, nur weil die Jungen weniger Erfahrungen und darum auch nicht so viele Verdienste um die Materie haben, an der sie bisher mitgestaltend teilhaben durften.

Tod - Abschied von der materiellen Welt

Die Alten müssten von ihren jungen Kollegen lernen. Das sollte Teil ihres Lebensprozesses sein. Nie darf ein Urteil eine höhere Gültigkeit besitzen als der gute Wille zur Zusammenarbeit und Ergänzung, den alle in sich tragen als den ewigen Wunsch nach ewigem Lernen und Vervollkommnung. Das Altern ist ein Vorgang, der zur Endlichkeit der Materie führt. Dem Menschen ist keine ewige Jugend in der Materie vergönnt, denn dann könnte er nicht alle Stufen des Seins erfahren. Die Materie hat immer einen Anbeginn, eine Dauer und ein Ende. Ihre Endlichkeit ist für die materielle Inkarnation ein endgültiges Urteil. Der physische Körper zerfällt allmählich und wird Erde. Für ihn gilt wirklich der zweite Teil des Spruchs: "Aus Staub bist Du entstanden, zu Staub wirst Du werden." Traurig ist dagegen, dass aus der Realität der materiellen Endlichkeit die Angst vor dem Tod entspringt.

Die Angst vor dem Tod ist die Angst vor der Vergänglichkeit. Letztere ist die Folge von Zeit und Raum. Die Zeit bestimmt, dass etwas nicht ewig dauern kann, weil es sonst den Fortbestand zerstören würde. Nur ein ständiger Fluss und Kreislauf sind ewig. Die Ewigkeit ist im alltäglichen Leben unerklärlich. Sie erscheint lediglich als ein aufgeblasenes Wort, das vom Standpunkt der "realen Abfolgen" unlogisch und übertrieben erscheint. Wenn wir sagen: "Wir werden für immer und ewig zusammenbleiben", dann ist "immer und ewig" eine Übertreibung, denn unsere Alltagslogik denkt routiniert weiter: "Wir werden bis zum Tod zusammenbleiben."

Die Intuition der Menschen ist von dieser Vorstellung benebelt. Vergänglichkeit bedeutet ihnen das Ende der materiellen Substanz, die ja Voraussetzung für alles ist.

Die Angst vor dem Tod oder die Angst vor der Vergänglichkeit ist vom Standpunkt der Materie die am meisten gerechtfertigte Angst. Du wirst sterben, und es wird Dich nicht mehr geben. Du wirst einen toten Körper und eine gewisse Trauer zurücklassen, aber von Dir selber wird es nichts zu hören und nichts zu sehen geben. Die Menschen nehmen den Tod zumeist als endgültiges Urteil wahr, als letzten Punkt im Satzgefüge des Lebens. Gewöhnlich betrachten sie den Tod vom ichbezogenen Standpunkt aus. Der Tote spürt nichts mehr, weil er eben nicht mehr ist. Arm sind jene, die zurückbleiben und fähig sind, sich an ihn zu erinnern. Der Tod ist die Auslöschung vom Standpunkt des materiellen Sichtbaren. Angesichts des Todes eines Menschen würden sie sagen: "Er ging fort und hat uns allein gelassen", dazu jedoch unausgesprochen: "wie egoistisch von ihm".

Der Tod eines Menschen ist stets mit der Trauer all jener verbunden, die zurückbleiben. Die Trauer um die Verstorbenen ist von besonderer Art. Es ist eine Trauer, die anklagt und hofft, dass die Wirklichkeit nicht so endgültig ist. In der Trauer als einem alles beherrschenden Gefühl liegt etwas sehr Schmerzliches, das den abgestumpften Schmerz vor dem nächsten Tod oder die Angst vor der Wirklichkeit des Abschieds von einer geliebten Person in sich trägt. Es ist interessant, wie die Realität ein ganz anderes Gesicht bekommt, wenn ein Mensch stirbt, mit dem wir uns sehr verbunden fühlen. Die Welt verändert sich und die Dinge, die sich am Tag zuvor noch so fest und reell anfühlten wie nur denkbar, erscheinen plötzlich vergänglich und wie aus einer verletzlichen Traumsubstanz gesponnen. Die Wirklichkeit ist also keine feste verlässliche Konstante mehr, sondern verwandelt sich in eine Summe von Vergänglichkeiten, die wir nicht einmal an einem Faden festhalten können, weil sie uns schon beim Hingreifen entgleiten. Ein ähnliches Gefühl weckt bei den Alten allein schon die Angst vor dem Tod. Sie schmecken ihre Vergänglichkeit als ihre alltägliche Realität und freunden sich mit ihr an.

Ein weiteres Problem liegt auch darin, dass die Menschen voneinander Besitz ergreifen. Dabei geht es nicht um eine Spielart der Sklaverei, sondern um den Besitzanspruch im Sinne von Liebe und Verbundenheit. Wenn sich ein Mensch zum Selbstzweck an den anderen bindet und gewöhnt, so eignet er sich ihn im raffiniertesten Sinn und eigentlich auf die heuchlerischste Art an, denn damit schränkt er dessen Freiheit ein. Das erzähle ich vom Standpunkt der Ewigkeit. Die materielle Welt ist übervoll von zwischenmenschlichen Beziehungen dieser Art. Die Mutter sagt zum Beispiel: "Mein Kind". Ich weiss schon, sie meint damit nichts Böses. Sie will nur sagen: "Ich hab es gern, ich sorge gern fürs Kind und fühle mich verantwortlich." Das sind Dinge, die überwiegend ans Niveau der materiellen Existenz anknüpfen. In Wirklichkeit begrenzt sie ihr Kind mit all ihrer Fürsorglichkeit, vor allem aber mit der Angst es zu verlieren, gleichgültig auf welche Weise auch immer.

Der Tod ist lediglich vom Standpunkt des An-der-Materie-Festhaltens etwas Endgültiges, nicht jedoch vom Standpunkt der Ewigkeit. In Wirklichkeit ist der Tod eine Umwälzung, die intensiv an die Geburt erinnert, jedoch in umgekehrter Richtung verläuft. So wie die Geburt die Zeit der Schwangerschaft als ein Zwischenniveau kennt, so hat auch das Sterben ein solches, das als Abschnitt der Vorbereitung auf eine neue Art von Wahrnehmung zum Tragen kommt. Im Fall des Sterbens geht es um die Ebene der Vorbereitung auf die Ewigkeit. Das ist ein Niveau, das wir mit der Vorstellung vom Fegefeuer vergleichen können.

Der Mensch ist in diesem Abschnitt kein materielles Wesen mehr, aber auch noch kein richtiges "Energiebündel", und wiederum erlebt er eine kalte Dusche. Ganz plötzlich verliert er nämlich seinen Körper. Seine Existenz in der Ewigkeit erscheint ihm als blitzartige Erleuchtung, die er zunächst nicht einordnen kann. Vor allem ist der Tod aus der Perspektive des materiellen Lebens eine Überraschung.

Der Abschnitt nach dem Sterben ist zeitlich nicht begrenzt. Es handelt sich um einen Prozess, der sich unabhängig von zeitlichen Abfolgen

abspielt, die eine intuitive zeitliche Verbindung mit der materiellen Welt darstellen, in der der Mensch bis zur letzten Prüfung lebte. Dieser Vorgang ist ein aktiver. Es handelt sich um eine Art Überdenken der materiellen Existenz oder um einen Abschnitt, in dem das Wesentliche der verflossenen materiellen Inkarnation zusammengefasst wird. Die Seele ist nicht mehr an die Materie gebunden, sondern an ein Gedächtnis, das die Materie als Erinnerung an die zeitliche Begrenztheit des Raumes oder zeitliche Begrenztheit der Materie als Lehrmeisterin hervorbringt.

Vielleicht wäre es wirklich lohnenswert den Vorgang des Sterbens genauer zu beschreiben. Der Mensch ist emotionell an seine materielle Gestalt gebunden. Freilich ist das eine Bedingung für ein sinnvolles Leben. Er hütet seinen Leib, ernährt und pflegt ihn, ja er liebt ihn sogar auf seine eigene Art und Weise. Der Gedanke, dass seine materielle Gestalt vergänglich ist, bereitet ihm Schmerzen. Dennoch sind Raum und Zeit erbarmungslose Substanzen, wenn es um die Vergänglichkeit geht. Der Mensch lebt also sein ganzes Leben mehr oder weniger mit dem Gedanken der Vergänglichkeit oder Akzeptanz des eigenen Todes. Er ist ganz und gar nicht unvorbereitet, denn alle Menschen sind sich ihrer Existenz bewusst und passen demgemäß auch ihr System des Vertrauens und Verstehens der Welt an.

Es gibt sogar Menschen, die glauben, das Leben sei ein sinnloses Chaos, weil wir geboren werden, um dereinst wieder zu sterben (das sind Menschen, deren Vorstellung vom Sterben sich auf ein endgültiges Auslöschen beschränkt). Eine derartige Sicht flößt wahrlich nicht viel Hoffnung ein, und es ist anzunehmen, dass diese Menschen keinen besonderen Antrieb besitzen, sich im Leben zu bemühen.

Obgleich alle Menschen mit ihrer Vergänglichkeit konfrontiert sind, kommt der Tod als Überraschung; und der Todesmoment überrascht auch die Schwerstkranken und Gebrechlichsten. In Wirklichkeit kommt das Sterben niemals plötzlich aus dem Nichts. Auch wenn ein Mensch in einem unvorhersehbaren Unfall stirbt, so fühlt er zuvor in seinem Unterbewussten sein Ende und handelt im Einklang mit dieser Ahnung. Und ist es nicht wahr, dass sich nach dem Tod eines jeden Hinweise finden, die eine Vorausahnung durchschimmern lassen?

Nehmen wir an, Dein Verlobter kommt aus heiterem Himmel durch einen Unfall ums Leben. Am nächsten Tag stehst Du an seinem Sarg. Jene schreckliche Trauer jagt den Schmerz in jede Faser Deines Körpers, und plötzlich erkennst Du, dass er es gewusst hat und sich darum in einer unterbewussten Weise von seinen Liebsten verabschiedet hat. Du erinnerst Dich an sein Gesicht, als er seine letzten Worte zu Dir sprach. Sobald Du sie übersetzt, erkennst Du, dass er Dir eigentlich "Lebewohl" sagen wollte. Die Todesahnung ist nichts Unheilkündendes. Sie kommt nicht als Drohung, sondern als schlichte Information über den Aufbruch in eine Welt, der Du in Deinem Wesenskern angehörst und die Du daher in

Deiner Ahnung über Dein materielles Ende zu vermissen beginnst. Diese Information kann nicht bis zur Bewusstseinsebene durchbrechen, denn sie würde über Abwehrmechanismen des Bewusstseins eine Furcht auslösen, die sich durch die Angst vor der Vergänglichkeit noch verstärkt.

Freilich hängt es von der Logik und Komplexität des menschlichen Verhaltensmusters ab, wie eine Person die Energie der Todesahnung in ihre Abschiedsgleichung einbringt und auf welche Weise sie sich selbst als dem Körper entschwindendes geistiges Wesen wiedererkennt und nicht als vergängliches materielles. Vom Standpunkt des Sterbenden aus gibt es keinen großen Unterschied zwischen einem erwarteten oder einem unerwarteten Tod, schließlich verliert das Bewusstsein beim Vorgang des Sterbens seine Rolle. Der eigentliche Unterschied zwischen einem erwarteten (natürlichen) und einem unerwarteten Tod (durch ein Unglück) liegt bei den Menschen, die diesen Tod als Beobachtende erleben, also bei den Nächsten des Sterbenden. Der Unterschied besteht darin, wie sie einen Tod akzeptieren, den sie nicht einmal im Traum erwartet hätten, oder einen Tod, mit dem sie aufgrund des fortgeschrittenen Alters oder schwerer Krankheit rechnen müssen. Für die Umgebung ist es viel leichter, wenn sie sich auf den Tod vorbereiten kann und Zeit hat einige Erklärungen oder Entschuldigungen zu finden, deretwegen der Tod für sie nicht so schlimm ist. Da bieten sich zum Beispiel verschiedene Ausreden wie Krankheit oder Unzurechnungsfähigkeit an. Dagegen ist es ganz und gar unmöglich einen plötzlichen Tod zu entschuldigen. Er wird zu einem unglücklichen Tod und hinterlässt unheilbare Wunden. Die Umgebung erlebt einen solchen Tod als grausam und ungerecht. Sie sucht und findet die Schuld oft außerhalb ihres verstorbenen Angehörigen.

In Wirklichkeit ist der Sterbende auf jede Art von Tod gleichermaßen vorbereitet. Er spürt sein Nahen genau, denn er hat es in seinem Schicksalsmuster so eingeplant. Deshalb ist das Ereignis für ihn selbst am wenigsten überraschend. Der Mensch geht wirklich erst fort, wenn seine Aufgabe auf der Erde beendet ist. Er lässt keine offenen Fragen zurück. Auch nach einem noch so verwirrenden und unvollkommenen Leben vermag er durch sein Kommen in die Materie allerlei Wesentliches zu lernen.

Der Tod ist ein geistig-materieller Prozess. Er geschieht auf materiellem Niveau als Herzstillstand und Aussetzen aller anderen Körperfunktionen, auf geistigem Niveau dagegen als erneute Vereinigung.

Der Mensch ist während seines Inkarnationszyklus an erster Stelle ein zweigeteiltes Wesen: zweigeteilt in Körper und Seele, in Materie und Seele als sein wirkliches Wesen, in Zeit und Ewigkeit.

Der Tod bedeutet die Wiederherstellung der Ganzheit und Abspaltung von der Materie. Er ist ein wunderbarer Vorgang für die Seele. Sie betritt wieder ihre zeitlose Welt, ihre Ewigkeit. Der Tod ist also ein kurzer Vorgang auf dem erneuten Weg in die Ewigkeit. Ich habe schon darauf hingewiesen, dass Tod und Geburt komplementär sind. Daher hat der Tod wie die Geburt seine Anlaufzeit, in der der Mensch sich an sein Wohnen in der Ewigkeit gewöhnt. Weil das Sein in der Ewigkeit für die Seele etwas ist, das während ihrer ganzen Inkarnation auf den Parallelniveaus lebt, geht es in dieser Zeit nicht um die Eingewöhnung in die Ewigkeit (zur Zeit der Schwangerschaft geht es für die Seele ums Gewöhnen an die Materie, die es für die Dauer eines Lebens beengen wird und eine neue Daseinsweise bedeutet). Wir haben es vielmehr mit der Gewöhnung an einen immateriellen Zustand zu tun, der allerdings mit einem vergleichbaren plötzlichen Schock beginnt. Auch die Nabelschnur zu den inkarnierten Ebenen (Bewusstsein, Unterbewusstsein) des Menschen reisst plötzlich ab.

In diesem Zwischenraum zwischen Zeit und Ewigkeit kann die Seele noch in Kontakt mit ihrer ehemaligen Lebensumgebung treten. Zum Beispiel haben manche das intensive Gefühl, dass die Seele des verstorbenen Menschen ihrem eigenen Begräbnis beiwohnt und mit ihren Geliebten mitfühlt. Die Seele kann sich nach einem plötzlichen Tod auch in Schmerz an den Ort binden, wo sie der Tod ereilt hat. Dafür ist gewöhnlich das klagende Bewusstsein verantwortlich, das sich mit dem Tod noch nicht anfreunden konnte. Eine solche Seele benötigt zusätzlich Zeit, um sich von diesen Bindungen zu befreien, die zunächst wie ein Fluch anmuten. Es ist notwendig, sie als eine letzte Mahnung dafür zu verstehen, was dieser Mensch während seines Lebens zu lernen hatte.

Es gibt zahlreiche Zeugnisse über Einblicke in das jenseitige Leben. Dabei geht es im Wesentlichen um ein Schauen des Zwischenniveaus, ein dem menschlichen Traumleben verwandtes Erlebnis. Darin wiederholt sich ständig der Film des eigenen Lebens. Auf diese Weise begreifen wir, was wir eigentlich in unserem Leben unternommen haben und was unsere Hauptaufgabe war. Mit dem Gewahrwerden dieser Aufgabe werden wir mehr und mehr eins mit uns selbst als einem ewigen Subjekt.

Wie alle vergänglichen Dinge, so spielt auch der Mensch eine von vielen Rollen in seinem (relativ zur Ewigkeit) kurzen Leben auf der Erde. Es ist leichter das Leben als Spiel zu sehen, worin jeder Einzelne seine Rolle spielt. Sobald seine Rolle einschläft, gönnt auch er sich einen Schlummer, um etwas später gleichsam wiedergeboren in der Szenerie aufzutauchen. Das Wechseln von Rückzug und erneutem Auftritt auf der Bühne ist etwas ganz Normales und eigentlich nicht schmerzlich, wenn wir es richtig verstehen. Schmerzlich wird es dagegen, sobald wir ein Teil der Materie werden, die uns in diesem Augenblick alles bedeutet. Der Tod ist immer nur für die Umgebung schmerzlich, nie für den Sterbenden, denn der Sterbende tritt in eine wunderbare Welt ein, in der er sich wieder als Ganzheit fühlt und sich als Wesen mit einer sinnvollen Existenz wiedererkennt. Und das bedeutet Glück! Es ist notwendig zu wissen, dass der Verstorbene in seiner jenseitigen Welt glücklich ist und nur glücklich, denn dort gibt es keine Schmerzen, keine Ängste und Trauer.

Ihr müsst wissen, dass fortgehen viel leichter fällt als auf die Welt zu kommen. Bei ihrer Geburt erkennt sich die Seele als an die Materie gefesselt. Das ist für sie eine schmerzvolle Prüfung. Der Tod ist also verglichen mit der Geburt ein Gefühl von Befreiung und Freiheit. Er bringt eine unbeschreibliche seelische Freude mit sich.

Die Inkarnation des Planeten Erde

Der Mensch verliert in seiner materiellen Begrenztheit das Gefühl für die Unendlichkeit, in der es keine Einengung auf eine oder mehrere Welten gibt, sondern alle Welten miteinander verwoben sind. Es wäre verrückt zu glauben, dass Euer Planet der einzige existierende Ort einer Zivilisation ist. Das Weltall ist ein materialisiertes, jedoch unzugängliches Sinnbild des Kosmos als alles in allem.

Weil der Mensch die Dinge am leichtesten versteht, wenn er sie in einer räumlichen und zeitlichen Tabelle anordnet, ist es einigen gelungen einen Plan des Kosmos auszuarbeiten und auch darüber, wo sich mögliche irdische Mitwelten befinden.

In Eurer räumlichen Vorstellung sind diese bestimmt weit entfernt, in irgendwelchen unbekannten, verborgenen Galaxien. Ihre Bewohner sind von Euch sehr verschieden. In Euren Filmen seht Ihr sie als Monstren mit Fähigkeiten, nach denen sich nahezu jeder Mensch sehnt: die Fähigkeit das Unsichtbare zu sehen, unbeschränkte Kraft und Beweglichkeit zu besitzen. Es gibt auch Filme, in denen die Allmenschen als gute Wesen gezeigt werden, doch das geschieht selten.

Aus den Vorstellungen über andere Welten kann man entnehmen, dass sich die Menschheit vor ihnen fürchtet, vor ihrem Einfluss und ihrem Anderssein.

In Wirklichkeit sind diese Welten nicht entfernt. Sie sind in der Weise Wesen wie die Erde auch: Energiewesen. Der Unterschied zwischen ihnen liegt lediglich in ihrer Frequenz. Jedes Energiewesen hat nämlich seine Grundfrequenz, die die Verschiedenheit und Selbständigkeit ausdrückt. Diese Frequenzen bestimmen die subjektiven Unterschiede zwischen uns Energiewesen.

Weil Raum und Zeit Voraussetzungen von Materie sind, gelten sie nur für die Erde als materielle Inkarnation des Wesens der Erde. Sie gelten nicht für andere Welten, die auch alle ihre grundlegenden Voraussetzungen haben. Ich werde die Theorie über die Mitwelten kurz halten, weil sie nicht so wichtig ist. Außerdem wäre es unnmöglich, sie vollständig in Eure Sprache zu übersetzen, weil es so viele Dinge gibt, die in Eurer Sprache nicht voraussehbar und unverständlich sind.

Wenn ich von den Welten spreche, meine ich die vier Elemente, die nicht an Zeit und Raum gebunden sind. Sie leben als Ursamen in jeder Energiesubstanz fort. Diese Elemente sind Erde, Wasser, Luft und Feuer. Es sind auch die Elemente von vier parallel bestehenden Zivilisationen. Das Element einer Zivilisation steht für dasjenige, was in dieser Zivilisation Gegenstand des Schöpferischen ist. Dennoch sind in jeder Welt auch die anderen Elemente gegenwärtig. Am leichtesten wird dies am Beispiel des Planeten Erde verständlich.

Der Mensch ist auf der Erde als materielles Wesen inkarniert. Er ist an die feste Materie gebunden und lebt in ihr als ihr Bestandteil. Die beständigste Materie, die er als Raum und Mittelpunkt seiner Existenz verspürt, ist die Erde selbst. Die Erde als Element beschenkt und gibt, ist Gegenstand des Schöpferischen und nimmt schließlich auf symbolische Weise. Die Erde war seit Beginn der irdischen Zivilisation der Hauptgegenstand aller Schaffensfreude. Sie war die Grundlage. Die Menschen bestellen ihre Gärten und setzen Pflanzen, die von der Erde leben. Sie fertigen Geschirr und bauen Häuser (also ihr Heim) aus Erde (Ton, Ziegeln). Die Menschen gehen und fahren über die Erde. Sie bestimmt ihren Reichtum und gibt ihnen die materiellen Voraussetzungen für ihre Existenz. Die Erde ist also das Fundament der gegenwärtigen Zivilisation.

Wenn ich von den Mitwelten spreche, so muss ich darauf hinweisen, dass jedes Energiewesen seiner Anlage nach zyklisch lebt, sein Weg also in einer Spirale nach oben verläuft.

Die Erde ist ein Energiewesen. Ihre zyklischen Niveaus stehen daher für verschiedene Erfahrungen ihres Lebens. Die Erde als Eure Heimat und als Planet der gegenwärtigen Zivilisation ist nur eine ihrer Inkarnationsgestalten (ähnlich wie ein Mensch in einer Inkarnation ein König, in einer anderen ein Hausierer sein kann). In Wirklichkeit hat die Erde vier Inkarnationsfiguren, gekoppelt an die vier Elemente, ihre vier grundlegenden Charakteristika.

Ähnlich wie der Mensch lernt die Erde als (intelligentes) Wesen von ihrer inkarnierten Gestalt. Sie lernt aus der Zusammenarbeit mit sich selbst als inkarnierte Gestalt und aus der Zusammenarbeit mit allen Energiewesen, die zur Zeit ihrer Inkarnation mit ihr zusammen wirken. Dabei kommt es zu einer Interaktion, die stets schöpferisch im besten Sinn des Wortes ist, sogar wenn es um Beziehungen geht, die Ihr im Kontext Mensch und Erde schon seit langem als schlimmen Irrweg erkannt habt. Es ist nicht wahr, dass der Erde ein Unrecht geschieht. Sie hat ihren eigenen Weg, den sie sich wie der Mensch schon vor ihrer Inkarnation selbst vorgezeichnet hat. Hierbei hat sie auch die Zusammenarbeit mit allen lebenden Wesen mit einbezogen, die mit ihr die eine oder andere Form von Lebensgemeinschaft eingehen werden.

Die irdische Zivilisation ist die dritte Inkarnation der Erde als Energiewesen. Für ihre Inkarnationsgestalt werde ich der Einfachheit halber den Namen Erde verwenden.

Die Erde hatte zwei Erfahrungsprozesse zu durchlaufen, ehe sie sich in die Erde als irdischer Planet verwandelte: Die beiden Abschnitte standen unter dem Zeichen der Elemente Feuer und Wasser. Zunächst trat sie also in das Feuerelement.

Das bestätigt auch die Wissenschaft. Ihr lernt, dass die Erde am Anfang ein glühender Ball war. Ihr lernt dagegen nicht, dass ähnlich wie in der irdischen Zivilisation Menschen auf ihr inkarniert waren - natürlich nicht in der jetzigen Gestalt, das war ein Ding der Unmöglichkeit. Zu der Zeit war Eure Grundlage das Feuer. Eure Gestalt war dem angemessen (natürlich handelte es sich nicht um Wesen mit feuerfester Bekleidung, wie Ihr sie in den Filmen bewundern könnt). Ihr ward aus Feuer gebaut. Es war Euer Grundgerüst. Diese Zivilisation nannte sich Lir.

Über die zweite Zivilisation, die eigentlich Eure Vorgängerin ist, wisst Ihr wesentlich mehr. Doch Ihr versteht nicht den Kern, einfach weil Ihr alles mit den Augen des heutigen Menschen betrachtet. Diese Zivilisation beruhte auf dem Element des Wassers und nannte sich Atlantis. Sie war eine typische Wasserzivilisation. Die Überlieferungen über den versunkenen Kontinent sind lediglich symbolisch zu verstehen. Dieser Abschnitt wird von der offiziellen Wissenschaft nicht anerkannt, was wirklich sehr interessant ist. Es handelt sich um eine Zeit extremer Abkühlung, worauf der Großteil der Erde von Wasser bedeckt wurde. Das Wasser wurde zum schöpferischen Grundelement.

Die dritte Inkarnation der Erde als Energiewesen ist der Planet Erde, wie er sich in den Eiszeiten herausgebildet hat, mit der Entwicklung vorübergehender neolithischer (jungsteinzeitlicher) Zivilisationen. Ihnen folgte schließlich die Etablierung patriarchaler Zivilisationsformen, die zum Hauptimpuls der irdischen Zivilisation wurden.

Die Luftzivilisation als vierte Inkarnation der Erde lässt noch auf sich warten. Angesichts der Entwicklung, in der die Welt scheinbar versinkt, lässt sie sich ganz real ankündigen. Der Abschnitt, in dem sich die Welt gerade befindet, ist bereits eine Übergangsphase. Das Fische-Zeitalter spielte bei der Inkarnation der Erde eine zentrale Rolle. Es beinhaltete eine Aufgabe, an der die Menschheit zu lernen hatte, was auch geschah.

Nun findet der Übergang in das Wassermannzeitalter statt, das Vereinigung bedeutet: eine Vorbereitung auf den Übergang in die Luftzivilisation. Sie wird die räumlich freieste Zivilisation der bisherigen Erdeninkarnationen sein. Vom Standpunkt der Ewigkeit nennen wir sie Krex.

Wenn die Erde all ihre grundlegenden Inkarnationen durchlaufen hat schließt sich ihr Zyklus, und sie kann neue Erfahrungsbereiche auf einem höheren Niveau anstreben.

Das ist also die Inkarnationsreihe vom Standpunkt der Erde als ein Energiewesen. Sie beinhaltet ihre Entwicklung und die Aneignung von Erfahrungen in der Ewigkeit. Parallel dazu entwickelt sich die menschliche Gesamtzivilisation, in der die Seelen zusammen arbeiten und dabei wesentliche Aufgaben zu meistern lernen. Im Laufe der vergangenen Zivilisation hat die Seele dazugelernt und verschiedene Inkarnationsniveaus entwickelt.

Die Feuerzivilisation war die erste, in der sich die Seele so inkarnieren konnte, dass sie die Züge eines Wesens annahm. In Lir bekam die Seele natürlich noch keine materielle Gestalt. Sie erwarb ihre Erfahrungen nicht auf den entwickelten Niveaus, wie sie der heutige Mensch besitzt, weil sie diese einfach nicht benötigte. In Lir gab es nämlich keine räumliche Beschränkung. Die Zeit wurde in Zyklen gemessen, und alle Zivilisationsmitglieder wurden dessen aktiv gewahr. Sie existierten auf geistiger und unterbewusster Ebene. So lässt sich auch ihre Form der Kommunikation verstehen.

In dieser Zivilisation lernten sie als Wesen zu leben, eingegliedert in eine elementare Wirklichkeit als Wesen, die untereinander eine Art Kommunikation aufbauen mussten. Das unterbewusste Niveau entwickelte sich in der Blütezeit dieser Zivilisation, da der Mensch die Telepathie beherrschte und dadurch zusammen arbeiten konnte.

Diese Zivilisation war die am wenigsten materielle. Sie ist für das intellektuelle Begreifen die abstrakteste. Auch in allen anderen Zivilisationen gibt es die vier Elemente als Baumeister der materiellen Wirklichkeit. Es ändert sich aber ihre Grundbedeutung vom Standpunkt des Schöpferischen in der wechselseitigen Zusammenarbeit zwischen Erde und Mensch.

Der Übergang zu Atlantis führt zum entgegengesetzten Element, denn Wasser löscht Feuer.

Scheinbar kommt die neue Inkarnation der Erde als Energiewesen immer als Zerstörung der vorherigen. Doch der Schein trügt. So kommt Atlantis scheinbar zu einem Zeitpunkt, da die glühende Kugel erlischt und die Erde im Gegenpol des Feuers versinkt. Die Wissenschaft behauptet, im Wasser sei der erste lebende Organismus entstanden. Diese Behauptung werde ich nur dahingehend korrigieren, dass im Wasser erste materielle Organismen als Inkarnationen von Energiewesen auftauchen.

Sehr ungern setze ich die Gestalt der damals inkarnierten Seelen den Fischen gleich, doch ist dies eine der Möglichkeiten, um Euch das Verständnis zu erleichtern. Ihr könnt Euch in Eurer Phantasie die Gestalten in ihrer Erlebniswelt ausmalen.

Die inkarnierten Energie- und Geisteswesen begannen im Lauf der atlantischen Zivilisation eine intuitive Sichtweise des Bestehenden zu entwickeln. Raum und Zeit waren noch keine anerkannten Kategorien.

Es ist schon berechtigt, wenn sich eine Zivilisation gänzlich erschöpft. Üblicherweise sorgt unsere Mutter Erde dafür. Sie öffnet die Tore zu einer neuen Zivilisation, die in materieller Hinsicht vor einem neuen Anfang steht und demnach ein gemeinsames Bewusstsein besitzt, das ihr aus den vorigen Zivilisationen geblieben ist.

Der Mensch begann sich in die irdische Zivilisation, die beträchtlich früher von den Tieren geebnet wurde, im Körper von Affen zu inkarnieren. Die Geschichte und Wissenschaft berichten, dass Mensch und Affe direkte gemeinsame Vorfahren haben. Ich stimme dem zu, dass der erste Mensch (oder die ersten Generationen) eine Affengestalt hatte, weil diese zu der Zeit die fortgeschrittenste war und sich aus ihr noch am leichtesten ein Körper weiterentwickeln ließ, der jener Zivilisationsaufgabe gerecht werden konnte, die sich die Menschheit gestellt hatte.

Der Mensch übertraf in seiner starken Subjektivität bald die Wahrnehmung der (anderen verwandten) Affen und begann aktiv in seine Umgebung einzugreifen.

Wir können ihn nicht mit der jetzigen Gestalt des Menschen vergleichen, denn er hatte ein Bewusstsein von der Welt noch nicht entwickelt. Seine Umgebung erlebte er intuitiv. Für alle inkarnierten Energiestrukturen, die ihm begegneten, musste er einen Berührungspunkt finden: die Prämissen von Raum und Zeit.

Die neolithischen Kulturen waren die Vorläufer der heutigen Kultur. In ihnen formte sich das Bewusstsein vom Menschen als Teil des Kosmos, vom Menschen in seiner Ganzheit, die den Kosmos baut. Dank seiner Offenheit und Empfänglichkeit für alle Energieprozesse, die seit jeher parallel fliessen, befand sich der Mensch in ausreichender Harmonie mit seiner Umgebung. Er wusste mit ihr zu kommunizieren. Es sind Überbleibsel von Atlantis, wo es um die Art der Wirklichkeitswahrnehmung geht.

Die patriarchalen Kulturen haben scheinbar einen Fehler begangen, als sie begonnen haben das Unterbewusstsein zu vernebeln (sein ganzheitliches Erkennen zu knebeln). Doch hat sich dadurch das Bewusstsein als grundlegende Eigenschaft des Menschen dieser Zivilisation geformt.

Das Bewusstsein überflügelte alle Niveaus des menschlichen Seins und stellte sich an die erste Stelle im Erkennen der Welt. Die irdische Zivilisation erreichte einen Höhepunkt in materieller Selbstwahrnehmung und Erkenntnis ihrer Umwelt. Sie lernte dies auch zu begründen.

Krex ist gerade deshalb ein vielversprechender Abschnitt vor dem Ende des Zyklus. Die inkarnierten Seelen haben allmählich in verschiedenen Zivilisationen alle ihre Ebenen entfaltet und mit der totalen Entwicklung ihres Bewusstseins einen Punkt erreicht, der wegen seiner Absurdität ein Grenzpunkt ist. Gleichzeitig wissen wir aus den Lebenserfahrungen in der gegenwärtigen Übergangsphase, dass der Mensch gelernt hat, sich selbst als materielles Wesen zu transzendieren und sich wieder als geistiges Wesen zu erkennen.

Es ist nur noch die kritische Masse jener notwendig, die sich dessen bewusst sind, damit sich alle dieses Ursprungs bewusst sein werden und somit die Zivilisation in ihren letzten Abschnitt - dem Leben in der Luftzivilisation - münden wird, wo die Seelen lernen werden, nicht in die Fesseln der groben verinnerlichten Materie zu geraten.

Von der gleichzeitigen Evolution aller anderen Wesen, wie der Bäume, Pflanzen und Tiere, habe ich gar nicht gesprochen. Ihre Entwicklung folgte den Erdzyklen. So hatten verschiedene Wesen zu unterschiedlichen Zeiten verschiedene Gesichter. Der Baum wurde zum Beispiel in der atlantischen Zeit ein Dinosaurier.

Ich habe die Abschnitte aus der Sicht des Bewusstseins beschrieben. Dieser Aspekt wurde in der wissenschaftlichen Entstehungsgeschichte der Erde nicht genügend herausgearbeitet.

In Wirklichkeit bewegt sich der Kosmos in der Zeitlosigkeit, in der sich die Dinge auf verschiedenen Frequenzen gleichzeitig entfalten. Dadurch lassen sich menschliche Erfahrungen erklären, die offensichtlich von Mitzivilisationen herrühren.

Beim Einzelnen manifestieren sich diese Erfahrungen als ständiger Widerhall auf die Ereignisse in der aktuellen Zivilisation. Träume sind dabei ein ganz besonders interessantes Fenster in andere Welten.

Bei dieser Tatsache muss man sich die Bedeutung der Erinnerung als Teil eines gegebenen Augenblicks vergegenwärtigen und gleichzeitig ihre Funktion als ständige Verbindung mit der Ewigkeit, d.h. mit der Sicht der Geschehnisse vom Standpunkt der Zeitlosigkeit berücksichtigen.

Träume und Mitwelten

In der Seele als dem Wesenskern des materiellen Menschen befinden sich die aufgezeichneten Erfahrungen aller vorangegangenen Inkarnationen. Sie stapeln sich als Erinnerungsdokumente in ihrem Innersten und wirken von dort je nach Bedarf beratend und mitarbeitend. Dabei geht es nicht nur um Erinnerungen an die irdische Zivilisation, sondern um alle Inkarnationen, die sich die Seele bis zu diesem Augenblick für ihren Entwicklungsweg ausgewählt hat.

Während der materiellen Inkarnation auf der Erde befinden sich diese Erinnerungen in einem "aktiven Schlaf". Das bedeutet, dass sie keine unmittelbare Verbindung zum menschlichen Bewusstsein haben; andererseits aber bei allen Entscheidungen als starke innere Stimme beteiligt sind, deren tatsächliches Erfahrungssubstrat sie ja sind.

Ein jeder kennt sein ewiges Gedächtnis als innere Stimme, die ihm häufig souffliert und auf diese Weise bei wichtigen Entscheidungen hilft. Die innere Stimme erscheint Euch vom Standpunkt des Bewußtseins als ein außerhalb von Euch befindlicher Führer und allwissender Meister, der Eure unhörbaren und unerhörten Probleme löst. In Wirklichkeit seid Ihr es selber und sonst niemand. Das ist die Stimme, die Euch auf dem Wege des vorgezeichneten Schicksals führt.

Scheinbare Abweichungen sind Ausreden des Bewusstseins, das selbständig und nach eigenem logischen Ermessen Euer Leben lenken will.

71

Die innere Stimme ist kein Heuchler oder gar Euer Feind. Ihr müsst nur lernen, sie von Eurem Ego zu unterscheiden. Das Vertrauen, das Ihr zu ihr aufbaut, kann Euch viele Schmerzen und Verluste ersparen. Im Einklang mit ihr zu leben bedeutet glücklicher zu leben, nützlicher zu sein und dem Leben um Euch herum zur Verfügung zu stehen.

Es ist sehr schwer eine reine Beziehung zu dieser inneren Stimme als Ratgeberin zu entwickeln. Die meisten Menschen sind damit vielleicht überfordert. Viele fühlen nämlich, dass sie ihre Welt bewusst lenken können. Das gibt ihnen ein Gefühl der Sicherheit und Verlässlichkeit bei ihren Handlungen. Doch haben alle die gleiche Möglichkeit mit ihrem nicht inkarnierten Gedächtnis zusammen zu arbeiten und ihren Erfahrungen aus den vorigen Inkarnationen Beachtung zu schenken, sofern sie das wollen und zulassen.

Der Mensch ist nur im wachen Zustand ein bewusstes Wesen. Dann erkennt er sich als Teil der Materie und schenkt den Regeln von Zeit und Raum Beachtung. Etwa ein Drittel seines Lebens verbringt er allerdings im Schlaf.

Diese Zeit verlebt er auf denkbar immaterielle Weise, wobei er sich eigentlich allen Regeln von Dauer und logischer Folgerichtigkeit verschließt, um die Ewigkeit als augenblickliche Gegenwart und ohne fortdauerndes Geschehen aufleben zu lassen. Die Nacht ist wie ein Augenblick, und in diesem Augenblick erlebst Du absolut alles. Die Nacht lebt in einem Augenblick für Dich.

Der Schlaf ist die Bedingung für die Kraft Deiner bewussten Wahrnehmung. Er bietet das Gleichgewicht zwischen dem Gewahrsein der Ewigkeit und dem Bewusstsein der materiellen Einordnung in Zeit und Raum. Der Schlaf ist der symbolische Gegenpol zur materiellen Tatsachenwelt, darum bietet er die einzig mögliche Form des Ausgleichs. Seine Bedeutung drückt sich symbolisch so aus, dass Schlaf gleich Ruhe ist, Ausruhen vom Fortdauern und der Begrenzung in einzelne Augenblicke. In Wirklichkeit ist der Schlaf kein physisches Ausruhen, sondern die Wiederherstellung des Gleichgewichts.

So wie der Schlaf Gegenpol zur Einordnung in den Wachzustand ist, so sind die Träume der Gegenpol zum logischen Geschehen, wie es im Wachzustand folgerichtig abläuft. Die Träume sind eigentlich die unsichtbare Mitwelt zur sichtbaren Wirklichkeit und ein Weg, den hypnotischen Blick einer einzigen Wahrnehmungsweise des Bestehenden aufzulockern. Daher gibt es in den Träumen keine objektive Folgerichtigkeit. Die Dinge folgen einander regellos und zumeist sinnwidrig. Alles geschieht in einer reichlich unirdischen Welt, die aller materiellen Fundamente entbehrt und daher scheinbar irgendwo in der Luft schwebt.

Es gibt mehrere Arten von Träumen. Natürlich entwerft Ihr alle Eure Träume subjektiv und schaut durch Euer Spektrum (das sie begrenzt). Ihr habt auch die Möglichkeit den weitaus größten Teil Eurer Träume sofort wieder zu vergessen, sodass sie Euch bei Eurer Wahrnehmung der Materie nicht verwirren. Die Träume führen im unsichtbaren Bereich des schlafenden Bewusstseins eine Art zyklisches Eigenleben. Sie gleichen eingeschmuggelten Streiflichtern aus anderen Welten, denen das Bewusstsein nie Einlass gewähren würde.

Träume, die als Träumereien oder Verwirklichung brennender Wünsche auftauchen, sind für die meisten Menschen die häufigste Art, Einblick in andere Dimensionen zu erlangen. Diese Maske benützt der Initiator der Träume (das Seelengedächtnis), um bei seinem inkarnierten Bewusstsein die nötige Aufmerksamkeit zu erwecken. Dabei geht es nicht um einen Selbstzweck, sondern darum, dass die Träume das geistige Niveau des Menschen mit Bewusstseinskraft befruchten. Das Bewusstsein anerkennt dadurch dessen Gültigkeit im Leben.

Über Träume existieren viele psychologische Theorien. Die meisten wissenschaftlichen Überlegungen gehen davon aus, dass Träume ein unbewusster Zustand sind, in dem sich vor dem inneren Augen Gestalten aus dem Leben ansammeln oder Wunsch- bzw Angstvorstellungen, die während des Tages heimlich in Euren "überlasteten Köpfen" herumgeistern.

Es ist richtig, dass die Träume wie Übergangsmomente sind, in denen der Mensch sich selbst in erster Linie als materielles Wesen erkennt, das in seiner eigenen Welt lebt. Wahr ist auch, dass sich beim Träumen eine stark emotionelle Wahrnehmung einstellt, die das gewöhnliche materielle und zeitliche Wahrnehmen weit übertrifft und teilweise außer Kraft setzt.

In den Träumen liegt durch ihre Abweichung vom Alltäglichen etwas sehr Anziehendes und manchmal auch Beängstigendes.

Alles, was in Euren Träumen mit Euch geschieht, ist eine sich symbolisch manifestierende Information, die Ihr nur noch in Eure bewusste Sphäre übersetzen müsstet. Selten sind die Informationen auf der Traumebene so offenherzig direkt, dass ihre Bedeutung ohne Überlegung sofort ablesbar wäre.

Darüber hinaus sind Traumsymbole immer subjektiv. Schon aus diesem Grund fördern pauschalisierende Traumbücher die dafür stets dankbare Trägheit. Alle müssten erst bei sich selbst untersuchen, was ihnen ein Symbol bedeutet und dann erst ihre Traumerlebnisse erklären.

Ihr reagiert auf jede Traumgestalt emotional. Das erschüttert Euch, und die Gefühlsreaktion ist das Einzige, was von der Traumerfahrung bleibt, sobald Ihr erwacht. Alles andere versinkt im unwiederbringlichen Gedächtnis, als wäre es sich selbst genug.

Nur selten träumt Ihr einfach um des Träumens willen. Jede Traumbotschaft, und sei sie noch so unsinnig, bringt etwas mit sich, was Euch am kommenden Tag helfen kann. Sie hilft Euch sogar, auch wenn Ihr sie vielleicht nicht erkannt habt. Die Information gelangt auf die unterbewusste Ebene und wirkt von dort aus als Mitarbeiterin Eures

Bewusstseins.

In diesem Sinn sind innere Stimme und Traumwahrnehmung gleichsam komplementäre Wege der Zusammenarbeit von Seele und inkarniertem Bewusstsein.

Träume sind also nur scheinbar belanglos. An die schwierigsten könnt Ihr Euch beim Erwachen überhaupt nicht erinnern, weil sie zu abstrakt sind, als dass sie Euer Bewusstsein in irgendwelche bestehenden Symbole oder Muster übersetzen könnte.

Das sind Träume, die Fenster zu Mitwelten öffnen, Welten, die sich auf Eurer geistigen Ebene in der Ewigkeit befinden. Das bedeutet, es gibt Welten, in denen Ihr Euch gleichzeitig mit Eurer Welt befindet. Von Eurem Standpunkt aus würde ich sagen, es handelt sich um Welten, die sich im Gedächtnis der Seele befinden. Wann immer Ihr in den Träumen durch solch ein Fenster schaut, ist es Euch gegeben alles zu vergessen, wie das in vielen Märchen so schön heisst. Es ist Euch gegeben zu vergessen, damit Ihr nicht etwa nach etwas Unerreichbarem schmachtet.

Nach solchen Träumen bleibt ein schöner Nachklang und eine gewisse Ausgeglichenheit zurück, deren Grund Ihr nicht kennt. Das ist das Einzige, was dieser Blick in die Mitwelten in Eurem Herzen bewirkt.

Diese Besuche in den Mitwelten ereignen sich niemals zufällig. Sie bieten Dir eine Information, die Du auf eine solche Weise erleben sollst, dass Du sie später auf Deinem bewussten oder unterbewussten Niveau verstehen und verinnerlichen kannst. Nach "Besuchen" dieser Art bleibt ein Eindruck von Ewigkeit, ein Gefühl nicht allein zu sein und nicht nur das zu sein, was Du meinst zu sein.

DIE WELT DER ENGEL

Die von Menschen bewohnte Welt ist scheinbar eine vollkommen fertige Realität. Für jede Handlung ist eine logische Fortsetzung vorgesehen und jede verlorene Sache kann durch eine neue ersetzt werden, solange es nicht um etwas "Lebendiges" geht. Was lebendig ist, hat eine begrenzte Existenzdauer, weil es eben nicht ewig ist, sondern irgendwo beginnt, einer bestimmten Ordnung folgt und schließlich, als logische Folge zeitlicher Begrenzung, endet.

Das Wesentliche der menschlichen Welt ist ihr Ordnungsgefüge. Es bestimmt darüber, dass die Geschehnisse ihre Regeln haben und alle wissen, wo und welcherart die Folgen ihrer Handlungen sind.

Mit der Formel "wenn - dann" lässt sich sehr stimmig leben. Doch der Schein trügt. In Wirklichkeit erstickt die Ordnung das Leben. Es gibt keine größere Freude als die Augenblicke, in denen wir uns der Ordnung entziehen und etwas vollführen, was ganz und gar nicht im Einklang mit den verfestigten Normen ist.

Der Mensch lebt sein ganzes Leben lang in Übereinstimmung mit der Gesellschaft, der er "zufällig" angehört. Sein Bewusstsein ist gefangen in den Grenzen etablierter Ordnung und eingefahrener Gedankenmuster. Er will nicht anders sein, um seine Nächsten nicht zu verletzen und verletzt sie dadurch gerade oder sogar umso mehr. Lieber stellt er sich vor, er hätte im Lebensspiel, an dem er teilhat, immer und überall die Hauptrolle.

Es ist wirklich erheiternd sich vorzustellen, dass die meisten Menschen den materiellen Normen der Vergänglichkeit absoluten Glauben schenken und sich ihrer Endlichkeit bewusst sind. "Heute gibt es mich, morgen vielleicht nicht mehr. Genieße das Leben, solange es dauert", sind besonders typische Sätze derart gestimmter Menschen.

Doch aufgrund solcher und ähnlicher Gedankengänge sind viele Menschen unglücklich und verzweifelt. Wer wäre es nicht? Wenn Du sehr gerne lebst und zu wissen glaubst, dass es Dich einmal nicht mehr geben wird, wenn Du Deine Nächsten liebst und nicht weißt, wann Du sie verlieren wirst, wenn Du stolz darauf bist, was Du geschaffen hast, und weißt, dass es einmal zerfallen oder überholt sein wird - bist Du dann nicht zutiefst betrübt? Ist nicht der Schmerz angesichts der eigenen Vergänglichkeit überaus groß?

Doch auch wenn Du Dir Deiner Ewigkeit gewahr wirst und fühlst, dass Du in weiterreichenden Dimensionen lebst, so ergreift Dich noch immer die Angst, Du könntest zu früh aus Deiner Umgebung herausgerissen werden. Das ist eine Angst, der sich auch das mit größter Weisheit begnadete Wesen kaum entziehen oder stellen kann: Es ist eine durch das Verantwortungsgefühl rationalisierte Angst, die den Menschen an die Materie fesselt, als könnte nur sie ihm Heim und Geborgenheit schenken. Der Mensch fürchtet sich daran zu denken, dass er sich nur zu einem kurzen Besuch in dieser Welt befindet, auf einer Station seiner Reise in die Ewigkeit.

Alle leben gerne in der Materie, denn sie ist eine greifbare Realität und dem Tastsinn vertraut. Sie beweist Dir, dass Du lebst, sie ermahnt Dich, wenn Du sie zufällig vergisst. Sie bietet großes Wohlbehagen, weil sie noch vor dem Gefühl kommt. Du kannst sie erleben, auch ohne dabei irgendetwas zu fühlen. In der Energiewelt dagegen musst Du immer einen Kontakt knüpfen, wenn Du etwas bemerken willst. Kein Energiewesen wird Dir einfach so erscheinen. Du wirst eine ganz bestimmte Beziehung zu ihm brauchen, damit es sich Dir zeigt und öffnet. Von diesem Standpunkt aus gesehen, fördert die Materie unsere Trägheit.

Du gehst an einem Baum vorüber. Du weißt, es ist ein Baum, weil Du ihn nun einmal als Objekt wahrnimmst, das an Deinem Weg steht. Doch ist es nicht zwingend notwendig, an sein Wesen zu denken. Du bemerkst ihn, noch ehe Du irgendetwas über ihn als Lebewesen gedacht und gefühlt hast.

Die Anschauung von der Materie hat sich während der menschlichen Evolution mehr und mehr verengt. Die Entwicklung verläuft mit schwindelerregender Geschwindigkeit stets in die gleiche Richtung. Die grobe Tendenz zur Veräußerlichung wird immer stärker und mächtiger. Der Mensch denkt immer weniger ans Wesentliche, dafür unterliegt er mehr und mehr dem Schein.

Doch wir kommen auch deshalb in die materielle Welt, damit wir nicht verlernen in Gesellschaft von Mitwesen zu leben, in Gemeinschaft mit allem, im Kosmos.

Die Engel sind Energiewesen. Ihr Sein überschreitet alle räumlichen Begrenzungen und kann mit der Materie nicht einswerden. Sie sind ganz gleich zusammengesetzt wie die Seele, auf der Grundlage von Vibrationskodierungen, die die Nieveaus ihrer Energiefrequenzen schützen und bewahren.

Im Unterschied zur Seele, deren Lebensmotto und Ziel das Lernen ist, besteht das Hauptmerkmal der Engel im Belehren von anderen. Sie haben die Stufe des Lehrers erreicht, nachdem alle möglichen Lernphasen hinter ihnen liegen. Doch gibt es an diesem Punkt keinen Stillstand. Es geht nicht darum, dass simples Lernen nicht mehr wichtig wäre. Diese Tatsache gilt für alle Lehrer. Ein Lehrer ist kein Weiser, solange er nicht aus dem Lernen anderer lernt und nicht aus dem eigenen lehrenden Wirken lernend wieder hervorgeht.

Bestimmt fragt Ihr Euch, warum die Seele einst ihren Gipfel erreicht und ein Lehrer wird. Jeder Schüler hat die Möglichkeit irgendwann Lehrer zu werden. Gäbe es diese Möglichkeit nicht, so würde das in der unsichtbaren Welt eine Diskriminierung bedeuten. Es würde aussehen, als wären die Engelsintelligenzen etwas Höheres, gleichsam unerreichbar, weil zu hochstehend. Die Seelen würden sich selbst unzulänglich und unbedeutend vorkommen. Woher sollten sie ihren Mut nehmen, wenn sie überzeugt wären, ihren Lehrern niemals das Wasser reichen zu können?

Ihr werdet mich bestimmt fragen, wie es kommt, dass ich über eine Linearität, einen Weg der Seele mit endgültigem Ziel spreche, wenn es doch in der Ewigkeit keinen Anfang und kein Ende gibt und alles jetzt und in diesem Augenblick geschieht.

Die Zeit ist tatsächlich eine denkbar fragwürdige Voraussetzung. Die Ewigkeit ist kein Chaos, wie man sich das vom Standpunkt eines zeitlichen Ordnungsgefüges vorstellen könnte, sondern hat ihre eigene Ordnung. Die Ordnung der Ewigkeit ist zyklisch. Jedes Lebewesen lebt sein eigenes zyklisches Dasein, hat also keinen Anfang und kein Ende im Sinne von Entstehen und Vergehen, sondern im Sinn eines Übergangs von einer Art des Daseins in eine andere. Für Lehrer und Schüler geht es also in erster Linie um einen Unterschied in der Lebensart.

Die Engel sind wirklich die unvorstellbarsten Energiewesen. Sie waren noch jeder Zivilisation ein Rätsel. Wo beginnt und endet ihr Dasein, wie sehen sie aus, wenn sie räumlich unbegrenzt sind?

Die Christenheit hat sie sehr vereinfacht und ihnen dadurch ihre tatsächliche Bedeutung in der Evolution des Kosmos aberkannt. Am häufigsten werden sie als nackte Kindlein mit weißen Flügelchen dargestellt. Eine mildere Abart ist der große Engel in Gestalt eines Menschen mit Flügeln und gütigem Aussehen.

Die Flügel symbolisieren die Tatsache, dass ein Engel nicht in die drei Raumesrichtungen eingezwängt ist und somit gleichzeitig hier und dort sein kann. Anders ausgedrückt, die Flügel sind ein Symbol der Freiheit: Du bist überall, wo Du sein willst, gleichsam ohne Beschränkungen. Für den Menschen sind die Vögel die freiesten Wesen, weil ihnen räumliche Hindernisse nichts anhaben können. Diesem Verständnis entspringen die Engel als Flügelwesen.

Jede Kultur, jede Zivilisation hat ihren Beitrag zur Anschauung der Engelsintelligenzen geleistet. Allen Darstellungen liegen Weisheiten zugrunde, die einer Verbindung mit Engelsmeistern und führenden Intelligenzen entsprungen sind.

Heute beginnt sich die Menschheit einen Weg zwischen den bestehenden Religionen und Glaubensbekenntnissen hindurch zu bahnen. Mehr und mehr Menschen vermögen aus jeder religiösen Aussage irgend einen hilfreichen Schluss zu ziehen.

Die Sicht aufs Jenseits ist immer von der aktuellen zivilisatorischen

Ausrichtung geprägt. Sie ist zur Zeit extrem nach außen gekehrt - in die Materie und ihren Reichtum, dagegen so gut wie nicht in die tieferen Reichtümer unsichtbaren Lebens und unsichtbarer Weisheit. Die einzelnen Lernstufen der Menschheit als Ganzes sind eben zu respektieren.

Es gibt drei Arten von Engeln: Engel als führende Intelligenzen, Engel als Lehrer und Meister sowie die Engel des Raumes. Unter ihnen gibt es Unterschiede in der Grundausrichtung und darin, an welche Mitwesen sie sich bei der Verwirklichung ihrer Aufgaben binden können.

Engel des Raumes

Der Begriff Raumengel ist schon von daher ungenau, weil die Engel nicht die Fähigkeit haben sich an den Raum zu binden. Es gibt auf der Ebene ihres Daseins keinen Raum. In Wirklichkeit sind diese Engel nicht tatsächlich räumlich, sondern bilden die Seele der Erde oder ihres Wesens. Über den Planeten Erde als Wesen habe ich Euch ja schon viel berichtet.

Die Erde hat eine materielle, vitale, emotionale und geistige Ebene. Die Engel des Raumes sind ihre geistige Ebene. Auf dieser Ebene ist die Erde also ihr eigentliches Wesen, und die Engel sind der Ausdruck oder die Gestalt, die Euch wahrnehmbar ist. Sie sind im Grunde Boten oder Repräsentanten. Das Wesen der Erde ist für Eure Evolution unerreichbar, weil es die Vorstellungen über alles Bestehende auf die eine oder andere Weise übersteigt.

Gehen wir von der Voraussetzung aus, die Erde sei unsere lebendige Heimat, ein Wesen, das uns Geborgenheit schenkt, das uns sein Innerstes als Grundlage für eine materielle Inkarnationsmöglichkeit darbietet.

Wenn Dir aber jemand sich selbst als Heimstatt anbietet und Du nicht die Rolle einer Laus spielen willst, die nur nimmt und nichts gibt, so musst Du mit diesem Wesen auf allen Ebenen in Kontakt treten.

Der Mensch arbeitet mit der Erde auf materieller Ebene zusammen. Mit ihrer Hilfe bringt er Neues hervor und fördert die natürlichen Vorgänge. Tatsächlich beutet er heute ihre Reichtümer zu intensiv aus. Doch da beginnt schon wieder die Frage des richtigen menschlichen Bewusstseins von der Erde.

Auf vitaler Ebene arbeitet der Mensch bewusst oder unbewusst mit ihrem Wesen zusammen. Er kann wählen, denn die vitalen Energien sind messbar und mit materiellen Mitteln registrierbar.

Er kann sich auch seinen Ort in Hinblick auf die Strömungen der Erde, ihre Meridiane, Strahlungen und Bewegungen von Energievibrationen aussuchen.

Auch auf der emotionalen Ebene gibt es eine Zusammenarbeit. Dabei geht es um die Entscheidung des Menschen als Seele und nicht vom Standpunkt seines inkarnierten Bewusstseins. Auf der Gefühlsebene arbeitet er mit Elementarwesen zusammen, die aus dem einen oder anderen Grund an den Raum des Menschen gebunden sind.

Auf geistiger Ebene läuft die tiefste und heiligste Zusammenarbeit. Sie ereignet sich im Einklang mit den Zivilisationen.

Die Zusammenarbeit mit der geistigen Ebene der Erde war stets geheiligt. Es gab keine Zivilisation, die diesen Kontakt nicht gepflegt oder ihm nicht die größte Bedeutung zugeschrieben hätte. Die Zusammenarbeit auf geistiger Ebene war, ist und wird tatsächlich die Bedingung dafür sein, dass sich der Mensch bewusst als geistiges Wesen anerkennt, denn durch eben diese Zusammenarbeit verwirklicht er es. In Zivilisationen, in denen eine Zentralisierung des Glaubens vorherrschte, gab es nur wenig Platz für subjektives Erkennen. Es war anerzogen, entbehrte der Grundlage persönlicher Erfahrung und beruhte auf angelernten Gedankengängen und Glaubensmustern. Das Christentum pflegte den Menschen ihren Glauben an Gott anzuerziehen, was noch nicht heisst, dass es in ihnen auch das Bewusstsein von der Bedeutung anderer geistiger Wesen erweckte.

Alle Zivilisationen haben die seit jeher gültige Vereinbarung zwischen Erde und Mensch intuitiv respektiert. Darin wurde nämlich beschlossen, dass die Erde zustimmt und ihre geistige Ebene mit ihren räumlichen Ebenen verbindet. Das war die Bedingung dafür, dass sich der Mensch in der Materie wiedererkennen konnte.

Daher gibt es seit Bestehen dieser Welt auch die heiligen Orte und Heiligtümer. Sie sind unzähligen Hoheiten des Himmels und der Erde, zahllosen Göttinnen und Göttern geweiht. Die Namen sind bedeutungslos, was zählt, ist der energetische Charakter des Ortes, der dem Raum die Seele einhaucht.

Die räumlichen Engel sind die Wächter dieser Orte. Sie selbst können nichts bewirken. Sie schützen und erhalten lediglich das Niveau, das der Mensch errichtet. Mit dem Wesen der Erde kann nur der Mensch zusammen arbeiten. So lautet die Vereinbarung, und so geschieht es seit eh und je.

Jede Landschaft hat ihr vitales, emotionales und vor allem ihr geistiges System. Das geistige System einer Landschaft verzweigt sich nach dem Prinzip der Dreieinigkeit der Göttin - in vollkommener geometrischer Ordnung. Die Punkte der drei Göttinnen verteilen sich als gleichschenkelige Dreiecke, die Punkte des Ein- und Ausatmens stehen im rechten Winkel zur mittleren Achse. Es gibt ein System mit verschiedenen Potenzen. Durch die Verzweigtheit und Vielfältigkeit der Landschaft kommt ihre geistige Ebene zum Ausdruck.

Die Gegenwart von Engeln ist auf jedem geheiligten Boden spürbar, wenn dieser echt und unversehrt ist.

Ihr spürt sie, indem Ihr sie auf Eurer seelischen Ebene wiedererkennt. Die Frage ist nur, wie viel von dem, was Eure Seele spürt und wahrnimmt, ihr in Eure bewusste Auffassung übersetzen könnt und wieweit sich das seelische Gespür durch Eure materiellen Wahrnehmungsmuster geistiger Auffassung manifestieren kann. Einige fühlen die Gegenwart des räumlichen Engels als kalten Windstoß, andere spüren eine Vibration, Wärme, Farbe, oder sie empfinden einfach seine Nähe, ohne sie durch materielle Wahrnehmungen bestätigen zu können.

Abgesehen davon, wie der Mensch den Engel des Raumes wahrnimmt und sich seiner bewusst ist oder nicht, erschafft der Engel im Raum eine exakt bestimmbare besondere Schwingung, die dem Ort, und besonders dem Punkt, der Zentrum seines Fokus ist, das Siegel der Heiligkeit einhaucht.

Dort fühlst Du Dich, als hättest Du einen Teil des Kosmos eingeatmet, als wäre die Gegenwart Gottes unglaublich nah. Darum sind alle Heiligtümer, Kirchen und Tempel zutiefst heilig. Ihr Auftrag verwirklicht sich durch die Engelsvibration. Ohne die Gegenwart des Engels hätte der Ort nicht seine Bedeutung und seelische Heilkraft.

Die ersten Heiligtümer lagen im Freien. Die Menschen haben sie bewusst und in Kenntnis der geistigen Situation der Erde erbaut. Sie wussten, dass die Erde ein selbständiges Wesen ist und für ihre Seele keine Hilfe vom Menschen benötigt. Der Mensch jedoch braucht die geistige Ebene der Erde, um durch Achtung ihrer heiligen Orte seinen Nächsten achten zu lernen. Die Menschen waren der Erde dankbar, dass sie ihnen erlaubte mit ihrem Wesen zusammen zu arbeiten. Bewusst erbauten sie Heiligtümer und weihten sie ihren Göttinnen und Göttern. Sie lernten mit den Engeln des Raumes zusammen zu arbeiten, sie an einen bestimmten Punkt zu rufen und zu bitten, eine bestimmte Aufgabe für den Ort zu übernehmen.

Alle Zivilisationen der Jungsteinzeit fußten auf dieser Erkenntnis. Es ist ihr Verdienst, unzählige und noch heute bedeutende Orte geweiht zu haben.

Später verfinsterte sich das Bewusstsein über den Kosmos und das Göttliche stark. Die entstehende irdische Zivilisation begann Kosmos und materielle Welt voneinander zu trennen. Sie schaute auf das Göttliche als Ganzheit von allem in allem wie auf etwas, das weit draußen liegt und sich während des Lebens nicht erreichen lässt. Das wiederum erregte die so gut bekannte Angst vor der Vergänglichkeit. Im Zustand dieser Angst erbauten sie Heiligtümer und gaben ihnen eine umzäunte Gestalt. Zunächst waren diese Heiligtümer nach oben offen. Sie materialisierten nur den zuvor noch unsichtbaren Energiefokus. Später gaben sie den Heiligtümern und Tempeln die feste Form eines geschlossenen Raumes, als wollten sie darin einen Teil des Kosmos einfangen und hinter schweren Tempeltoren einsperren.

Die ersten Kirchlein hielten sich diesbezüglich noch zurück. Sie waren dunkel und klein, als wollten sie damit sagen: "Gott, wir wollen nur ein kleines Stück von Dir." Später wurden gigantische Kathedralen daraus, in denen die ganze Welt abgebildet ist. In der Kathedrale ist immer die Ganzheit aller Prinzipien verkörpert, als wäre ein Mikrokosmos in sie eingebaut.

Sobald sich ein Glaube verengt und stark in der Zivilisation verankert hat, ist seine Weltanschauung auf das Bestehende beschränkt. Die Energievibrationen sind in solchen stolzen Kellerkäfigen des Geistes, wie z.B. den barocken Kathedralen, auf einen einzigen Blickwinkel des bestehenden Bewusstseins gerichtet. Es scheint, als würden sie durch die Filter einer engen Weltanschauung gesiebt: einer Welt, die ihre festgefügten Bahnen besitzt, auf denen eine teilweise Wahrnehmung der Wirklichkeit gestattet ist, während alles andere glatt verneint werden kann.

In solchen Fällen zieht sich der Raumengel zurück und verlegt seinen Fokus auf einen höheren Aussichtspunkt, von wo aus der Blick auf die ganze bunte Wirklichkeit noch fühlbar ist. Das kann ein zartes Bildwerk, eine Plastik oder eine Säule sein, wo noch die Möglichkeit für ein unbegrenztes Schauen schlummert. Und jeder noch so unglücklich verunstaltete Raum besitzt diese Punkte, weil er sie ganz einfach benötigt.

Die Christenheit hat ganz allgemein den Blick aufs Ganze zu sehr entstellt, weil sie aus ihm nur das herausgefiltert hat, was für die institutionalisierte verengte Sicht notwendig war. Sie führte eine verknöchernde Unterscheidung zwischen gut und böse ein und spielte sich als oberster Schiedsrichter (vor Gott, dem kosmischen Schiedsgericht) auf. Und dennoch brauchte sie dazu wie alle bisherigen Religionen und Glaubensbekenntnisse ihre heiligen Orte. Diese übernahm sie bereits in einem frühen Stadium von den vorherigen alten Völkern. Die Mehrzahl aller Kirchen wurde auf Stellen erbaut, wo schon zuvor irgendein Heiligtum oder ein heiliger Ort mit bereits wirkendem Engelsbrennpunkt bestanden hatte.

Eine große Anzahl von Kirchen entstand aber auch an intuitiv erwählten Orten oder an einer Stelle, wo irgendjemand auf die Notwendigkeit einer solchen Weihe gestoßen wurde.

Alle Energiewesen haben die Fähigkeit, eine gewisse Form der Materialisierung auszuüben, wenn das notwendig ist. Dabei ist das Phänomen ihrer vorübergehend materialisierten Energie vom menschlichen Bewusstsein abhängig.

Ein Beispiel: Dem Bauernmädchen, das mitten im Weizenfeld seine Arbeit tut, erscheint Maria mit langem weißen Mantel und Heiligenschein, der sie ganz umwallt. Das Mädchen erstarrt, und Maria spricht zu ihr: "Berichte den Menschen, dass Du mich gesehen hast. Errichtet ein Kirchlein an dieser Stelle, um mich zu ehren." In Wirklichkeit ist es nicht die Maria, die das Christentum verehrt, sondern der Raumengel, der Hilfe benötigt, um die Qualität des ihm zugewiesenen Raumes zu schützen und zu erhalten. Er braucht Menschen, die diesen Ort bewußt segnen, heilig halten, besuchen und lieben. Zu diesem Zweck materialisiert sich der

Engel, freilich nicht absichtlich als Maria. Der Raumengel materialisiert sich nur als sein Selbst, als Energiefokus ohne inhaltliche Abhandlung. Das Mädchen kleidet ihn in die Gestalt Marias. Sie sieht und erkennt ihn als starkes Energiewesen wieder. Weil ihr anerzogenes Muster, durch das sie Energievibrationen erfühlen kann, in einer Weise strukturiert ist, dass sie durch solche Vibrationen Maria wiedererkennt, nimmt sie den Raumengel eben in dieser Gestalt wahr.

Wäre das Mädchen ein anderes, so wäre auch ihr Wahrnehmung der unsichtbaren (geistigen) Wirklichkeit (vom ersten Mädchen) verschieden. Sie könnte etwas ganz Unterschiedliches sehen. In beiden Fällen wäre die Begegnung jedoch stark genug, um die Menschen dazu zu bewegen, diese Stelle fortan als einen Ort besonderer Ergriffenheit zu heiligen.

Raumengel haben die essenzielle Aufgabe, an der Beziehung der Erdseele zu ihren inkarnierten Niveaus (den Heimstätten aller Menschen und Zivilisationen) mitzuarbeiten. Ihre Arbeit verläuft immer nach dem gleichen Prinzip. Die Unterschiede liegen darin, wie sie von den einzelnen Zivilisationen wahrgenommen und anerkannt werden. Der Raumengel trägt und birgt in sich die einzige messbare Engelsvibration. Er kommt der Raum-Zeit-Spirale am nächsten, auch wenn er selbst raumlos, also nur der Radius seines Wirkungsfokus messbar ist, worin sich sein Wirken gleichsam über eine unsichtbare Nabelschnur vollzieht. Ich könnte sagen, es geht dabei um eine Vibration wie bei der Verbindung von Körper und Seele.

Engel als Lehrer und Meister

Die Beziehung zwischen Seele und Engel ist die zwischen Schüler und Lehrer. Keineswegs liegt eine klassische Lehrer-Schüler-Beziehung vor, bei welcher der Schüler vorwiegend der passive Nichtwisser, der Lehrer dagegen allwissend ist und seine Vormachtstellung zumeist auch missbraucht.

Die Seele ist zuallererst ihr eigener Lehrmeister. Darin liegt ihre Selbstgenügsamkeit und Unabhängigkeit begründet. Sie wählt ihre Aufgaben, ihre vorherrschenden Neigungen und Ausrichtungen, die sie auf einem vorgezeichneten Weg der Erkenntnis lenken.

Darin ist sie von nichts und niemand abhängig. Ihr Wille, ihr ewiger Wunsch nach Vollkommenheit als treibende Kraft des Kosmos führen sie weiter in ihrer zyklischen Entwicklung. Die Seele trägt ihren Lehrer in sich, der darum ihr ewiger Weggefährte ist.

Der inkarnierte Mensch als zeitlich bedingte Symbolgestalt seines ewigen Wesens Seele lebt im Einklang mit seinem Lehrer. Die synergetische Symbiose mit Euch selbst, mit jenem Teil Eures Selbst, den Ihr als Euren inneren Lehrer wahrnehmen könnt, ist wesentlich für Euer Gleichgewicht mit der äußeren Welt und der Welt, die Euch als Eure persönliche Evolution entgegentritt.

Wenn Ihr in der Ewigkeit wohnt, so ist Eure innere Ganzheitlichkeit deutlich präsenter. Es gibt kein Bewusstsein, das mit seinen Mustern störend auftritt. Ihr seid allein und wählt selber Eure Wahrnehmung im Hinblick auf das gegenwärtige Wesen. Dadurch ist Eure Wahrnehmung rein und nicht mehr durch ein Prisma anerzogener Bewußtheit getrübt.

Der innere Lehrer ist jene Frequenzebene, die wir auch als Erinnerung oder Erfahrungsebene bezeichnen. Auf dieser Ebene häufen sich die Erfahrungen aus verschiedenen Inkarnationen und Welten. Auf der Erinnerungsebene errichten die Informationen eine subjektive Welt, die in ihrer endlichen Gestalt sowohl die Erkenntnis des Kosmos als Ganzheit als auch subjektives Erleben hervorbringt.

Sprechen wir über die Ganzheit, dann denken wir an eine objektiv bestehende Ganzheit. Doch wer kann von der Objektivität des Kosmos sprechen, wenn gilt, dass wir alle Teil des Kosmos sind? Nehmen wir an, der Kosmos sei die objektiv existierende Ganzheit von allem in allem. Mag er auch in seiner Objektivität existieren, so wird er doch in Wirklichkeit immer subjektiv verstanden, weil es keine zwei Wesen gibt, die diese Ganzheit gleich wahrnehmen.

Es verhält sich also so: Wir sind alle eins im Kosmos. Dort gibt es keine einzelnen Arten des Verstehens oder individuelle Wesen, die sich zu einem großen Wesen zusammendrängen. Dort ist alles ein Sein. Nachdem aber auf dem folgenden Niveau alle ein individuelles subjektives Wesen sind, besitzen sie auch alle eine subjektive Wahrnehmung jenes Niveaus in sich, wo sich noch eins in allem befindet. Es geht also um eine subjektive Wahrnehmung der Erinnerung an den Kosmos und nicht um die subjektive Wahrnehmung des Ganzen. Von daher rührt auch der Unterschied der inneren Lehrer.

Jede Seele trägt in sich Erinnerungen an die Ganzheit und ihre unterschiedlichen Wege. Sie sind in ihr zu einer ganzheitlichen Erfahrung verschmolzen, denn sie baut alle Erinnerungen laufend in jedes aktuelle Erleben ein und formt daraus verschiedene Strukturen, als wären es kodierte Schlüssel zu allen Wahrheiten dieser Welt.

Diese Vorgänge sind leichter zu verstehen, wenn wir darüber sprechen, wie sie sich während der materiellen Inkarnation vollziehen. So können wir sie leichter mit uns selbst im Hier und Jetzt vergleichen.

Der Mensch hat seinen Lehrer und seinen Meister. Das gilt für alle. Diese Tatsache bestätigt, dass weder der Mensch noch die Seele je ganz verlassen sind. Natürlich löst dies sofort die Frage aus, wer nun der Lehrer und wer der Meister ist.

Lehrer ist sich die Seele zuallererst selber. Der Lehrer ist ihr Gedächtnis, in dem die Erfahrungen aller in Zeit und Ewigkeit gelebten Leben verzeichnet sind. Die Seele diktiert sich ihre Lehren zunächst selber und lehrt sich selber zu sein.

Weil in seiner subjektiven Ausrichtung niemand vollkommen sein kann (ich kann nicht sagen, dass der Lehrer vollkommen wäre, lediglich unterscheidet sich sein Blickwinkel von dem seines Schülers), benötigt er jemand zur Ergänzung oder als Korrektiv. Doch keinesfalls jemanden, der ihn lehrt zu sein, sondern jemand, der seine Sicht der Dinge aus einem anderen und erfahreneren Blickwinkel ergänzt. Der Lehrer ergänzt also. Lehrer sind keine führenden Intelligenzen, weil das nicht notwendig ist. Sie sind nur Subjekte, die ermahnen und dabei helfen, den Anfang zu finden. Die Ausführung bleibt dem Schüler (der Seele) überlassen. Ich könnte es so formulieren: Die Lehrer sind die Initiatoren von Vorgängen, bei denen das Subjekt selber zum Hauptakteur wird und keine Möglichkeit hat, sich an die Qualitäten des Lehrers anzulehnen oder dessen Wahrnehmungsfeld zu übernehmen.

Besonders während der materiellen Inkarnation braucht die Seele einen Lehrer. In dieser Zeit löst sich nämlich ihre Verbindung zwischen der materiellen und energetischen Existenzebene. Jede nicht inkarnierte Seele kann ein Lehrer sein, allerdings nur auf der geistigen Ebene.

Fürs Lernen auf der materiellen Ebene dagegen ist ein Lehrer notwendig, der ebenso inkarniert ist wie die Seele seines Schülers. Aus diesem Grund gibt es auf der Welt, in den verschiedenen Ländern und Zivilisationen, immer eine bestimmte Anzahl von geistige Lehrern, die ihren gleichfalls inkarnierten Schülern helfen, Geist und Materie zu entfalten und zu harmonisieren. Das ist sicherlich eine wahre Kunst, die im Laufe des Lebens nur schwer zu erlernen ist.

Doch wer sind die Meister? Sie sind Engelsintelligenzen, die sich nur in extremen Ausnahmefällen in die materielle Welt inkarnieren können. Ihre Inkarnations- und Reinkarnationszyklen sind beendet, weil sie sie nicht mehr benötigen.

Meister sind also Engel, die eine bestimmte Tätigkeitsessenz besitzen und sich gesetzmäßig in Vorgänge integrieren, die sich außerhalb ihrer Person ereignen.

Es stimmt jedoch nicht, dass Du als Engel in jeder Angelegenheit vollkommen und in felsenfester Gewissheit verankert bist. Was vollkommen ist, hat keine Notwendigkeit zu existieren. Das Vollkommene hat keinen Seinsbedarf, weil es kein ständiges Verlangen mehr hat zur Vollkommenheit fortzuschreiten. Vollkommenheit bedeutet Ganzheit. Sobald Du Dich entfernst und nur mehr auf dem Niveau der Ganzheit wohnst, hast weder Du selbst Dich noch haben Dich die anderen mehr als ein Subjekt nötig. Die Vollkommenheit kann auf dem Niveau des individuell Bestehenden ein unbekanntes Ziel sein, auf das sich alles zubewegt bzw. dem alles zugeneigt ist.

Sobald Du es erreicht und in Dir wiedererkannt hast, verschwindet die zwingende Notwendigkeit der subjektiven Existenz. Du bleibst als Ganzheit in der Ganzheit und entschwindest von der singulären Ebene. Vollkommenheit kann auf der subjektiven Ebene nur theoretisch gegenwärtig sein - als Wunsch und in Aussicht gestelltes Ziel, doch nicht als tatsächlich erreichter Zustand.

Meister sind lernende Engel. Sie haben eine zentrale Ausrichtung, die ihre Mitarbeit in der Gesamtheit aller Einzelnen bestimmt. Sie können sich in jedes Geschehen einschalten, das zum Bereich ihrer zentralen Ausrichtung gehört oder ihn berührt. Engelmeister helfen Seelen, die sich ihre eigene zentrale Aufgabe in der inkarnierten Welt stellen. Weil sich Engel nicht an die Materie binden und daher auch keinen Kontakt zum Bewusstsein herstellen können, arbeiten sie mit der Seele des inkarnierten Menschen zusammen. Durch Verbindung zur Seele helfen sie der menschlichen Kreativität in ihrer entsprechenden Ausrichtung.

Ein solches Beispiel ist ein Meisterengel, der mit Malerinnen und Malern zusammenarbeitet. Seine zentrale Ausrichtung liegt darin, sich über Farben und Formen auszudrücken. Im Einklang mit seinen Erkenntnissen - mit Sicherheit aus unsichtbaren höheren Spektren, die nur Engeln zugänglich sind - hilft er der Seele, die beschlossen hat, sich in der materiellen Welt mit dieser schweren Aufgabe zu befassen.

Ein Maler arbeitet mit dem Meisterengel normalerweise unbewusst zusammen. Das Bewusstsein kann die Eingebungen der Seele nicht von jenen der Engelsintelligenz unterscheiden, es sei denn, es hat darin Übung und Erfahrung. Ihre Zusammenarbeit erschließt sich lediglich über bewusste Muster, die sich der malende Mensch als seine materielle Basis anerzogen hat. Die Intuition selbst fließt natürlich unabhängig von diesen Mustern. Die Frage ist nur, wie viel Sprache ihr die Künstlerin oder der Künstler einräumen, welche Erwartung sie hegen, welche kreativen Wege sie einschlagen.

Derselbe Meisterengel kann mit fünf (oder auch unzähligen) malenden Gesellen arbeiten. Er hilft ihnen allen auf passende Weise im Aufgabenkontext, den er auf seiner geistigen Ebene erkennt. Wichtig ist folgende Unterscheidung: Er kann allen seinen Künstlern dieselbe Information zukommen lassen, doch sie alle werden sie unterschiedlich übersetzen. Keine zwei Versionen werden in ihrer letzten Fassung identisch sein. Das ist wesentlich, denn bei der Zusammenarbeit des Meisters mit der Seele geht es nicht um ein Diktieren von Informationen, sondern darum, dass die Seele die Information des Meisters auf ihren inkarnierten Niveaus kreativ umsetzt entsprechend ihren Standpunkten, Erfahrungen und ihrem eigenen Willen.

Bei der Zusammenarbeit des Meisterengels mit den Schülern oder Seelen geht es immer um eine kreative Beziehung, aus der jeder seine Lektion lernt. Niemals ist die Information des Meisters eine endgültige Wahrheit, die als gegeben angenommen werden muss. Sie ist ein grundlegendes Wahrheitsmuster, das alle auf eigene Weise umsetzen. Denn die Wahrheit ist nicht objektiv. Jede Wahrheit ist subjektiv und von diesem Standpunkt so wahr wie wirklich.

Meister sind gerade darin meisterlich, dass sie Wahrheiten nicht in der Weise aufzwingen, wie es Menschen gewohnt sind andere zu überzeugen und darüber zu streiten, wessen Wahrheit nun die wahre ist. In der Ewigkeit sind alle Wahrheiten wahr, und eine jede hat ihren subjektiven Wahrheitswert. Alle haben ihre Berechtigung. Die Kraft und Kreativität der Wahrheit liegt ja gerade in ihrer Unbestimmbarkeit.

Der Meister hat also in seiner grundlegenden Ausrichtung kein ausgearbeitetes Regelwerk. Er hat zum Beispiel keine feste Regel dafür, welche Farbe ein bestimmtes Gefühl ausdrückt, sondern besitzt eine Kodierung über die Farbeigenschaften, die wiederum allen Einzelnen ein anderes pesönliches Gefühl vermitteln können. Meister sind keine fertigen Regelwerke, Dienstvorschriften, Geschäftsordnungen oder Terminkalender.

Ähnlich wie Lehrer wirken sie über die Initiation, die ein bestimmtes Verständnis nur auslöst. Dieses Verständnis bringt bei jedem Subjekt eine andere Vorstellung und Wahrnehmung des Bestehenden hervor.

Immer häufiger wird von "eingegebener Literatur" (channeling) gesprochen. Auch dieses Buch ist angeleitet. Ich erzähle es, und ich bin ein Meisterengel: ein Meister mit der zentralen Ausrichtung des Heilens. Mein Spektrum ist weit gefächert. Durch die Meisterschulen habe ich die Fähigkeiten erlangt, eng mit der Menschheit zusammen zu arbeiten. Die Menschheit steht vor großen, noch ungeahnten Proben. Wir sind hier, um zusätzlich zu helfen, weil es der Mensch allein einfach nicht schafft. Er ist noch zu sehr in seine Hoffnungen auf die Materie eingeengt.

Ajra, die meine Informationen übersetzt, ist ein Subjekt. Ihr Schreiben ist kein objektives Schreiben, ja vielleicht weicht sie in vielen Behauptungen von dem ab, was ich eigentlich sagen will. Sie gibt nur eine der möglichen Wahrheiten wieder. Alle werden ihr in ein, zwei oder mehreren Punkten Recht geben, bestimmte Informationen jedoch möglicherweise verwerfen, weil sie ihnen nicht passen. Alle haben ihr subjektives Recht, unter den Wahrheiten zu wählen, denen sie im Alltag begegnen.

Meine Informationen, die eigentlich himmlisch und unerklärlich sind, könnten auf unzählige Weise übersetzt werden. Sie könnten in jeden Glauben oder jede Lebensansicht integriert werden. Ihre Bedeutung wäre die gleiche, nur von einem anderen, unterschiedlich begrenzten Blickwinkel aus betrachtet.

Ob wir wollen oder nicht, das Bewusstsein spielt bei allen diesen Übersetzungen eine wichtige Rolle. Den einen liegt mehr das Medium der Sprache, den anderen die Zeichnung, weil sie darin die größeren Ausdrucksmöglichkeiten haben.

Die Information ist immer offensichtlich genug, zumindest für diejenigen, die sie übersetzen, schon deswegen, weil das, was vom Übersetzen bleibt (die Übersetzung) nur ein Teil der Information ist, die der Übersetzer in umfangreicherer Form bekommen hat.

Wir müssen uns erinnern, dass die Engel Zeit und Raum nicht achten, unsere Informationen nur Initiation sind, ein Augenblick also, den die übersetzende Person in Raum, Zeit und Ursache-Wirkung-Verhältnisse übersetzen muss. Darum ist es auch nicht möglich über irgendwelche Autorenrechte meinerseits zu sprechen. Eine subjektive Übersetzung einer subjektiven Wahrheit liegt vor, die nur eine Ausdrucksform möglicher Wahrheiten ist, also eine der kosmischen Entsprechungen. Gäbe es nur eine Wahrheit, wäre alles Suchen und Streben nach Vollkommenheit eine leere Phrase, die man beiläufig ausspricht, ohne dabei an ihre wirkliche Bedeutung zu denken.

Die Seele schlägt ihren Weg zu ihrem Geschick ein, das ihr Plan für ihren Aufenthalt in der Materie darstellt. Sie ist sich selbst Lehrer im Leben, so wie es sich ereignet. Gleichzeitig arbeitet sie mit Lehrern zusammen, die nicht inkarnierte Seelen sind. Ihr Weg ist ein Weg des Lernens, also ist ihre Zusammenarbeit mit den Lehrern eine ergänzende Symbiose, die ihr Nahrung fürs Verweilen im Bewusstsein schenkt. Dennoch hätte die Seele keinen ausreichenden Grund zur Inkarnation, würde sie nicht etwas zur Welt beitragen wollen, in die sie sich selbst geschickt hat, um die Zusammenarbeit zu kosten. Soll sie etwas beitragen, dann muss sie es hervorbringen. Das Schöpferische ist ihre Eigenheit während ihrer Inkarnation. Das Schöpferische als das Wesentliche der Inkarnation manifestiert sich auf allen Niveaus des Menschen und der Seele.

Wenn wir von der Kreativität sprechen, die nicht nur für den Einzelnen selbst wichtig ist, sondern dem Menschen hilft mit seinen Mitmenschen zusammen zu arbeiten, dann meinen wir die Verbindung der Seele mit ihrem Meister. Die Meisterengel sind nämlich jene, die über den schöpferischen Prozess das Subjekt mit dem Kosmos verbinden - der Ganzheit von allem in allem.

Ich sagte schon, dass die Kommunikation bei allem schöpferischen Tun beteiligt ist. Die Subjekte unterscheiden sich lediglich darin, wie sie dieser Kommunikation gewahr werden. Die Kommunikation kann harmonisch dahinplätschern, doch der Mensch muss sie weder anerkennen noch über sie nachsinnen, schon gar nicht als eine kreative Kraft. Die Kommunikation kann sich durch diverse Überzeugungen und beengende Bewusstseinsurteile übers Bestehende total verlaufen. Eine Kommunikation, die sich über solche Muster manifestiert, bringt immer entstellte Informationen hervor.

Über Fehler möchte ich nicht sprechen, weil es keine gibt. Alle Wahrheiten sind wahr, wie wir bereits wissen. Doch sie dürfen niemandem aufgezwungen werden. Jede Wahrheit ist wirklich, doch nur für den, der sie ausspricht oder aufschreibt - nicht aber für den, dem sie aufgezwungen wird. Ein typisches Beispiel hierfür sind die großen Religionen. Das Christentum schrieb sich seine einzige wahre Wahrheit in die Heilige Schrift. Noch heutzutage wiederholen sie unzählige Menschen als die einzige mögliche Wahrheit, weil sie ihnen eben teils anerzogen, teils aufgezwungen wurde, noch bevor sie soweit waren, sich ein eigenes kreatives Urteil zu bilden.

Das Problem liegt darin, dass die Menschen zu früh vergessen, über ihre eigene Wahrheit kreativ zu urteilen. Die Kinder glauben ihren Eltern und übertragen die Wahrheiten auf ihre Kinder. So transportiert sich dieselbe Information von Generation zu Generation weiter. Dieselben Wahrheiten bleiben die einzigen glaubwürdigen Wahrheiten. Das erschlägt die menschliche Kreativität des Denkens, das intuitive Beurteilen der Wirklichkeit, das immer nur subjektiv ist und nicht auf der objektiven Überzeugung einer ganzen Zivilisation beruhen kann.

Es ist überhaupt nicht schwer Glaubenssätze und Tabus aufzustellen und sodann alle mit Strafen zu ächten, die über den vorgeschriebenen Rahmen hinausschauen werden. Es ist leicht eine Ordnung zu errichten, die nur eine grundlegende Regel gelten lässt. Leider benötigen die Menschen noch immer eine solche Ordnung, weil sie keine Selbstdisziplin haben und träge sind. Es ist am leichtesten den Alltag nach dem Prinzip zu leben: "Die Materie ist die ganze Wahrheit, woran ich glaube."

Die geistige Trägheit hat noch zugenommen, seit das Christentum keinen grundlegenden Einfluss mehr auf die gesamte Gesellschaft hat, bzw. die Kirche als Institution auf die Erziehung der Jugend.

Mit Sicherheit war auch das Christentum immer nur ein Teil des Geistes. Es gelang stets das Vertrauen des Menschen und seinen tiefen Glauben an die Prämissen auszunützen, die einst von der Kirche aufgestellt worden waren, um die Herrschaft in der Welt zu erringen. Die Kirche ist zu schwach und die rationelle Sicht der Dinge zu umfassend, als dass der Glaube die ganze Zivilisationserfahrung überwältigen könnte. Auch der Glaube ist nur ein Aspekt unter mehreren, die den Menschen veranlassen den Kontakt mit sich selbst zu verlieren, selbst wenn das Gegenteil propagiert wird.

Der Mensch hat sich im Fischezeitalter so grundlegend von sich selbst entfernt, dass es kaum noch zu glauben ist. Ob es sich ums Christentum oder um die Rationalität handelt, beide haben ihn zu einem neuen Zyklus geführt. Nun muss er zunächst wieder in sich selbst schauen, um die Welt, die sein Zuhause ist, auf neue Weise beurteilen zu können.

Die Kommunikation, die der Mensch seit jeher unabdingbar benötigt, gibt es immer. Er braucht sie für seine Kreativität. Durch die Kreativität des Einzelnen spricht der Kosmos gerade wegen dieser Verbindung. Wir Meisterengel geben dem menschlichen Werk die Seele. Wir helfen dem Menschen dabei, seine Ausdrucksmittel um die vertikale Dimension zu erweitern, damit sich die kosmischen Prinzipien durch sie manifestieren können.

Von diesem Standpunkt aus ist alles schöpferische Tun geweiht, denn es trägt zur Ganzheit bei, die von der Menschheit gebildet wird. Es unter-

stützt die Inkarnation der Idee gegenseitiger Hilfe und Ergänzung.
Meister und Lehrer symbolisieren die Vater- und Mutterrolle im Kosmos.

Diese Rollen sind in der materiellen Welt nur symbolisch inkarniert, weil sich die Seele die Eltern aussucht, die sie bei ihrem Lernen in der Materie benötigt. Eltern, die in der Ewigkeit bleiben, sind Lehrer und Meister.

Der Lehrer spielt die Mutterrolle. Er verschafft sich daher bei Menschen, die eine solche Kommunikation bewusst verfolgen können, mit Hilfe einer Frauenstimme Gehör. Dennoch ist das nur symbolisch zu verstehen (Lehrer und Meister besitzen keine objektiv fixierte Stimme). Seine Rolle ist also mütterlich. Er ist fürsorglich und immer gegenwärtig, liebevoll und aufmerksam. Er ist immer nah und bereit zu helfen. Des öfteren erkennt der Mensch in seinem Lehrer eine Seele wieder, mit der er schon in der Materie zu tun hatte. Ihr könnt zum Beispiel Eure Großmutter als Lehrer wiedererkennen, mit der Ihr schon im Leben sehr verbunden seid. Der Lehrer vermag sich Eurer Wahrnehmung so sehr anzunähern, dass er in Euren Träumen mit Euch zusammenarbeitet und Euch bewusst bei jedem noch so banalen oder geringfügigen Problem hilft.

Der Meister hat die väterliche Rolle inne. Darin unterscheidet er sich vom Lehrer. Auch der Meister steht rund um die Uhr zur Verfügung, jedoch nicht für Alltagsprobleme, sondern dann, wenn es um Kreativität geht, um Deine Arbeit und Entwicklung. Er besitzt ein männliches Auftreten, daher wird seine Stimme symbolisch oft als männlich fühlbar. Er taucht als Initiator auf, denn er ist nicht immer gegenwärtig und ständig in der Nähe. Er kommt als lenkender Impuls auf Deine Anrufung hin oder in einem Augenblick, wenn er selbst Deine Hilfsbedürftigkeit verspürt.

Die kosmische Mutter und den kosmischen Vater gibt es tatsächlich. Ihre Rollen inszenieren sich symbolisch in den materiellen Inkarnationen. Du wirst ein Mensch, sobald Du in die Materie kommst, Vater und Mutter erwählst, die nicht unbedingt Deinen kosmischen Eltern ähneln müssen. Du suchst sie Dir hinsichtlich des Ortes und der Existenzweise aus, die Du brauchst, um Deine grundlegende Aufgabe zu erfassen.

Vater und Mutter haben nämlich eine große Bedeutung, weil sie Dir schon bei Deinen grundlegenden Ausrichtungsversuchen helfen, sobald Du als Kind in die Welt kommst. Ihre richtungsgebenden Impulse wirken zumindest bis zur Pubertät, wenn das Kind schon sehr selbständig zu denken beginnt. Sie sind ein ganz wichtiges Glied in der inneren Entwicklung des Kindes. Es gewöhnt sich an ihren Geschmack, ihre Vorlieben und Verhaltensmuster. Sie bleiben eine unsichtbare Mitgift für die Dauer seiner Existenz in der materiellen Welt.

Ähnlich ist die Rolle der kosmischen Eltern. Der Unterschied besteht nur darin, dass die himmlischen Eltern keine besitzergreifende Beziehung zu ihrem Kind als unabhängiges intelligentes Wesen (Seele) haben. Sie fühlen ihm gegenüber eine Verantwortung, haben aber keine Angst davor, es zu verlieren (wie Eltern in der Materie). Ihre Verantwortung liegt im Wunsch, der Seele zu helfen ihr Ziel zu erreichen.

Es gibt noch einen großen Unterschied, und zwar den, dass die Seele ihren kosmischen Eltern niemals angehört. Sie ist zugleich Kind und Lehrer für andere Seelen. Und derselbe kosmische Vater kann unzähligen Seelen ein geistiger Vater sein (eben allen, die seine Ausrichtung zum Erreichen einer tieferen kosmischen Erfahrung brauchen). Die himmlischen Eltern einer inkarnierten Seele sind nicht notwendig (oder für die Seele erkennbar) miteinander verbunden. Jedes Teil hat seine Rolle, die sich aus der Zusammenarbeit mit seinen Schülern ergibt.

Im Kosmos gibt es kein Eigentum oder den Wunsch, dass sich Dir jemand vollständig ausliefert. Alle sind selbständige, verantwortungsvolle Wesen und jede Zusammenarbeit ist stets für beide Seiten von Vorteil. Jeder Lehrer hat seine Aufgaben tief in sich verankert. Durch sein Lehren lernt er all das Wesentliche, worauf er sonst nie stoßen würde.

Engel als anleitende Intelligenzen

Die Ewigkeit scheint hierarchisch gegliedert zu sein Bestimmt hat jeder schon einmal daran gedacht, dass es im Kosmos jemand geben könnte, der über alle herrscht, jemand, der auf einem Thron sitzt als gekrönter kosmischer Gott. Ein oberster Gott des Weltalls?

Das ist eine unzutreffende Anschauungsweise, die über Jahrhunderte beschworen und suggestiv aufgezwungen wurde. Aufgezwungen wurde ein Himmelsbild, wonach jeder vor das Angesicht Gottes treten wird. Gott wird als oberste Richter bestimmen, was Ihr Euch verdient habt nach Eurem Leben auf der Erde. Der Mensch übertrug die irdischen hierarchischen Strukturen sogar auf seine himmlischen Vorstellungen, also auf den Kosmos. Der Mensch selbst bestimmte, dass alles in einer Rangordnung zu existieren habe, die sich aus einer undurchschaubaren Mischung aus Position, Erfahrung und Weisheit ergibt.

Der Mensch infizierte mit seinen verbogenen Existenzsystemen sogar seine Vorstellungen vom Kosmos und das für ihn Unsichtbare. Richtig wäre es, wenn jeder von seinem eigenen Blickwinkel aus schaute.

Der Kosmos ist nicht hierarchisch. Es ist ganz ausgeschlossen, dass er hierarchisch im wahren Sinn des Wortes sein könnte. Hierarchie würde bedeuten, dass ein Weg vom Niedrigsten zum Höchsten führt, auf dem Weisheit, Ausdehnung, daraus abgeleitete Freiheiten und Rechte stetig zunehmen. Der Mensch, ganz oben auf der Leiter, hätte die größten Kräfte beim Schalten und Walten in Materie und Bewusstsein.

Diese Anschauung kann so weit gehen, dass einer, der sich gerade auf der Spitze der Leiter befindet, fast zum inkarnierten Gott (ausgerufen) wird. Er hat absolute Macht über alle, die nach ihm kommen.

Macht! Bei Hierarchien geht es vor allem um Macht. Es ist interessant, wie die Menschen übereinstimmend mit ihrer eigenen Situation auch ihren Gott zum Herrscher des Himmels erklärten. Maria schenkten sie eine Krone und machten sie zur Königin aller Königinnen. Sie projizierten also ihre Lebensweise auf ihre Götter, ohne über ihr wirkliches Angesicht nachzudenken.

Hierarchie ist Ausdruck des Machtkampfes, ein Herrschaftsmuster. Die scheinbare Hierarchie, die im Kosmos wirkt, hat keine Ähnlichkeit mit Regierungsgewalt, Kampf um die Macht, mit Vorherrschaft oder Ausbeutung. Das, was den Schein einer Hierarchie erweckt, sind unterschiedliche Grade und Konstellationen der Reife und Nähe zur Vollkommenheit.

Wie ich schon sagte, neigt jedes Wesen zur Vollkommenheit. Sie ist das unsichtbare Ziel, das durchaus erreichbar ist. Alles und jedes wird auf seinem höchsten Niveau Teil des Ganzen, das vollkommen im wirklichen Sinne ist. Die Ganzheit (das Göttliche oder der Kosmos) ist vollkommen, weil in ihr alle möglichen Perspektiven und Prinzipien vereinigt sind. Darin bildet ein jedes die Ganzheit, und sei es auf seiner individuellen Ebene noch so verschieden und einzigartig. Dies nicht als dazugehörendes Teil oder Rädchen, sondern als wirkliche Ganzheit. Das Göttliche ist also vollkommen, weil in ihm alles eins ist.

Zur Vollkommenheit eines Wesens gehört, dass es nicht nur alle eigenen Blickpunkte und Anschauungen über das Bestehende bis ins Detail ausgearbeitet hat, sondern auch alle anderen möglichen Ansichten.

Das Bestehende ist der Wahrheitspunkt, den jeder durch ein anderes Spektrum oder auf andere Weise anschauen kann. Deswegen wird es nicht mehr oder weniger wirklich. Der Wirklichkeitswert aller Beobachtungspositionen ist gleich. Jede Perspektive ist ein Teil des Blickes auf das ganze endlose Panorama. Die Seele durchläuft ungezählte Inkarnationen in unterschiedlichen Welten, um möglichst viele Weltanschauungen kennen zu lernen. Das ist die Quelle ihrer bunten Vielfalt und der Schönheit ihrer so grundverschiedenen Daseinsformen. Sobald ihr Inkarnationszyklus endet, bleibt in ihrem Gedächtnis die Erfahrung einer bestimmten Lebensweise zurück. Sie bleibt in ihr als eine der Möglichkeiten, die Vollkommenheit wahrzunehmen, bzw. die Wahrheit zu schauen.

Die Wahrheit ist eine. Sie besteht nicht als eine wahre Anschauung, sondern ist als Ganzheit (Göttlichkeit, Kosmos) gegenwärtig. Es kommt nicht darauf an diese Wahrheit zu erkennen oder zu ihr vorzudringen. Wesentlich ist viel mehr der Weg, auf dem sich ihr jeder Einzelne nach seiner subjektiven Unterscheidungskraft nähert. Nicht das Ziel ist entscheidend sondern der Weg zum Ziel.

Wenn die Wahrheit eins ist als Same und als Ganzheit, dann sind alle

Wege, die zu ihr führen, nur ein Beitrag zur Ganzheit, ein Beitrag, der unwiederholbar und einzigartig ist. Ein jeder wählt seinen eigenen Weg in die Ewigkeit. Keine zwei Wege sind gleich. Es ist ein buntes Spektrum nicht wiederholbarer Muster, die auf verschiedene Weise dem selben Ziel zustreben.

Die Fülle der Wege ist der Grund dafür, dass es Vollkommenheit überhaupt gibt. Sie ist ein Begriff, der sich immer auf die Ganzheit bezieht und nicht die Eigenschaft eines Subjekts sein kann.

Die Aufgabe für Euch alle lautet: Ihr müsst es glauben und auch bewusst erkennen, dass Euer Weg wichtiger ist als das Ziel, dem Ihr zueilt. Darin liegt die Schönheit des Geschehens. Das Ziel ist nur ein augenblickliches Verschmelzen mit der Ganzheit, das Aufgehen des Subjekts in eins mit allem. Ich will damit sagen, dass Ihr das, was Ihr seid, nur solange seid, solange Ihr Euren Weg zur Wahrheit weiterverfolgt, die Ihr eben auf Eure spezifische Weise erkennen könnt. Das Ziel ist der Übergang in die Ganzheit, wo Ihr nicht mehr Subjekt, sondern alles in allem seid.

Noch etwas ist wichtig. Euer Weg zur Wahrheit ist bedeutsamer als Eure persönliche Art die Wahrheit zu sehen. Dadurch, wie Ihr den Weg verwirklicht, verwirklicht Ihr Euren Beitrag zur Ganzheit, also zum Ziel.

Es ist interessant, wie die Seele auf ihrem (subjektivem) Niveau dem nachjagt, was sie auf ihrem höheren Niveau unablässig ist, wie sie nach einer Ganzheit in sich selber strebt, die sie jederzeit als alles in allem erfahren kann. Auch ist es interessant, wie sie sich stets bemüht Subjekt zu sein, und zwar ein vollkommenes Subjekt nach dem Vorbild der Ganzheit.

In der scheinbaren kosmischen Hierarchie befindet sich die Seele irgendwo am unteren Ende. Sie ist eine lernende Energiestruktur, die auf ihre übergeordneten Lehrer und Meister hören muss und über deren Vollkommenheit und Weisheit nur staunen kann. Ganz oben auf der Leiter befinden sich die führenden Intelligenzen, die allen Zivilisationen vorstehen und führen.

Was für eine hässliche Vorstellung! Der Mensch bildet sich eben seine Weltanschauung aus den eigenen Erfahrungen. Dazu kommt noch sein Wille zur Macht, und spontan erscheint das eben gezeichnete abwegige Bild vor seinem Auge.

Der Kosmos ist eine zyklische Struktur, worin für alles und jeden eine subjektive zyklische Entwicklung vorgesehen ist. Es gibt keine objektiven Regeln oder Gesetze, wie die Dinge ablaufen müssten. Alle handeln nach ihrem Gefühl und eigenem Urteil. Gerade dank dieser Intuitionen verwandelt sich der Kosmos nicht in ein Chaos. Alle handeln für sich selber uneigennützig, doch können sie nicht immer auch anderen gegenüber uneigennützig handeln, mit denen sie zusammen arbeiten.

Aus allen subjektiven Zyklen entsteht kein objektiver Zyklus. Es gibt keine Objektivität. Alle erschaffen sich gemäß ihrer Unterscheidungskraft und Uneigennützigkeit.

Beim zyklischen Wachstum geht es um ein Heranwachsen. Zyklisch ereignen sich Dinge, denen Du stets auf eine neue, reifere Weise entgegentrittst und sie willkommen heißt. Im vorangegangenen Zyklus hast Du bestimmte Erfahrungen erworben und bist ihnen entwachsen. Den kommenden Zyklus erlebst Du verwandelt. Dein zentraler Blickwinkel hat sich verändert. Du siehst nun dieselben Dinge auf eine andere Weise. Wichtig ist dabei, dass eine neu entstandene Anschauung nicht die vorangegangenen verneint, sondern eine zusätzliche Sichtweise ermöglicht.

In der materiellen Inkarnation widerfährt dies jedem Menschen unablässig. Er hat eine bestimmte Aufgabe, die er sich als Grundlage seiner Existenz in der Materie gestellt hat. Je nach Beschaffenheit dieser Aufgabe hat er sich auch den Weg gewählt, auf dem er sie finden und lösen muss. In Verbindung mit der Welt, in der er lebt, und in ständigem Kontakt mit seiner Seele bestimmt der Mensch seine Entwicklungszyklen. Die gestellte Aufgabe kehrt zyklisch wieder. Sie taucht stets von neuem auf, jedoch immer in neuer Gestalt. Darum ist viel wache Aufmerksamkeit vonnöten, damit Ihr die wiederkehrende Struktur überhaupt als Euch zugehörig und Teil Eures Lebens wiedererkennt.

Durch wiederkehrende Ermahnungen lernt der Mensch seine Aufgabe ganzheitlich anzunehmen, der eine leichter, der andere schwerer. Manche wollen sich überhaupt nicht mit ihrer Aufgabe anfreunden und entziehen sich ihr auf jede erdenkliche Weise. Ausweichen ist die einzig mögliche Niederlage. Misserfolge sind scheinbar, nur ein Zurückweichen auf bewusster Ebene ist ein eingestandenes Versagen.

Das zyklische Heranwachsen ist der Weg zum Wiedererkennen desselben Problems auf immer höherer Stufe. Das Problem bietet sich auf immer anspruchsvollere und offenere Weise an. Das wiederum bewirkt ein Reifen und Erwachsenwerden des menschlichen Wesenskerns und fördert nicht nur seine bewusste Erprobtheit.

Der Mensch wächst und reift in geordneten Zyklen heran. Zum Teil sind diese freilich mit den Zyklen des materiellen Erwachsenwerdens verknüpft. Es ist interessant, wie in diesen Zyklen stets die gleichen Aufgaben wiederkehren, jedes Mal auf neue, reifere Weise. Manchmal ahnt Ihr nicht einmal, dass Ihr mit einer ganz kleinen Entscheidung einen Riesenschritt getan habt. Durch diesen Schritt überschlägt sich der ganze Zyklus und gerät in eine höhere Spiralwindung. Das zeichnet sich in der materiellen Welt so ab, dass sich die Dinge mit atemberaubender Geschwindigkeit beginnen zu entwickeln. Alles, was gerade noch ein frommer Wunsch war, verborgen hinter dem Vorhang des Unerreichbaren, erfüllt sich nun ohne Schwierigkeiten.

Aufgaben sind daher keine Sisyphusarbeit. Sie können nur kleine Wandlungen sein, die auf unserem subjektiven Weg zur Wahrheit sehr hilfreich sind.

Nur auf den ersten Blick gesehen steht die Seele weit unter den Engeln und führenden Intelligenzen. In Wirklichkeit befinden sich die Engel ebenso wie die Seele auf dem Niveau der Ganzheit von allem in allem.

Auf ihrem zyklischen Weg erreicht die Seele dereinst den Übergang zur Engelsintelligenz. Das kann erst dann geschehen, wenn sie die Gesamtheit der Anschauungen auf die Wirklichkeit erkannt und durch Inkarnationen auch tatsächlich erprobt hat. Das Besondere der Seele ist, dass sie durch Erfahrungen lernt. Diese können nicht übersprungen werden, denn alles muss begriffen und verinnerlicht werden. Sobald die Seele den vollständigen Blickwinkel erfasst hat, geht sie in ihr Dasein als Engelsintelligenz über. Damit verliert sie die Möglichkeit mit der Materie eine Verbindung einzugehen und beendet die zyklischen Inkarnationen in den materielle Welten.

Sobald die Seele die Engelswelt betritt, die auf der gleichen geistigen Ebene, aber in unterschiedlichen Verhältnissen zum Bestehenden existiert, wählt sie sich ihre zentrale Ausrichtung, in der sie mit den anderen Wesen auf geistiger Ebene zusammenarbeitet - als Lehrer und Meister.

Hätte die Seele keine Möglichkeit sich zu einem Engel zu wandeln (so wie sich jede Raupe in einen Schmetterling verwandelt), so wäre ihr Weg ohne jeden Sinn. Was würden Euch Erkenntnisse bedeuten, wenn Ihr sie nicht einst mit anderen teilen könntet, wenn ihr damit niemandem helfen könntet?

Es geht um die Verwandlung von einem Zustand in einen anderen. Wenn ich Zustand sage, dann meine ich einen kosmischen Zustand, Eure konkrete Position in der Gesamtheit aller einzelnen Energiesubstanzen.

Die Verwandlung der Seele in einen Engel ist sehr poetisch. Es könnte ein wunderbares Thema für eine melodische Erzählung sein, denn auf andere Weise lässt sie sich in der materiellen Welt kaum ausdrücken.

Es ist ein wunderbares Ereignis. Die Geburt eines Schmetterlings ist wirklich das schönste Gleichnis dafür.

Es geschieht eine Art Weihe zu einem neuen Leben, eine Wiedergeburt oder Neugeburt. Mit Freude werdet Ihr ein neues Wesen mit neuen Dimensionen. Die Verwandlung eröffnet Euch neue Möglichkeiten und neue Lernbedürfnisse.

Auch ein Engel hat seine zyklische Evolution. Lediglich seine Lernweise unterscheidet sich von der der Seele. Er lernt nicht mehr durch sein Gefangensein in der materiellen Welt, in Form und Materie.

Ein Engel ist eine selbständige Intelligenz und nicht mehr abhängig vom Verlangen nach der Materie. Er lernt von seinen Schülern, beziehungsweise erweitert ihre Erfahrungen, indem er ihnen hilft sie zu lösen.

Ein Engel ist kein vollkommenes Wesen. Er hat seine zentrale Ausrichtung und bleibt ihr in alle Ewigkeit treu. Es gibt keine Aufgabe, die endgültig gelöst oder für alle Zeit ausgeklammert wäre. Es gibt immer eine Alternative und Kreativität, die auf dem Weg weiterführt.

Die drei Prinzipien der Göttin des Kosmos

Vielleicht habt Ihr Euch schon am Anfang dieses Buches gefragt, weshalb sich dort die Worte finden: "Im blauen Bach begegneten einander drei Wesen." Drei? Warum drei?

Im Kosmos herrschen drei Prinzipien, die wir auch als die drei Göttinnen bezeichnen können: die Ganzheit oder das Prinzip der ersten Göttin, der göttlichen Jungfrau; die Polarisation in Yin und Yang als das kreative Prinzip oder das Prinzip der Muttergöttin; die Umwandlung oder das Prinzip der Göttin der Wandlung.

Ich will damit nicht sagen, dass es im Kosmos drei führende Göttinnen gibt, denn Göttinnen sind keine Engelsintelligenzen. Eine Göttin ist ein Prinzip. Sie ist als Prinzip in jedem Teil des Kosmos als Grundelement gegenwärtig. Ohne diese drei Prinzipien würde sich der Kosmos in ein Chaos verwandeln.

Lasst es mich so erklären: Im Kosmos gibt es nur drei lenkende Intelligenzen. Jede leitet eine der Zivilisationserfahrungen an. Eine anleitende Intelligenz, die natürlich eine Engelsintelligenz ist, ist am leichtesten als Seele einer Zivilisationserfahrung vorstellbar. Diese lenkenden Intelligenzen führen und initiieren die Erfahrungen und Aufgaben aller Zivilisationen.

Jede der drei führenden Intelligenzen hat als zentrale Ausrichtung eines der drei kosmischen Prinzipien. Ihre Aufgaben ergänzen und vervollständigen einander. An einem bestimmten Punkt kommt es zu zyklischen Umwälzungen, die die Ausgangsbedingungen einer Zivilisationserfahrung grundlegend verändern. Weil ich befürchte, dass mich jemand falsch verstehen könnte, muss ich betonen: Ich behaupte nicht, dass im Kosmos drei Göttinnen oder drei Götter wohnen und walten. Ich denke nicht, dass die drei führenden Engelsintelligenzen Götter sind. Sie sind lediglich Eltern des Kosmos und vollkommenste Träger der Prinzipien, die dem Kosmos die Seele geben. Sie bestimmen seine Ausdehnung, seine Dimensionen und ermöglichen, dass die Energien tatsächlich existieren und nicht in einem Chaos ausufern.

Nach dem ersten Prinzip entspringt alles aus der Gesamtheit von allem als ein Same, aus dem sich die Vielfalt der Einzelheiten ergibt. Die Ganzheit ist ein Ursame, aus dem unzählige verschiedene und gleiche Formen entstehen. Der Ursame des Weizens bringt unzählige verschiedene Pflanzen hervor. So ähnlich wachsen aus dem Ursamen, der Göttlichkeit oder Kosmos genannt wird, unzählige verschiedene Entitäten, die eigentlich alle geistige Entitäten sind.

Das erste Prinzip ist das Prinzip des Beginnes, des Gebärens. Es gibt allen Einzelnen den gleichen geistigen Ursprung und damit eine gleichberechtigte Grundlage für die weitere Entwicklung.

Das zweite Prinzip ermöglicht die Kreativität in allen erdenklichen

Formen. Es garantiert, dass es Energie überhaupt geben kann, dass sich ihre Kraftströme manifestieren können, dass Wesen auch unter reellen raumfreien Voraussetzungen vorhanden sind. Bedingung für Kreativität ist die Polarisation nach dem Yin - Yang - Prinzip.

Die Spannung zwischen diesen beiden Polen ist letztlich auch Bedingung für den Bestand der Materie. Polarisation ist die einzige unabdingbare Voraussetzung für alles Bestehende. Das zweite Prinzip als das Mutterprinzip bringt die existenzielle Nahrung hervor: die Vitalenergie, die Spannungsenergie, die den Kosmos mit Lebens- und Daseinswillen umarmt.

Das dritte Prinzip katalysiert die Umwandlung von einer Ebene auf die andere, von einer Substanz in eine andere oder in dieselbe auf anderer Ebene.

Das Prinzip der Wandlung ist gegenwärtig das lenkende Prinzip. Es ist auch das schmerzlichste unter den dreien, besonders vom Standpunkt der Materie. Die Wandlung verändert Euch. Sie verändert das in Euren Augen Sichtbare in etwas anderes, Unsichtbares. Die Umwandlung der Zivilisation ist jener abschließende Prozess, der zugleich die Anfänge für eine neue Zivilisationserfahrung hervorbringt. Sie verbindet Anfang und Ende zu einer sinnvollen Ganzheit.

Als Beispiel möchte ich die westliche Zivilisation anführen, die mit der Zeit des alten Griechenland beginnt. Aus dieser Zeit stammt der Begriff der kosmischen Ganzheit, als Gesamtheit aller einzelnen Prinzipien. Es handelt sich um einen verengten Erfahrungsbegriff der Jungsteinzeit-Zivilisationen, die es noch verstanden, die Ganzheit bewusst zu leben und als ihr Zuhause zu genießen.

Diesen Ort haben wir verlassen, um einst auf höherer Stufe dorthin zurückzukehren. Nach der Gliederung des geistigen Energienetzes in Europa nimmt Griechenland die Position der jungfräulichen Göttin ein. Es wird zum Keim der westlichen Zivilisation.

Seine Position als Ort der Jungfraugöttin ist sehr leicht zu begründen. In der antiken Kultur begannen sich die ersten Konturen des rationellen Denkens und der vernunftsmäßigen Erklärung des Kosmos zu entwickeln, die Geburt der Philosophie. Damit beginnt die Kunst der Imitation der Materie. Die Kunst wurde zur Nachahmerin des Bestehenden. Als Ausdrucksmittel wählte sie allgemein existierende Formen. Sie war nicht mehr abstrakt und traumhaft, sondern fügte sich in das materielle Sein ein.

Ich kann sagen, dass die Antike Verstand und Vernunft als schöpferische Kräfte bei der Auseinandersetzung mit dem Bestehenden hervorbrachte.

Das Fische-Zeitalter, das die Antike mit dem Beginn des Christentums ablöst, bringt die Herrschaft des zweiten Prinzips mit sich: die Polarisation. Dieses Zeitalter wird zu einer Epoche ständiger Entzweiung, zwischen Gott und Teufel, Gutem und Bösem, Glauben und Heidentum.

Diese ständige Spaltung und Polarisierung brachte neben sichtbaren Schmerzen auch grundlegende Erfahrungen für diese Zivilisation sowie Lösungen für überfällige Aufgaben. In seiner Entzweiung wurde der Mensch fähig sich dem Verstand zu entziehen. Er lernte auf neue, nun erwachsenere Weise, zur intuititven Ebene zurückzukehren.

Die Gegenwart ist eine Zeit der Umwandlung vom reinen Vernunftglauben zur Intuition. Es findet keine Rückkehr in die Jungsteinzeit statt, sondern eine Wiederkehr der intuitiven Wahrnehmung in erwachsenerer Weise, die auch die antagonistische Erfahrung ihres Gegenteils in sich trägt.

Die letzte große Probe und Bewährung war der Zweite Weltkrieg, als die einseitige Dominanz des Verstandes einen kollektiven Bewusstseinsverlust bewirkte. Der Verstand setzte sich einfach über die Herzkräfte und alle anderen menschlichen Ebenen hinweg. Diese Hinweisung begrub zahllose Menschen, die diese Erfahrung benötigten. Die Menschheit vollzog dabei einen großen Lernschritt. Nach dem Krieg setzten in der Zivilisation als Ganzes große Veränderungen ein. Schade, dass der Mensch meistens etwas verlieren muss, damit er aus seinem geistigen Schlaf erwacht.

Seit damals hat sich vieles verändert. Die Menschen haben gelernt die Vielfalt der Weltanschauungen mehr zu achten. Die großen Vereinnahmung durch Religionen schmilzt dahin. Es bleibt nur das Wesentliche von ihnen über, das immer noch sehr bedeutsam ist. Die großen Ideologien, die ganze Generationen eingeengt hatten, können nicht mehr den menschlichen Wunsch nach einem breit gefächerten Wissen und vielen unterschiedlichen Erkenntnismustern befriedigen.

Die Zeit wird zu einem viel zu straffen Rahmen, um darin noch alle erkannten Regeln auszuüben.

Alles weist darauf hin, dass sich die dritte führende Intelligenz (die Wandlung) intensiv darum bemüht, den Zivilisationszyklus zu beenden. Dies nicht etwa deswegen, um ihn mit Gewalt gemäß ihrem Überbau umschlagen zu lassen, sondern aus dem einfachen Grund, weil die Materie den Menschen in seiner Kreativität beginnt einzuengen. Die Materie gibt ihm keine ausreichende Möglichkeit mehr zu freiem Schöpfertum. Formen und Farben sind ein zu enger Rahmen für seine viel weitergehende Forderung nach Freiheit. Zeit und Raum werden zu schmerzlichen Vorgaben.

DIE WELT DER ELEMENTARWESEN

Die Energiegestalt der Elementarwesen

Die Erde hat wie jedes inkarnierte Energiewesen ihre vier Hauptebenen ausgeformt und untereinander in ein kommunizierendes Gleichgewicht gebracht. Ich habe bereits von den Raumengeln gesprochen, die das geistige Niveau der Erde bilden sowie von ihrer materiellen und vitalen Gestalt. In meinen Darlegungen fehlt noch das Gefühlsniveau, das die Erde vor den Augen von Bewusstseinswesen, wie dem Menschen, scheinbar verbirgt.

Das Gefühlsniveau der Erde beeinflusst das Gefühlsniveau eines jeden Wesens, das im Bereich der Erde wohnt. Sein Einfluss manifestiert sich differenziert, je nach den Bedürfnissen der mitarbeitenden Wesen. Ganz unabhängig davon, wie weit das Gefühlsniveau der Erde ins Leben der Einzelnen hineinreicht, wirkt es mit Sicherheit auf ihr Befinden und ihre Stimmung.

Das Gefühlsniveau der Erde ist keine undurchdringliche Energiewolke. Sie wird aus sehr einfachen Energiewesen gebildet, Elementarwesen genannt.

Ihr Hauptmerkmal ist, dass sie nicht inkarniert sind, also keine physische Gestalt haben. Trotz ihres immateriellen Seins sind sie an die Materie gebunden. Ihre Energiegestalt ist unkompliziert. Das Elementarwesen oder Elemental ist ein einfacher Energiewirbel, der sich in seinem Aufmerksamkeitsfokus verengt und von dorther ein Gebiet einnimmt, das ihm offensteht und auf seine eigene Weise zugehört. Die eigentliche Charakteristik eines Elementals liegt in seiner Färbung. Aus den Farben ist die Gefühlsladung der einzelnen Nuancen zu verstehen.

Durch die Kenntnis ihrer Färbung kann man die energetische Grundfrequenz des Elementals finden und verstehen, wie sie auf ihre Umgebung oder die beseelte Materie einwirken, deren Bestandteil sie sind. Die Verbindung des Elementals mit der Materie ist scheinbar brüchig und bedeutungslos. Es wäre nicht schwer, sie einfach zu übersehen. Dennoch sind die Elementale ungeheuer wichtig: für die Erde als Wesen, für sich selbst als lernende Intelligenzen und für alle Menschen, sprich inkarnierte Wesen, mit dem vollen Spektrum aller Energieniveaus in sich.

Wegen ihrer Begrenztheit auf ein rein gefühlsmäßiges Niveau sind die Elementale sehr eng ausgerichtet und auf ihre Wirkungsweise beschränkt.

Die Aufgabe, die sie sich zuweisen, entspricht ihrem Wesen, das sie zur Ausführung noch so verwickelter Situationen drängt.

Die irdische Zivilisation und die Zivilisation der Elementarwesen

Beide Zivilisationen hängen eng miteinander zusammen und führen doch ein getrenntes Dasein. Die irdische Zivilisation ist die der Seelen. Der Mensch ist in seinem Grundmuster Seele. Die übrigen Ebenen, die sich während seines Verweilens in der Materie manifestieren, sind nur vorübergehende zusätzliche Ebenen, die dem Bedürfnis der einzelnen Seele nach Erreichen des gestellten Zieles dienen.

Der Mensch hat seine Sinnesorgane zur Erfassung der Umwelt bis zum Äußersten entwickelt. Er beschränkt und zentriert seine Sensibilität auf die vereinbarten Blickwinkel. Er lernt das Bestehende innerhalb der Spannweite seiner Fähigkeiten maximal ganzheitlich zu begreifen. Der Mensch bleibt in seinen Grundfesten, aus denen seine materielle Inkarnation erwächst, auf geistigem Terrain. Von dort geht er als inkarniertes Wesen aus, dorthin kehrt er auch zurück. Von daher stammt die Aussage, die irdische Zivilisation sei eine Seelenzivilisation (Lehrgarten für Seelen).

Die Elementale sind eigentlich Gefühlswesen und haben keinen Einfluss auf das geistige Niveau, weil sie dort nicht existieren. Das bedeutet nicht, dass Elementale Wesen einer tieferen Stufe oder gegenüber den Seelen benachteiligt oder unwissend sind.

Der Unterschied liegt nicht in ihrer Qualität, bzw. in ihrer Positivität oder Negativität, sondern im Niveau, auf dem sich ihr Einfluss und ihre Mitarbeit an der Zivilisation manifestiert. Die Elementale sind als Gefühlswesen sehr zart und sensibel. Man darf sie keineswegs als Auslöser von schlechten oder bösen Situationen sehen. So, wie sie gut und nützlich sein können, so können sie sich auch als schlecht und negativ erweisen. Dabei dürft Ihr jedoch nicht meine Ausführungen über das Negative im ersten Teil des Buches vergessen.

Weil nichts objektiv negativ ist, so sind auch die Elementale nicht negativ einzuordnen. Man muss sie immer von allen möglichen Blickwinkeln aus erforschen. Nichts ist negativ, weil jede Erfahrung, für die sich die Seele entscheidet, wichtig ist und mit ihrer genau festgelegten und vorausbestimmten Aufgabe zusammenfällt.

Die Zivilisation der Elementale oder Elementarwesen ist heute noch ein Rätsel für die menschliche Zivilisation, ja sie ist den Menschen unverständlich. Sie betrachten sie mit großer Unsicherheit. Auch die Elementarwesen selber fürchten sich davor entschleiert zu werden. Auch ich würde sie nur ungerne enthüllen, erschiene es mir nicht notwendig zur Klärung der Probleme, die sich auf der menschlichen Bewusstseinsebene immer schmerzhafter bemerkbar machen.

Der Mensch ist ein sehr ängstliches Wesen. In seinem Unterbewusstsein weiß er von der Größe und Macht der Natur und Erde als Mutter, die ihm Heim und Geborgenheit bietet. Die Angst, die eigentlich dem Gefühl der Achtung vor den übergeordneten Energieintelligenzen entspringt, begleitet ihn sein Leben lang in der einen oder anderen Form. Sie ist in nahezu allen seinen Entscheidungen gegenwärtig, die er als bewusstes Wesen trifft.

Das unterbewusste Wissen über seine Bedeutungslosigkeit und Kümmerlichkeit begleitet unsichtbar jeden seiner Schritte.

Die Grundangst vor der Vergänglichkeit der Materie ist Ausdruck der Angst vor der eigenen Ohnmacht. Ich würde sagen, dass die Angst vor der Sterblichkeit von allem der bewusste Ausdruck oder die Übersetzung der erwähnten Grundangst ist.

Angst ist das energetisch am leichtesten wahrzunehmende Gefühl. Um es zu begründen: Die Angst hat eine Frequenz, die auf die Einflüsse von äußeren Energiewesen anziehend und kanalisierend wirkt. In der Praxis wirkt sich das so aus, dass man im Zustand der Angst übertrieben offen und empfänglich für die Einflüsse von Energiewesen wird, die sich in der Nähe aufhalten. Mit der Angst könnt Ihr also selbst erlauben, dass Euch gerade das schadet, wovor Ihr Euch fürchtet. Ihr öffnet dem die Tür, vor dem Ihr Euch zu verbergen sucht.

Der Mensch arbeitet unwillkürlich und ohne sein Wissen mit seiner Umwelt mit, auch auf allen dem Auge verborgenen Ebenen. Sein Dasein ist ganzheitlich und muss in ganzheitlichen Zusammenhängen gesehen werden. Wäre er isoliert und sicher vor jedem Zwang, der ihn - falls ihm der richtige Zugang fehlt - eigendynamisch auf einem bestimmten Weg des Lernens vorwärts stößt, dann würde seine Aufgabe nie verwirklicht. Die Isolation würde ihn von der Aufgabe trennen, also Lernen und Reifen unmöglich machen.

Mit dieser Aussage will ich mich keineswegs über die inkarnierten Seelen lustig machen. Ich weiß, dass jeder Mensch für sich selbst und für seine Umgebung soviel Klarsichtigkeit besitzt, wie er benötigt, um früher oder später seine Aufgabe einzusehen. Es geht eben um den Grund und Vorgang, weshalb er ausgesucht und in die Welt geschickt wurde.

Keine Inkarnation ist ein verlorenes Leben. Keine Zeit ist umsonst, wenn Du sie für Dein Erwachsenwerden nutzt, und sei sie noch so schlecht genutzt oder gar vergeudet.

Das Lernen ist das Wesentliche. Es kann sich in vielfältiger Weise ausdrücken. Jede Ausdrucksform ist richtig. Sie ist die beste für das Subjekt, dem sie eigen ist, dessen Teil sie ist und bleibt - als Erinnerung und Erfahrung, die nie verschwindet. Das Lernen ist immer eine praktische und jedenfalls die gesuchteste Investition, die ein Mensch in dem Auf und Ab der Sonnen- und Schattenseiten seines scheinbar beschränkten Lebens tätigen kann.

Euch mit Eurer Suche anzufreunden und Euch dabei zu vertrauen, das ist der beste Schlüssel. Es ist der Schlüssel, der Euch als Berater und Lehrer in jeder noch so winzigen und unbedeutenden Lebenssituation helfen kann.

Die Schmerzen der Angst und der emotionalen Krisen, die aus ihr hervorbrechen wie eine wunderbare Erdbeere aus kompostierter Erde, sind nur ein Anlass, damit der Mensch seine Aufmerksamkeit auf sich richtet als das ganzheitliche Wesen, dessentwegen er sich überhaupt bemüht zu leben. Die Seelen inkarnieren sich auch deshalb, um zu lernen sich mit sich selbst auseinanderzusetzen und - durch den vernetzten Blick der Materie hindurch - mit sich selbst zusammen zu arbeiten. Freilich bietet die Materie in ihrer wohlmeinenden Vielfalt und Farbenpracht viele Scheinlösungen an. Die Illusion der Materie bewirkt, dass die Angst vor dem Ende als Hauptfaktor in der menschlichen Weltanschauung wirkt. Wegen der drohenden Vergänglichkeit und der Tatsache, dass alles, was sichtbar existiert (also alle Realität), einmal verschwindet und vergeht, lebt der Mensch in latenter Panik vor seinem Ende. Das drückt seinem schöpferischen Willen und aktiven Dasein einen negativen Stempel auf.

Die Zivilisationserfahrungen und zivilisatorischen Lernstufen, die über verschiedene Zeitalter und Erdinkarnationen hinausreichen, sind von überragender Bedeutung. Der Mensch durchschritt verschiedene Zeitabschnitte, und die Zivilisation erhob gemeinsame Erfahrungen in ihr Gedächtnis: Moden, Bewusstseinsstufen, Religion und Ethik.

Der Mensch kann sein Sein nicht von der Gesamtheit der Existenzformen abtrennen, die seine Umgebung zur Ganzheit werden lässt. In keinem Fall kann er sich den zivilisatorischen Normen und den daraus erwachsenden Plänen entziehen, die geschmiedet werden, um eine neue Erfahrung in ihrem Einflussbereich zu erreichen. Ein Zivilisationsfortschritt ist immer Folge einer ausreichend großen kritischen Masse von Einzelnen, die mit ihrem Einfluss auf das bewusste Niveau der Menschheit die mentale Ausrichtung der gesamten Zivilisation verändern, nicht nur ihre nähere Umgebung. In jedem Zeitabschnitt gab es Menschengruppen, die ihrer Gegenwart merklich vorauseilten. Das war für sie zur Zeit ihrer Inkarnation eine schmerzliche, ja frustrierende Erfahrung. Dennoch entschlossen sie sich zu einer solchen Aufgabe und waren bereit, ihr Leben und ihre Energie dafür einzusetzen, damit die Zivilisation einen Schritt vorwärts zur ganzheitlichen Umwandlung tun konnte.

Nun ist die Zeit gekommen, da der Mensch seine Umwelt als lebendig wiederzuerkennen beginnt. Er anerkennt nicht nur die Lebendigkeit der ihn umgebenden Wesen, sondern auch ihre Intelligenz und ihr Recht, auf ihrer Ebene Entscheidungen zu treffen. Dadurch wird er tolerant gegenüber unsichtbaren Wahrheiten, die er jahrhundertelang als unmögliche und illusorische Phantastereien verworfen hat.

Dass die Erde ein lebendiges Wesen ist, ist wirklich leicht zu akzeptieren. Dass ihre Wahrnehmungsweise der menschlichen komplementär sein muss, lässt sich ebenfalls noch verstehen, wenn auch nur intuitiv.

Auf der bewussten Ebene ist die Menschheit noch nicht ganz bereit für ein so weites Realitätsfeld. Ihre Bewußtheit weicht gerne allen Herausforderungen aus, die schmerzlich erscheinen, sowie allen Bereichen, in denen sie sich nicht auskennt. Lieber orientiert sie sich an dem, was sie ohnehin schon versteht. Das untersucht und erforscht sie bis ins kleinste Detail.

Ich kann nur sagen, dass die menschliche Bewußtheit im Erkennen unbekannter Dimensionen sehr ängstlich und übervorsichtig ist, obgleich sie Hand in Hand mit der ganzheitlichen Entwicklung der Zivilisationserfahrung allmählich erwachsen wird.

Ich denke, es kommt eine Zeit, in der das Bewusstsein zu einer sekundären Form werden wird, um das Leben zu erforschen und wahrzunehmen. Es wird sich eher belehren lassen als sich selber zu belehren. Dadurch wird sich der Wahrnehmungswinkel der Umgebung merklich erweitern. Unmöglich scheinende, jedoch unübersehbare energetische Wahrheiten werden sich leichter mit den bestehenden Gegebenheiten abstimmen lassen, die fürs Bewusstsein schon bewiesen sind. Das Bewusstsein bleibt bei diesem Vorgang nicht mehr der Filter, sondern ist nurmehr Begleiter des Gefühlten und Erkannten.

Die Elementarwesen sind sicherlich die unverständlichsten Energiesubstanzen, vor allem deswegen, weil sie keine ertastbare materielle Gestalt und daher auch keine greifbare Begründung für das menschliche Bewusstsein haben. Alles, was jedoch im Bewusstsein nicht begründet ist, manifestiert sich auf der bewussten Ebene als verdächtige Wahrheit oder zweifelhafte Tatsache.

Die Zivilisation der Elementargeister arbeitet seit jeher mit der Seelenzivilisation zusammen. Ihr Beitrag zur Ganzheit ist unersetzlich und bedeutungsvoll. Man kann sie nicht ignorieren. Es darf ihnen die Bedeutung nicht aberkannt werden, die sie in der Gesamtheit des menschlichen Lernprozesses innehaben. Wenn sie in diesen Lernalltag der Menschen hineinwirken, sind sie auch für die Umwandlung und Reifung der ganzen Welt wichtig und wesentlich.

Die Zivilisation der Elementarwesen
Ihre Entwicklung und Bedeutung für die Erde

Ich werde erneut über den Kosmos und alles sprechen, was darin als Ganzheit zusammenströmt, als Essenz und Kern von allem, was ist. Der Kosmos ist ein großes Geheimnis für die in Raum und Zeit gefangenen Wesen. Er ist das lebende Gegenstück zu den grob erfassten Einschränkungen, die in der materiellen Welt herrschen. Er ist der Hort, von dem alles ausgeht und wohin alles zurückkehrt, als unersetzlicher Beitrag zum Einen. Der Kosmos ist Gott, jener Gott, den die Religionen aller Zivilisationen erforscht haben, die je auf der Erde existierten.

Vielleicht habt Ihr gelegentlich Angst bei der Feststellung, dass Ihr eins in allem seid, nicht ein Teil des Einen, sondern dieses Eine ganz und gar; dass Ihr eins seid mit dem Haifisch, dem Himmel, mit Euren Geliebten und Euren Feinden.

Der unerforschliche Wesenskern von allem vernebelt sich für die Erdbewohner mit dem Eintritt in ihre Inkarnation, denn Unverständnis löst Angst aus, was für die inkarnierte Materie keinerlei Hilfe ist. Es ist besser nicht zu wissen, als sich wegen Verständnislosigkeit zu fürchten.

Ich sprach von Seelen und Engeln, davon, wie wir auf dem göttlichen oder kosmischen Niveau alle eins sind, eine Information in der zeitlosen Gesamtheit, wo Anfang und Ende ein und dasselbe sind, derselbe Ausgangspunkt.

Der Kosmos erscheint in meinen Erläuterungen vielleicht wie ein Hort für die Zivilisation der Seelen. Das ist unrichtig. Wenn der Kosmos alles in allem bedeutet, dann sind auch das Heim der Seelen und das Heim der Elementarwesen ein und dasselbe. Deshalb können die Elementarwesen überhaupt erst verstanden und erforscht werden.

Die Elementarwesen kommen nicht aus einem anderen Kosmos, sondern aus demselben wie wir. Der Kosmos ist freilich einzigigartig, denn es gibt keineswegs mehrere Kosmen. Und wenn es sie gäbe, dann hätte sie sich der Mensch geschaffen, um sich nicht entweiht zu fühlen bei dem Gedanken daran, dass er eins mit etwas Unverständlichem ist.

Wenn der Mensch etwas nicht versteht, so sind es die Elementarwesen. Das sind gänzlich unbekannte Wesen für ihn, unsichtbar und meist als böswillig und übelwollend gekennzeichnet. Sie werden jedoch nicht erwähnt, wenn sie bei den schöpferischen menschlichen Vorgängen helfen und mitarbeiten.

Der Mensch hat gelernt die Elementarwesen zu ignorieren, wann immer sie ihm helfen, dagegen sie zu verscheuchen, wann immer er sich von ihnen in etwas hineingedrängt fühlt. Das ist eine sehr schmerzliche Erfahrung für die gesamte Zivilisation der Elementarwesen.

Die Elementarwesen sind wie wir, und zwar im gleichen Umfang wie alle von uns, der Kosmos, natürlich in ihrem Wesenskern.

Auf dem nächsten Niveau sind Elementale Gefühlswesen. Das geistige Niveau existiert bei ihnen nicht. Seine Funktion übernimmt und begründet das Gefühlsniveau, das genauestens geregelt ist.

Das Gefühlsniveau ist also der Kern eines jeden Elementarwesens in dem Maße, wie die Seele das Wesen des Menschen ist.

Alle grundlegenden Aufgaben, Pläne, Erinnerungen, ebenso das Schicksal und universelle Gedächtnis des Menschen leben in seinem Wesen, in seiner Seele.

Ähnlich ist es bei den Elementarwesen. Es sind Gefühlswesen, d.h. sie haben in ihrem Fundament eine labile Energiefrequenz, das Schwingungsspektrum der Emotionen. Gefühlsschwingungen verändern sich sehr schnell und sind daher unbeständig.

Ihr wisst selber, wie schnell sich Eure Gefühlslage verändern kann - vom Zorn zur Angst, von der Trauer bis zur Seligkeit. Es gibt keine noch so interessante Sache, die Euren Gefühlszustand immerzu auf dem gleichen Niveau halten könnte. Die Sprunghaftigkeit von einem ins andere ist das Wesensmerkmal der emotionalen Dynamik. In Sekunden kann ein Zustand in sein Gegenteil umschlagen. Alles ist von der Umgebung abhängig. Die Gefühle übertragen und beziehen sich immer auf die Umwelt und umgekehrt. Nur selten (z.b. aus gesundheitlichen Gründen) ändert ein Mensch auch ohne äußeren Anlass seinen emotionellen Zustand.

Bei den Elementarwesen gilt dasselbe. Ein jedes hat in seinem Kern eine aktuelle Kodierung, die es selber ist und bedeutet. Daran erkennt es sich wieder und dadurch lässt bzw. gibt es sich als getrenntes und selbständiges Wesen zu erkennen. Die Kodierungen sind freilich Schlüssel zu bestimmten Elementarwesen. Indem wir sie kennen und verstehen, können wir sie an einen bestimmten Ort binden, dort ansetzen oder mit ihrer Wirkungsweise umgehen.

In der Kodierung ist die persönliche Eigenheit des jeweiligen Elementals festgelegt. Darin ist die Grundfrequenz gekennzeichnet, aber auch die Art und Weise, wie sie in jede andere verwandte oder gegensätzliche Frequenz umgewandelt werden kann, die dann einem veränderten Gefühlszustand entspricht.

Diese Empfänglichkeit und die Tatsache, dass ein Elementarwesen ohne seine vollständige Zustimmung verändert werden kann, ermöglicht in nahezu unbeschränktem Umfang die Zusammenarbeit mit ihnen.

Das bewusste Wahrnehmen von Elementarwesen

Dass jeder Mensch eine Seele hat, bedeutet in der menschlichen Alltagssprache, dass jeder Mensch gut, tiefsinnig und verständnisvoll ist. Ihr sagt ganz selbstverständlich: "Du bist eine Seele von Mensch."

Das bedeutet, dass Du wirklich sehr gut und nahezu ideal bist. Das Wort Seele hat demnach im menschlichen Bewusstsein immer einen positiven Klang und trägt den Stempel des Guten.

Das Bewusstsein hat mit seinen angelernten Mustern nahezu jeder Sache, die man bewusst fühlen kann, Wertvorstellungen angeheftet. Die Seele ist etwas, was das Bewusstsein anerkennen muss, auch wenn sie ihm ein unverständlicher Begriff bleibt. Seele und Bewusstsein schließen einander irgendwie aus.

Das Bewusstsein behauptet von sich, es wäre das Fundament von allem, was der Mensch wahrnehmen kann, während in Wirklichkeit die Seele der Urgrund ist. Sie ist ja auch Ursache und Wirkung dieser Wahrnehmung.

Dem Bewusstsein ist es im Verlauf der Zivilisationserfahrungen gelungen, den Begriff der Seele zu einem Gleichnis und Symbol zu reduzieren. Seither kann der Mensch nicht mehr bewusst verstehen, dass die Seele auch eine reelle Energiesubstanz ist.

Das Bewusstsein schließt die Seele als wirkliche Substanz aus und macht sie zum Symbol der menschlichen Innenwelt.

Der Mensch lernt erst in kleinen Schritten sein Wesen zu verstehen. Es erscheint ihm als gegenstandslos und ungreifbar. Es ist ein reiner Begriff - oder die Gesamtheit aller Möglichkeiten, um die Dinglichkeit und Umwelt zu verstehen und zu empfinden.

Der Widerstreit zwischen Seele und Bewusstsein, der im Menschen immerzu gegenwärtig ist, ist auch zwischen dem Bewusstsein und jeglicher Energiesubstanz vorhanden, die materiell nicht beweisbar ist.

Das Bewusstsein hat seine Abwehrmechanismen, die es jedoch nicht selbst hervor gebracht hat. Der Mensch ist nämlich derjenige, der ihm einen bestimmten Einfluss auf seine Wahrnehmungen und Empfindungen gewährt.

Es ist sehr schwer anerzogene Muster aufzuweichen und zu überwinden, damit sie das Unbekannte nicht lauthals als negativ abwerten.

Das Bewusstsein funktioniert so, dass es Angst und Panik vor allem und jedem auslöst, das es nicht versteht oder für das es noch keine Antwort parat hat. Das Bewusstsein ist ein Bündel anerzogener und erlernter Muster, durch die der Mensch das Bestehende bewusst wahrnimmt. Er begegnet dem Bestehenden also immer durch diese Muster und erklärt sich über dieses Raster auch die aktuellen Informationen. Ohne diese Übersetzungstätigkeit seines Bewusstseins wäre er kein bewusstes, sondern ein intuitives Wesen.

Das Bewusstsein ist eine Barriere, ein Filter zwischen ihm selbst und den tatsächlichen Informationen, die den Menschen erreichen. Es ist der erste Kanal, durch den alles Mögliche den Menschen erreicht, bzw. über seine Rückmeldung und Meinungsäußerung die Umgebung befruchtet.

Das Bewusstsein trennt den Menschen von seinen tatsächlichen Gefühlen und intuitiven Wahrnehmungen. Es sieht nur, was ihm zu sehen gegeben ist. Was es bewusst verstehen kann, dem erlaubt es sich ihm zu zeigen.

Die Umwelt ist anders, als Ihr sie seht. Was Ihr seht, das ist der vereinbarte Teil, den Ihr alle auf die gleiche Weise wahrnehmt. So lautet die Absprache, so habt Ihr sehen und wahrzunehmen gelernt. Das Bewusstsein ist die Instanz, die über die allgemeine Gültigkeit Eurer Weltanschauungen bestimmt. Könntet Ihr für einen Augenblick Eure Muster zur Seite schieben, dann würdet Ihr den gleichen Gegenstand subjektiv sehen, weil Ihr ihn auch subjektiv fühlt. Der Gegenstand würde sich dann nicht mehr objektiv, sondern subjektiv präsentieren, so subjektiv wie alle Gefühle sind.

Der Baum, der mitten im Park steht, wäre für jeden Vorübergehenden ein anderer. Der eine würde ihn als großes gelbes Wesen sehen, das sich gegen den Himmel streckt, der andere als grünweißes Ungeheuer, das böswillig über seine Schulter späht, der dritte als eine gekrümmte und kränkelnde Masse.

Jedes Wesen hat zahlreiche Gesichter, und jedem zeigt es genau jenes, das der Betreffende braucht. Das ist Zusammenarbeit zwischen zwei Energiewesen. Sie arbeiten zusammen, wenn sie es brauchen, jedoch nur in dem Umfang, als es zwischen ihnen vereinbart und notwendig ist.

Ich kritisiere Eure bewusste Wahrnehmung nicht. Der Kampf mit den tief verankerten Mustern ist eine nützliche Auseinandersetzung. Was Euch leicht erreichbar ist, das werdet Ihr kaum in gleicher Weise achten und anerkennen wie das schwer Errungene. Der Mensch hat immer die Aufgabe den bestehenden Formeln des Bewusstseins zu entwachsen. Ein jeder muss möglichst kreativ mit den bestehenden Wahrheiten zusammen arbeiten, damit er sie nicht nur im vollen Umfang achtet, sondern soweit als möglich über sie hinauswächst.

Durch dieses Ringen um neue Ansichten und Anschauungen kommt es zum Generationenkonflikt. Jede Generation ragt über die vorgegebenen Rahmen hinaus. Das ist auch das einzig Sinnvolle, denn sonst gäbe es keine wirkliche Möglichkeit für zivilisatorisches Heranwachsen bzw. für das Heranreifen des Bewusstseins einer gesamten Zivilisation. Die Generationen übertreffen in ihrem Ringen, was altvordere Generationen in ähnlichen Anstrengungen erreicht haben. Den Vätern will es nicht in den Kopf, weshalb ihre Söhne all das nicht mit Gewinn genießen können, was sie mit ihrer Hände Arbeit und im Schweiße ihres Angesichtes erkämpft und aufgebaut haben, und sich stattdessen gegen ihre revolutionären Errungenschaften stemmen. Jede Generation denkt, dass sie die Revolution erkämpft hat: Darin liegt ihre Selbstachtung und darum kann sie während ihrer Götterdämmerung das Unrecht nicht vergessen, das ihr von ihren Nachkommen angetan wird.

Die Angst der Alten, die sich davor fürchten im Einklang mit der neuen Generation zu bauen, die eben erst ihre ersten Gehversuche unternimmt, ist die Angst vor dem Verlust ihrer alten Wiege angesichts neuer Entdeckungen. Das Alter ist ein Symbol für die Zeit, da es notwendig wird, den Jüngeren zu vertrauen. Sie sollen, wie sie selber es in ihrer Jugend versuchten, aufrichtig suchen und neue Wahrheiten finden.

Der Schlüssel liegt im Vertrauen und nicht in der panischen Angst vor dem unwiederbringlichen Verlust erkämpfter Wahrheiten und Rechte. Auf Lorbeeren kann man sich nie ausruhen, geschweige denn gut schlafen. Immer kommt irgendwer und zieht sie unter Deinem Kopf hervor, noch bevor es Dir gelingt Dich auf ihnen bequem zu betten. Wäre ein solcher Schlaf auf bewusster Ebene möglich, dann würde sich die Zivilisation niemals so entwickeln, wie sie es tut. Sie wäre schon lange vor der Ankunft des Christentums eingeschlafen. Wo wäre dann der bewusste Mensch geblieben, wie viel hätte er verloren, wie viele Erfahrungen, wie viel gutes und schlechtes Verhalten und Bewusstwerden?

Das Bewusstsein will offensichtlich, dass alle seine Muster unverändert bleiben, und dennoch ist in ihm auch der Impuls, immer nach Fehlern in der eigenen Konstruktion zu suchen. Dieser Impuls wirkt wie eine Ventilklappe, wie ein Detektor für ewige Fehler, die man versuchen muss loszuwerden, um das Ziel leichter zu erreichen. Dieser unaufhörliche Pulsschlag ist die Antriebskraft, die den Menschen zu immer neuen Erkenntnissen und Erfahrungen drängt. Diese sind freilich nur ein Teil aller Erfahrungen, die er auf der geistigen Ebene macht.

Man kann sagen, dass der Mensch zwei Arten von Erfahrungen hat: die Erfahrungen auf der geistigen Ebene und jene, die er aus der bewussten Wahrnehmung des Bestehenden gewinnt. Die Erfahrungen auf der geistigen Ebene sind für sein Inkarnationsmuster oder Schicksal erforderlich. Diese Erfahrungen sind ewig und bleiben im zeitlosen Gedächtnis der Seele eingeschrieben. Sie haben Ewigkeitscharakter und gestalten die aktuellen geistigen Erfahrungen und damit die große geistige Evolution mit.

Die Erfahrungen, die sich dem Menschen als bewusstes Wesen erschließen, sind ein Kind der bewussten subjektiven Wahrnehmung und entwickeln sich aus der angelernten Sicht aufs Bestehende. Sie sind nicht nur eine subjektive Struktur, sondern entstehen durch anerzogene Muster. Sie werden überwiegend von einer Generation auf die andere übertragen oder breiten sich durch Beratung und Lernen von Mensch zu Mensch aus.

Das Bewusstsein nimmt sie in sich auf und beurteilt sie je nach angelernter Ausrichtung. Subjektive bewusste Erfahrungen tragen dazu bei, die sie überlagernden Zivilisationserfahrungen aufzubauen. Diese wiederum sind ein Überbau für die bestehenden Ansichten und sichern sie zugleich mit subjektiven Beweisen und Bestätigungen ab. Irgendwann hat sie die Zivilisation verinnerlicht. Dann verwandeln sie sich in objektive Erfahrungen und werden Teil der kollektiven Weltanschauung.

Der erste Erfahrungstyp ist notwendig für die Seele und ihre Evolution. Doch er hat keine richtige Verbindung mit der Ganzheit oder dem Kosmos. Auf der kosmischen Ebene sind subjektive Erkenntnisse nicht notwendig und ohne Einfluss. Das Subjektive vereint sich im einzigen bestehenden, allumfassenden Objekt, das nur für die imaginäre, in Wirklichkeit nicht existente äußere Person ein Objekt ist. Also ist es nur vom imaginären äußeren Standpunkt ein Objekt. Dieser Standpunkt kann jedoch nicht aufrecht erhalten werden, weil der Kosmos die allumfassende Wirklichkeit ist, aus der nichts verschwinden oder entweichen kann, solange es sich auf dieser Ebene befindet.

Erst auf der folgenden Stufe sind alle Energieexistenzen einzelne Subjekte. Für sie ist die Objektivität ein imaginärer Begriff, denn alles, was geschieht und alles, was Ihr seht und in Euch aufnehmt, ist subjektiv. Die Objektivität ist ein Begriff, der von der materiellen Zivilisation entwickelt wurde, um bewusste Systeme zur Distanzierung und Nichteinmischung zu schaffen und um Ordnung in die Kommunikation einzuführen, die bewusst, logisch und in ihrer symbolischen Bedeutung und Wertung verständlich sein muss.

Das Bewusstsein braucht eine Begründung und grundlegende Informationen, um etwas als real existent anzuerkennen. Es benötigt einen Hinweis, wodurch es die Informationen als real und zuverlässig anzusehen beginnt. Es muss eine Grundlage haben, auf der es neu bemerkte Dinge bewerten kann.

Viele Ereignisse reihen sich im Alltag des Menschen aneinander. Das bewusste und logische Denken hilft ihm dabei alles, was er wahrnimmt, in bestimmte Fächer einzuordnen. Alles, was ihm widerfährt, gehört irgendwo hin, so denkt er jedenfalls. Alles hat logische Ursachen und logische Folgen, die aus den gegebenen Informationen vorhersehbar sind. Der Mensch kann auf der Grundlage seines Bewusstseins aktuelle Probleme denkend lösen. Seine Seele äußert sich durch das Bewusstsein, so dass ihre Informationen durch das Bewusstsein gefärbt, filtriert und übersetzt werden. Die Worte der Seele werden durch die Muster des Bewusstseins gefiltert und sind daher teilweise entstellt und den anerzogenen Wahrnehmungsarten angepasst. Das Bewusstsein ist ein System, das auf logischem Denken beruht. Es ist ein Schiedsrichter, der nachprüft, wohin ein Gefühl gehört, in welches Fach und welche Schublade - ob zu den schlechten oder den guten Einflüssen, zur Vergangenheit oder Zukunft. Manchmal ist in seinen logischen Erwägungen etwas verhohlen Böswilliges, als fürchtete es sich, dass die Seele die bessere Ratgeberin wäre. Es fürchtet um seine Führungsrolle und wehrt sich daher hartnäckig gegen alle unbekannten Dimensionen, die auf den anderen Ebenen an ihm vorüberlaufen und es überlisten können, sobald der Mensch ausreichend Kraft besitzt, sein enges logisches System zu beherrschen.

Die Zivilisation der Elementarwesen lebt schon länger auf der Erde als die Seelenzivilisation. Es gab sie schon lange bevor die erste Seele sich in jenes Wesen inkarnierte, das allmählich zum Menschen wurde: einem Wesen, das in sich alle seither lebendigen Niveaus ausarbeitete, die es zu einem materiellen Energiewesen machen. In seinem Wesenskern bleibt der Mensch noch immer die Seele, die in ihre Grundexistenz zurückkehrt, sobald die Lebensuhr abgelaufen ist.

Die Elementarwesen haben viele Daseinsformen. Die Art und Weise, wie und wo sie wohnen, hängt von ihrer subjektiven Evolution ab.

Die Zivilisation der Elementale hat ihr eigenes Evolutionssystem, ihre subjektive Entwicklungsgeschichte, die der Evolution der Seelen sehr ähnelt, auch wenn es dabei um eine andere Ebene geht. Die Tatsache, dass Elementale keine geistige Ebene besitzen, bedeutet nicht, dass sie weniger wertvolle oder minder entwickelte Wesen sind. Wir wissen, dass der Kosmos ein Ganzes ist, aufgebaut aus allen möglichen Verschiedenheiten. Die wechselseitige Ergänzung gibt dabei den Ton an. Wenn die Welt die materielle Inkarnation des Kosmos sein soll, also das getreue Abbild seiner Eigenschaften in der Materie, dann muss sich in ihr die Summe aller Verschiedenheiten im Sinne wechselseitiger Ergänzung wiederfinden. Damit dieses Ergänzungsprinzip Gestalt annehmen kann, sind verschiedene Formen von Inkarnationszyklen und verschiedene Arten von Wesen notwendig, die mit ihrer Subjektivität die Summe der Wahrnehmungen der Wahrheit bilden. Ich habe bereits gesagt, dass die Wahrheit nicht ein einziger Punkt ist, zu dem alles hingelangen will. Sie ist die Gesamtheit der verschiedenen Wege zu diesem Punkt, der für sich selbst betrachtet keinen subjektiven Wert besitzt - denn dieser Punkt ist der Kosmos. Die Wege zu seinen Wesensteilen setzen die Wahrheit zusammen. Die Wahrheit ist also die Summe aller Wege zu sich selbst oder die Gesamtheit der Wege zum Wesen der Wirklichkeit. Diese wiederum ist der Kosmos.

Somit ergänzen Elementale und Seelen einander. Die Unterschiede ihrer Zivilisationen bilden die Welt in all ihrer Vielfalt und Schönheit. Ich kann sagen, dass die Menschen, Tiere und Pflanzen, ebenso wie die Elementarwesen, alle ihre eigene Zivilisation besitzen. Alle haben ihre Existenzform und Aufgabe in ihrem Dasein auf der Erde.

Die Zivilisation bedeutet in diesem Sinn die Summe der Erfahrungen und Aufgaben, die in ihrem Kern als Teil aller mitarbeitenden, subjektiven Wesen fortleben. So schaffen alle auf dem Fundament, das ihnen als Schaffensgrundlage zusteht.

Die Zivilisation der Elementale existiert nicht auf der geistigen Ebene, sondern wurzelt auf dem Gefühlsniveau, das wir am leichtesten verstehen, wenn wir es mit dem menschlichen Gefühlsniveau vergleichen. Die Grundemotionen sind bei Mensch und Elemental die gleichen. Das Gefühlsniveau ist bei beiden auf der selben Wellenlänge zu finden.

Aus diesem Grund spielt sich auch ihre Zusammenarbeit auf diesem Niveau ab.

Die Zusammenarbeit ist sehr verwickelt und unlogisch vom Standpunkt des Bewusstseins aus, das über alles positiv oder negativ urteilen will. Wertungen über Elementarwesen sind immer schwarz-weiß, kann sie doch das menschliche Bewusstsein (noch) nicht im Einklang mit der Ebene verstehen und unterscheiden, auf der sie zusammen arbeitende Existenzen sind.

Obwohl das Bewusstsein die Elementarwesen ablehnt, da es für sie keine logische Begründung kennt, bemerkt der menschliche emotionale Körper dennoch ihre Nähe und reagiert auch auf die Zusammenarbeit mit ihnen.

Die Zusammenarbeit zweier Energiewesen habe ich schon mehrmals beschrieben. Die wechselseitige Unterstützung muss auf beiden Niveaus erwünscht sein. Die Seele muss wissen, weshalb sie mit dem Elemental zusammen arbeitet, und dieses muss wissen, warum und wie es mit der Seele kooperieren will.

Das ist die Grundlage für den Beginn ihrer Zusammenarbeit. Von diesem Standpunkt aus gibt es keine negative Zusammenarbeit. Die Seele entscheidet sich bewusst zu diesem Schritt und wirkt entsprechend auf ihre inkarnierte Hälfte und ihre bewussten Gefühlsniveaus ein. Diese brauchen eine solche Erfahrung aus dem einen oder anderen Grund.

Das Gefühlsniveau der Elementarwesen

Elementale sind zugleich Teil des Ganzen im Kosmos wie auch subjektive Intelligenzen, die in der Regel auf dem Gefühlsniveau wohnen. In diesem Bereich entwickeln sie sich im Einklang mit ihren Aufgaben und Lösungswegen. Ähnlich wie die Seelen haben auch Elementarwesen ihre subjektive Evolution. Auch sie reifen an den Erfahrungen ihres Erdendaseins. Wie die Seelen haben auch sie ihr Muster und Schicksal, nach dem sie sich richten, um an den Kreuzungen ihres Lebens in der Materie zu entscheiden.

Auch wenn manche Erfahrungen mit ihnen einen anderen Eindruck erwecken, so sind die Elementale in ihrem Wesen neutral gefärbt und befinden sich gefühlsmäßig in dem reinen und grundlegenden Zustand der Liebe.

Die Liebe ist ein interessantes Gefühl. Sie ist nicht nur eine Gefühlsreaktion auf eine Energiefrequenz, sondern ein Zustand der Seligkeit und Reinheit. Sie ist das Fundament, das in emotionsfreier Vibration auf geistiger Ebene bewahrt wird, damit die Seele energetisch erhalten bleibt. Die Liebe ist das erste Gefühl. Sie ist keine Emotion im eigentlichen Sinn der Wortes, sondern die Grundlage für alle anderen Seinszustände.

Die Liebe ist das positivste Gefühl im Sinne der Kreativität. Sie bedeutet Vertrauen und das Aussenden guter Vibrationen in die Umgebung. Sie bietet Schutz vor Bösem und Schlechtem. Sie ist ein Weg, eine Methode, um den stärksten Feind zu besiegen, weil sie beruhigend und wohltuend wirkt und Neutralität anregt. Die Neutralität ist die beste Garantie für jede neue Entwicklung innerhalb Eurer Aufgaben und Erkenntnisse.

Die Elementale tragen in ihrem Fundament die Vibration der Liebe. Das ist ihre Grundvibration, die sich nicht verändern kann. Veränderlich ist freilich die Art und Weise, wie sie mit der materiellen Welt zusammen arbeiten. Auf ihrer Grundebene sind die Elementale weiß und befinden sich in der Vibration der Liebe.

In ihrem Kern tragen sie alle ihre fixe Kodierung, über die man sie bemerken und jederzeit ansprechen kann. Ihre Kodierung ist ebenso geschützt wie jene der Seelen oder Engel. Es lässt sich ihr nicht anmerken, ob das Elemental offen oder verschlossen ist und ob es die angebotene Zusammenarbeit als für sich notwendig erkennt. In seinem Kern ist das Elemental ein Gefühlswesen, das ähnliche Funktionen der Erinnerung, des Wachstums, Reifens und der Transformation hat wie die Seele.

Das Elementarwesen entwickelt sich in mehreren Evolutionsstufen: von den Elementarwesen der Pflanzen über die Elementarwesen der Räume und Menschen bis zu den Elementarengeln. Das Elementarwesen verwandelt sich von einer Stufe zur anderen. Das geschieht, wenn es die kritische Phase des Lernens überschreitet und die Fähigkeiten erlangt, die es für die nächste Stufe benötigt.

Die Metamorphose der Elementarwesen

Der Mensch ist ein inkarniertes Wesen. Seine Daseinsform hängt vom Grundmuster ab, das wir Schicksal nennen und das er sich selber auf seinem geistigen Niveau gewählt hat. Die Zeit, die er als materielles Wesen verbringt, vernebelt seine geistige Verbindung. Sie wird eingeschränkt durch Systeme wie das Bewusstsein, das Unterbewusstsein, den Körper, der schon für sich genommen in seiner Beharrlichkeit Anlass genug zur Selbsttäuschung gibt.

Der Mensch ist ein komplexes Wesen, das alle Niveaus in sich vereint und sie jedes für sich und zugleich synchron lebt. Er kann sie aufgrund der Eigendynamik seiner materiellen Inkarnation nur schwer bewusst in eine Einheit bringen. Vom Standpunkt der momentanen materiellen Situation ist er immer verloren und entzweit.

Umwandlungen und Umwälzungen ereignen sich während seiner ganzen Existenzdauer in der Materie. Er kann sie subjektiv bestimmen und fühlen - wenn er nur will. Sie verändern seine Art den Herausforderungen des Lebens zu begegnen, deren Teil er ist. Dadurch reift er und verändert sich. Mit den Umformungen wächst der Erfahrungsschatz seines Bewusstseins und der Seele.

Die größten Umwälzungen, die er erlebt, bleiben jedoch Geburt und Tod. Sie beginnen und beenden sein Dasein in der Materie. Beide stehen für eine wichtige Erfahrung und wirken unablässig in die materielle Inkarnation hinein. Nach jeder materiellen Inkarnation hat die Seele Zeit, ihr Wesen den neu gewonnenen Erfahrungen anzupassen. Das ist eine Zeit, in der sie in ihrem geistigen Fundament allmählich wieder auflebt, zum Teil neugeboren und gereift aufgrund der neuen Informationen, die sich in ihr Gedächtnis eingeprägt haben.

Wenn die Seele einst eine hohe Reife erlangt, die ausreichen wird, um sich in einen Engel zu verwandeln, dann wird es dazu kommen. Ihr

Fundament organisiert sich um. Dennoch bleibt sie in ihrem Wesen noch immer Seele. Wir Engel sind nämlich in unserem Innersten aufgebaut wie Seelen. Der Unterschied liegt nur im Überbau des geistigen Fundaments. Der Engel ist also der Überbau der Seele, wobei es zwischen ihnen beiden keinen Wertunterschied oder Eifersuchtskämpfe gibt. Der Engel ist die Fortsetzung oder der Anfang neuer Ziele, neuer Aufgaben und neuer Sichtweisen der selben imaginären Wirklichkeit.

Die Elementarwesen vereinigen in sich nicht so viele Niveaus. Sie sind zwar ähnlich strukturiert wie die Seele, jedoch auf einem anderen Niveau. Ihre übrigen Niveaus haben mit den Niveaus der Seele wenig gemeinsam.

Die Elementarwesen sind sehr sensible Wahrnehmungsenergien. Sie unterscheiden sich voneinander durch ihren Werdegang. Sie sind jedoch alle an die Materie gebunden. Dadurch unterscheiden sie sich auch von der Seele. Diese teilt sich zyklisch Abschnitte zu, in denen sie an die Materie gebunden ist. In ihrer Materialisation gibt es keine reine Kontinuität. Ihr zyklisches Kommen und Gehen ist immer an ihren Enwicklungsweg gebunden. Sie braucht Zwischenphasen, in denen sie alles verinnerlicht, was sie erlebt hat. Während dieser Zeit arbeitet sie bei den Vorgängen anderer Energieformen als Lehrer mit.

Die Elementale leben die ihnen gleichfalls eigene Zyklenfolge in ständiger Verbindung mit der Materie. Sie haben jedoch niemals eine materielle Gestalt. In diesem Sinn sind sie stets unsichtbare Energiepotenziale, die man nur bemerken kann, wenn man sich ihrer bewusst wird. Von sich aus geben sie sich nur schwer in solchem Ausmaß durch Handlungen zu erkennen, dass sie dem Menschen auffallen würden.

Aus dieser Erklärung folgt, dass Mensch und Elementarwesen nur in der Zeit zusammen arbeiten können, wenn die Seele inkarniert ist. Das bedeutet, dass die Elementarwesen nicht mit der Seele, sondern nur mit ihren inkarnierten Gefühlsniveaus zusammen arbeiten können. Das Gefühlsniveau ist aber nicht das Urelement der Seele, sondern nur das System, durch das sie lernt. So ist auch der materielle Körper ein System für sie, wodurch sie lernt.

Die Umwandlung der Elementarwesen ist immer mit der Materie verbunden. Sie sind gefühlsmäßig neutral, ein unbeschriebenes Blatt, worin sich eine ganzheitlich zyklisch gewonnene Reife oder Unreife verbirgt. Ihre erreichte Entwicklung oder Evolutionsstufe ist als neutrales Gedächtnis in eine Kodierung eingebracht. Die Basis des Elementals ist seine Neutralität. Das ist sehr wesentlich. Wie jedes andere Wesen lebt auch das Elemental in ständigem Streben nach Vollkommenheit, nach Vervollkommnung auf seinem fundamentalen neutralen Niveau. Das Elementarwesen wünscht sich neutral zu sein, weil es nur auf diesem Niveau vollkommen sein kann.

Das Streben nach Vervollkommnung und Neutralität ist eine Tendenz, die ihm dabei hilft mit viel Willen und Elan die gestellten Ziele zu erreichen, die es in Verbindung mit der Materie, also auf seinem zweiten Niveau, erreichen muss.

Die Verbindung zwischen Materie und Elementarwesen lässt sich fast nicht beschreiben. Es liegt eine energetische Verbindung vor, die in ihrem funktionellen Kern einer Nabelschnur gleicht. Dieses Band erlaubt dem Elementarwesen die Zusammenarbeit mit dem Gefühlsniveau des anderen Wesens. Es ist nie mit einem toten Gegenstand verbunden, es sei denn, es stecken viele energetische Erinnerungen darin, die in seine kristalline bzw. materielle Struktur eingefügt sind. Das sind Fälle, in denen das Elemental mit einer antiken Lampe, einem alten Nachtkästchen oder mit einem starken Kristall oder leitfähigen Schmuck verbunden ist. Es ist auch möglich es an einen Punkt zu binden, wenn man seine Kodierung kennt. Sobald Du seine Kodierung auf einen Punkt fixierst, ist auch das Elementarwesen daran gebunden. Dabei ist es nötig auch die Grundursache mit einzugravieren und ihm zu helfen, damit es nach einer gewissen Zeit seinen Brennpunkt wiederum befreien und auf ein anderes Wesen oder einen starken Gegenstand richten kann.

Jedes lebende materielle Wesen arbeitet mit Elementalen zusammen. Das ist ganz alltäglich und sehr wichtig. Man darf diese Wesen nie mit Gewalt vertreiben oder ihnen die Schuld für Probleme geben, die in der eigenen Umgebung entstehen.

Die Verbindung zwischen Materie und Elemental ist immer beidseitig. Das Elemental nimmt nie ohne zurück zu geben. Es nimmt, was das Wesen bietet, und gibt, was es geben kann und was dieses Wesen benötigt.

Die Umwandlung des Elementals ist kein langfristiges Ziel. Es durchläuft seine Metamorphosen sehr rasch. Dennoch gibt es Unterschiede bei den einzelnen Hauptstufen der Elementale.

Aufgrund der Labilität des Gefühlsniveaus verändert das Elementarwesen seine Frequenz auf dem materiell gebundenen Niveau sehr leicht. Es kann sich nicht aus Eigeninitiative verändern oder gar aus böswilliger Absicht. Immer verändert es sich in Zusammenarbeit mit dem Wesen, an dem es festhängt oder das an dem Ort lebt.

Der Mensch wirkt mit seinem Gefühls- und Bewusstseinsniveau auf das Elementarwesen ein, das in seiner Umgebung lebt. Dadurch verändert er dieses in seiner zweiten Grundfrequenz, die analog an sein Innerstes gebunden ist wie das Bewusstsein an die Seele.

Auch das Elementarwesen hat sein Bewusstsein, das man emotionales Bewusstsein nennen könnte. Es verhüllt ihm seinen Ursprung und nimmt ihm die Urteilskraft, wenn es um die Zusammenarbeit und Veränderung verschiedener Zustände geht.

Wenn sich zum Beispiel ein Elemental aufgrund seiner Zusammenarbeit mit einem Menschen, der viele Probleme mit sich trägt, wegen der von ihm ausgehenden negativen Gedanken und Gefühle in die grüne Vibration der Angst verwandelt, so beginnt es auf die menschliche Gefühlsebene zurückzuwirken. Der Mensch bekommt plötzlich eine Gefühlsanspannung zurück, die wegen ihrer Entfernung zum Neutralen eine zunehmend negative Vibration annimmt. Das verstärkt die menschliche Angst, die ja eigentlich der Grund der Veränderung war und nun als deren Folge auftritt. Eine solche Veränderung muss ganzheitlich betrachtet werden. Es genügt nicht, wenn dem Elemental eine allmähliche Neutralisierung ermöglicht wird. Auch der Mensch muss seine Gefühlsladung verändern, die bestimmt durch die Forderung nach einem Schritt ausgelöst wurde, den er in seinem Leben tun muss.

Die Zusammenarbeit mit dem Elemental ist zumeist ein Erzwingen. Dieses geht jedoch nicht vom Elemental aus, sondern von der Seele. Eigentlich bittet die Seele das Elemental, in irgendeiner Richtung zu vermitteln und ihr über die Gefühlskonflikte hinweg zu helfen, also das Bewusstsein zu besiegen, das ihre ständigen Ermahnungen blockiert.

Gefühlskonflikte lösen für gewöhnlich eine Krankheit aus. Auf diese Weise wächst sich das Problem wegen der Verständnislosigkeit des menschlichen Bewusstseins meist in ungeahnte Dimensionen aus.

Die Elementale werden just wegen solcher Erfahrungen häufig als böswillige Wesen charakterisiert, die keine andere Aufgabe zu haben scheinen als unschuldigen Menschen zu schaden. Das stimmt nicht. Auch das Elementarwesen leidet in so einer Verbindung. Sein Wesensfundament diktiert ihm eben die Aufgabe, die es durchleben muss. Frequenzveränderungen in negativer Richtung bedeuten für sein Lebensniveau Schmerz und Anspannung, die es möglichst bald überwinden will.

Sein einziger Ausweg aus einer solchen negativen Entwicklung besteht darin, dass ihm eine positive Erfahrung auf derselben Ebene bzw. mit demselben Energiewesen gewährt wird. Darüber später mehr.

Elementarwesen und Pflanzenwelt

Die Pflanzen sind mit den Elementalen eng verbunden und bringen auf der Erde die Atmosphäre hervor, weswegen der Mensch die Natur als seine Mutter achtet. In seinem Innersten weiß er, dass ihm die Natur in jedem Augenblick die erste Mutter und Ratgeberin ist.

Sie bietet ihm ein Heim, Wärme, Nahrung, Kleidung, Arbeitsmaterial und alle denkbaren Annehmlichkeiten, von denen er sonst nicht einmal träumen könnte. Der Mensch ist zugleich Teil dieser Natur.

In ihrem Wesen sind sie verwandt und ähnlich. Es gibt eine starke Verbindung zwischen ihnen, vergleichbar jener zwischen Mutter und Kind. Die Mutter schenkt sich ihren Kindern. Das ist das Wesen ihrer Liebe. So ist auch die materielle Inkarnation der Erde von den Pflanzen erbaut, als würden sie die Mutter aller inkarnierten Wesen mit den symbolischen Farben ihrer Zyklen kleiden.

Zwischen den einzelnen Zivilisationen gibt es intensive Zusammenarbeit und tiefe Bindung mit gegenseitiger Hilfe und Anregung auf allen Niveaus.

Die Pflanzen leben von Wasser und Mineralen, die ihnen die Erde mit ihren Systemen und Zyklen bietet. Die Tiere wiederum leben von den Pflanzen. Kein Tier könnte ohne die Pflanzenwelt existieren, die ihm Nahrung und Schutz bietet. Auch ist freilich jedes Tier von den Grundelementen abhängig, die ihm die Erde als materielles Wesen spontan anbietet.

Der Mensch ist auf die Pflanzen angewiesen, die ihm Nahrung, Schutz und Schaffensgrundlage gewähren. Gleichzeitig ist er auf die Tieren angewiesen, die ihm direkte oder indirekte Nahrungsquelle sind. Sie bieten auch Hilfe bei Arbeit und Geselligkeit. Der Mensch braucht die Partnerschaft mit den Tieren, weil ihm ihre Treue und Liebe viel bedeuten.

Die Elementarwesen brauchen alle drei Zivilisationen, weil sie ihnen ihre materielle Gestalt ersetzen. Sie sind ja formlos und unsichtbar. Man kann sie jedoch auf der Vitalebene bemerken, weil sie neben ihrer emotionalen auch eine vitale Ebene besitzen. Es fehlt ihnen nur noch die materielle Ebene, um durch sie auf die umliegende Materie einzuwirken. Weil sie selbst keine materielle Gestalt besitzen, heften sie sich an die materielle Gestalt anderer Wesen an, und zwar auf eine Weise, die bis zu ihrer Wandlung recht stabil ist. Erst eine fundamentale Wandlung kann diese Verbindung unterbrechen und den Brennpunkt unabhängig von der räumlichen Ausbreitung der Materie verschieben. Das Elemental ist an Raum und Zeit gebunden, solange es an ein materielles Wesen angeschlossen ist. Sobald es sich von ihm löst, ist seine verzauberte Lage augenblicklich unterbrochen: Raum und Zeit beschränken es nicht mehr. Das bedeutet nicht, dass einem Elemental eine derartige Loslösung oft widerfährt. In solch einem Augenblick braucht es allerdings fremde Hilfe. Ohne Hilfe eines materiell inkarnierten Wesens, das auf der Gefühlsebene mit ihm zusammen arbeiten kann, wird ihm dieser Schritt nicht gelingen.

Die Elementarwesen der Pflanzen sind die zartesten Energiewesen mit dem kleinsten Erfahrungsschatz. Je kleiner eine Pflanze ist, um so feingliedriger ist auch ihr Elementarwesen.

Es ist an der Zeit zu erklären, dass ein Elementarwesen aus einem winzigen Keim seinen Anfang nimmt, ausgesät von einem unbekannten Fokus. Dieser Brennpunkt ist weder der Kosmos noch ein Punkt der Wahrheit. Es handelt sich um den abgespaltenen Teil eines erwachsenen Elementals, mit der Fähigkeit einem werdenden Anfang zu helfen.

Das Elemental wird als Same durch die Pflanze hindurch geboren, als ein Neubeginn, der der Pflanze von ihrem Anfang an symbolisch zu helfen vermag. Es sind Elementarwesen, die das Urmuster der Pflanze, mit der sie leben, als ihr Wesen wiedererkennen. Ihre Aufgabe ist es sich der Pflanze hinzugeben und ihr das Gefühlsniveau einzuflößen. Die Pflanze hat nämlich im Gefühlsniveau die stärkste Ausprägung. Alle anderen Ebenen, abgesehen vom materiellen und vitalen Niveau, sind lediglich als Ursame oder Urmuster gegenwärtig.

Durch die grundlegende Zusammenarbeit mit den Elementarwesen sind die Pflanzen ausgesprochen emotionell und kommunizieren mit ihrer Umwelt vor allem durch das Gefühlsniveau, dem Grundniveau ihres immateriellen Seins.

Die Pflanzen sind eigentlich Energieintelligenzen, die ihre Aufgaben gefühlsmäßig an sich herankommen lassen. Wegen ihrer anpassungsfähigen Bodenständigkeit wirken sie als Filter für die Einflüsse verschiedener Wesen. Ihre starke vitale Leitfähigkeit arbeitet mit dem emotionalen Brennpunkt zusammen. Er ist das Fenster der Pflanze und die Verbindung zu allen Wesen, die sich ihr nähern.

Die Verbindung bildet das Elementarwesen, sei es nun eine Deva bei den Pflanzen oder ein Faun bei den Bäumen. Bäume sind die stärksten Pflanzen. Ihre vertikale Balance und die Verbindung Kosmos-Erde, die bei den sich fortbewegenden Wesen so leicht ausfällt, ist bei ihnen vollständig inkarniert. Das Verwurzelungssystem des Menschen ist dagegen nicht inkarniert, sondern nur energetisch wahrnehmbar. Beim Baum jedoch ist es als materialisierte Essenz gegenwärtig.

Daher reifen Bäume von Anfang an schnell heran. Ihre Rückkoppelung an den Ort, an dem sie stehen, zeigt sich in den gewachsenen Verzweigungen. Keine zwei Apfelbäume sind sich gleich. Bäume passen sich immer der Gesamtheit aller Einflüsse an, die über lange Abschnitte auf sie einwirken. Sie können ihnen ja nicht ausweichen, sondern müssen sich ihnen aktiv anpassen. Darin lässt sich von den Bäumen viel lernen. Ähnlich ist es beim Menschen, nur dass dieser jenen Fehler wiederholt, den man Flucht (Ausweichen) nennt. Wenn Ihr etwas lernen müsst, habt Ihr keine Fluchtmöglichkeit, sondern müsst am selben Ort und in der gleichen Umgebung das Problem lösen. Erst dann ist es Euch gegeben zu gehen.

Wenn Ihr glaubt, dass ein Baum auf seinem Vitalniveau stark und ausbalanciert genug für all diese Geschehnisse ist, dann irrt Ihr Euch. Auf sich allein angewiesen könnte er sich so große Abweichungen und Anpassungen von seinem Muster nicht erlauben. Das Elementarwesen, das mit ihm zusammen arbeitet, ist sein Lehrer und Kommunikationskanal zu anderen Wesen, aber auch sein Bewusstsein und seine Erlebnisweise. Die Erlebnisse des Fauns sind die Erlebnisse des Baums, mit dem er lebt. Sein Sein ist das Sein des Baumes. Zwischen ihnen gibt es eine ebenso starke Verbindung wie zwischen Mensch und Seele, mit dem Unterschied, dass bei den Elementarwesen die Gefühlsebene, beim Menschen die geistige das Fundament bildet.

Die Position des Fauns am Baum ist universal. Zumeist ist er an einen Punkt gebunden, von wo aus er am leichtesten alle Teile des Baums überblicken kann. Bildhaft gesehen gleicht er dem Matrosen auf einem Schiff, das sich mitten im Ozean befindet. Seine Fahrtrichtung verläuft zwischen den Wellen des Lebens. Die Gefühlsverbindung des Fauns zum Baum ist wie das Band zwischen Mutter und Kind oder die Beziehung eines Menschen zu seiner Heimat. In seinem charakteristischen Eifer versucht er möglichst viel zu verstehen und den Baum möglichst gut beim Wachsen und Anpassen zu unterstützen. Je älter der Baum, umso reifer sein Faun, umso reifer und stärker ist sein Resonanzsystem für die Probleme der Pflanze und ihrer Umgebung.

Wenn der Baum Probleme hat, so müsst Ihr den Faun fragen, was nicht stimmt und wie der Pflanze am besten zu helfen ist. Es genügt nicht ihre Vitalgestalt zu heilen, sondern es ist notwendig in ihre Gefühlsebene einzugreifen, weil dort die Ursachen liegen.

Der Baum hat seine Immunsysteme, doch kann er manchmal die negativen irdischen Turbulenzen und Strahlungen am Ort seiner Verwurzelung nicht ertragen. Der Schmerz, der dabei entsteht, wird zuerst auf seinem Gefühlsniveau spürbar. Es fühlt sich an, als ob der Baum weint. Man fühlt es einfach: Solch ein Baum braucht Hilfe.

Der Faun ist ein sehr einfaches Elementarwesen. Es kann sich nicht an den Menschen binden, sondern nur Impulse aus dessen Gefühlsebene empfangen. Der Faun wird mit Euch in einer emotionalen Weise kommunizieren. Aus der Färbung des emotionalen Tons lässt sich erfühlen, in welchem Zustand sich seine Wahrnehmung befindet.

Wenn Ihr Euch unter einen Baum stellt, so vergesst nie, dass wechselseitige Kommunikation nur auf der emotionalen Ebene stattfinden kann. Der Faun sieht und hört Euch nicht, dazu fehlt ihm die Fähigkeit. So wie der Mensch hat auch er ein begrenztes Blickfeld und sieht die Materie nicht. Er kann aber ihre vitale Gegenwart und ihre emotionale Ladung wahrnehmen. Ihr irrt Euch, wenn Ihr glaubt, dass Euch die Energiewesen in Eurer materiellen Gestalt sehen. Das Gegenteil ist der Fall. So wie Ihr sie nur mit Eurem inneren Auge sehen könnt, so können auch sie Euch nur mit ihrer Intuition erblicken.

Faune sind sehr kommunikativ, als wären sie verspielt, manchmal traurig und manchmal neugierig. Bisweilen sind sie wie Kinder, die ein wenig Aufmerksamkeit brauchen, sonst nichts. Sie spielen und versuchen den Passanten einen Teil ihrer Geschichte zu erzählen. Ihre Vibrationen sind melodisch, mit zarten Farbtönen: weiß, rosa, violett. Spaziergänge im Wald sind gerade wegen der Überflutung mit diesen Farbtönen so wohltuend und entspannend. Könnte der Mensch die Musik der Faune hören, dann wäre das Spazieren im Wald für ihn viel großartiger als das Klangerlebnis irgendeines Instrumentes.

Die Zeit der Faune ist der frühe Morgen. Da ist ihre Aktivität auf dem Höhepunkt und die Zusammenarbeit mit dem Baum am stärksten. Ihre Aktivität bewirkt eine starke Ausstrahlung faunischer Energie in die Umgebung und das weitere Umfeld. Bestimmt habt Ihr schon einem bei einem Parkspaziergang in aller Frühe die besondere Stimmung bemerkt. Zu diesem Zeitpunkt liegt etwas Besonderes über den Bäumen. Es sind nicht nur die vom Morgentau glänzenden Spinnweben, sondern es ist mehr: Es lässt sich nicht allein mit dem Sonnenaufgang und Eurem Ausgeruhtsein erklären. Vielleicht ist es ein überschwenglicher Drang nach Leben, wie ihn eben ein jeder auf seine Weise erlebt.

Diese energetische Lebenslust kann ich mit eben dieser intensiven frühmorgendlichen Aktivität der Elementale erklären, nach der Ankunft der ersten Sonnenvibrationen, die einen neuen Tageszyklus einleiten.

Ich schlage Euch vor, dass Ihr Eure Aufmerksamkeit für einen Augenblick dem Faun widmet, der zum Beispiel am späten Nachmittag im Wipfel seines Baumes singt. Nur etwas Aufmerksamkeit, es braucht nicht viel mehr. Vielleicht wird ihm dieser Impuls dabei helfen, dass er für einen Augenblick den Brennpunkt seines Bewusstseins verändert und sich Euch zuwendet. Das ist ein wunderbares Erlebnis. Hegt keine Erwartungen ihn zu sehen! Visuell werdet Ihr ihn nicht einmal ungefähr erkennen. Ich möchte Euch nur helfen, Euch die Erfahrung nicht mit falschen Erwartungen zu verderben.

Soviel von den Faunen, den märchenhaftesten Wesen Eures Planeten. Ähnliches wie für die Bäume gilt auch für alle Arten von Pflanzen. Ihre fundamentalen Informationen befinden sich im Samen, dem Symbol ihrer kodierten Information. Im Einklang mit ihr helfen die Devas, die Elementarwesen der Pflanzen, einer jeden Pflanze auf ihrem subjektiven Weg und Werdegang. Ein jedes Pflänzchen, und sei es noch so klein, hat seine Deva. Sie hilft ihm beim Keimen, Wachsen, Blühen und Hervorbringen ihrer Frucht, die erneut dieselbe Grundinformation in sich trägt, bei der dieselbe Geschichte mit dem gleichen Anfang und Ende beginnt, auch wenn sich die Wege unterscheiden. Keine zwei Pflänzchen wachsen gleich heran. Die Ursache dafür liegt teilweise im Boden und seinen vital-materiellen Eigenheiten, teilweise in der subjektiven Ausrichtung der Deva, die Wachstum und Entwicklung der Pflanze unterstützt. Wie Bäume brauchen auch alle anderen Pflanzen für ihr Wachsen viel Liebe. Alles andere können sie sich gewissermaßen selber organisieren. Wichtiger als Wasser und Dünger ist die Liebe und der Wunsch, sie mögen zufrieden und glücklich heranwachsen. Der Mensch weiß, dass die Pflanzen leben, denn sie entwickeln sich und wachsen. Dagegen erlaubt er es sich zumeist nicht, sie als fühlende Wesen zu verstehen.

Das kommt von seiner ausbeuterischen und versklavenden Zusammenarbeit, die er mit ihnen eingeht. Die Pflanze fühlt wirklich keinen körperlichen Schmerz, wohl aber ein emotionales Leid, das schlimmer und weitreichender sein kann als jede physische Wunde.

Der nachlässige Umgang der Menschen mit den Pflanzen, die eine Bedingung für seine materielle Existenz sind, ist Ursache für so manchen hässlichen und ungepflegten Garten. Pflanzen, die mit Liebe gehegt werden, sind die schönsten. Mit Liebe gejätetes Unkraut wird weniger. Wenn Ihr es mit aller Gewalt aus Euren Beeten verbannen wollt, so gedeiht es wie zum Trotz noch üppiger. Versucht es mit der Bitte auszurupfen, es möge lieber auf der Wiese oder in einer Ecke des Gartens wachsen, wo es Euch nicht stört. Vielleicht teilt Ihr ihm sogar ein eigenes kleines Beet zu, wo es seine Lust auf Sonne und Wachstum stillen kann. Vergesst nicht, dass auch das Unkraut eine Pflanze ist. Es wird Euch Ungemach bereiten, wenn Ihr ihm mit Hass begegnet. Liebe erweckt Liebe, vergesst das nie, wann immer Ihr mit Pflanzen zu tun habt.

Heilpflanzen

Jede Pflanze hat (gemeinsam mit ihrem Elemental) eine gänzlich festgelegte Vibration. Mit diesen Vibrationen kann sie bei Problemen des physischen Körpers helfen. Wer als Therapeut die Vibration der zu heilenden Krankheit kennt, kann die Vibration auswählen, die auf diese Krankheit lindernd wirkt und sie sogar neutralisieren kann. Pflanzen können also mit ihren Vibrationen beim Heilen helfen. Gerade dadurch! Ihre Heilwirkung liegt nicht allein im Saft, den Wurzeln und Blüten, sondern in den Vibrationen, die sie abgeben. Ein Beweis dafür sind zum Beispiel bestimmte Pflanzen, die Wühlmäuse im Garten vertreiben, ohne von ihnen gefressen zu werden. Die Schwingung allein wirkt abschreckend. Auf diese Weise wirkt auch der Lavendel im Wäschekasten auf die Motten. Nicht nur der Geruch, auch die Frequenz tut ihre Wirkung. Sie kann in einem Falle abstoßend, im anderen anziehend wirken. Die Vibration wirkt immer auf etwas. Ihr Einfluss lässt sich erproben und beweisen. Der Einfluss ist subjektiv. Nach den objektiven Eigenschaften der Pflanzen kann man sich wirklich grob orientieren, nicht aber die Bedeutung für eine bestimmte Person festlegen, solange nicht die konkreten Frequenzverbindungen ausgelotet werden. Jeder hat seine ideale Heilpflanze. Das ist die Pflanze, die am wohltuendsten auf seinen physischen und psychischen Körper wirkt.

Die Anwendung der Heilpflanzen

Lasst mich noch einmal betonen, dass Pflanzen emotionale Wesen sind. Ihre Grundfrequenzen sind in den Schwingungen der Devas verankert und eingeschlossen, die mit ihnen leben. In ihrer Ganzheit leben sie also vor allem und grundsätzlich als Gefühlswesen. Sie können auf sehr grobe Weise genutzt und ihres physischen Körpers beraubt werden. In diesem Fall verschließt die Pflanze jedoch ihre durch Kodierung geschützten Dimensionen als "Sender". Dadurch geht ihre eigentliche pflanzliche Kraft verloren, wie groß sie auch gemäß Bücherwissen sein sollte.

120

Der Schlüssel beim Sammeln und Anbauen von Heilpflanzen ist die Liebe und das Vertrauen in ihre Hilfe. Liebe und Vertrauen. Diese zwei Gefühle oder Reifestufen dürft Ihr nie vergessen, denn ohne sie bleibt das Tor zum Heilen mit Heilkräutern verschlossen.

Die Heilkräuter können in der Nähe des Kranken angebaut werden: in Balkontöpfen, in der Wohnung oder im Garten. Im lebenden Zustand haben sie den größten Wert und ihre Wirkung ist ganz nach außen gerichtet.

Man kann sie auch trocknen, jedoch nicht zu lang oder bei zu großer Hitze (in der Sonne oder durch eine künstliche Wärmequelle, die zu stark ist). Beim Trocknen entweicht die Frequenz der pflanzlichen Vitalenergie. Die Deva zieht sich als tätige, energetisch in Erscheinung tretende Intelligenz zurück. Es bleibt nur die kodierte Form, gleichsam als Abschrift übrig. Darin wohnt noch das Gedächtnis ihres Seins, eingeritzt in die Struktur der Frequenzimpulse der getrockneten Pflanze.

In der ansonsten "toten" Pflanze verbleiben alle Grundkodierungen ihrer Persönlichkeit. Mit einfachen Worten würde ich sagen, dass die Kodierungen ihrer Seele als ein ewiges Siegel in der Pflanzenmaterie bleiben.

Diese Gravierungen bedeuten Heilkraft. Was sich in den physischen Überresten des Wesens bemerkbar macht, ist nur die Auswirkung der Kraft auf höheren Ebenen.

Die Kraft auf den höheren Ebenen ist unzerstörbar, freilich nur, solange die Pflanze, bedingt durch die Vergänglichkeit ihrer materiellen Struktur, nicht zerfällt, wenn sie also nicht durch die Nachlässigkeit ihrer "Besitzer" verfault oder vertrocknet.

Die Deva bleibt in der gepflückten Pflanze nur dann, wenn wir dem Kraut die Heilkraft zusprechen, die in seinem Gedächtnis eingebunden ist. Im anderen Fall entweicht sie und geht auf einen neuen Keim über. Sie sorgt also dafür, dass aus einem neuen Samen derselben Art eine neue Pflanze wächst. Das ist ihre Art von Verwandlung. Sie geht also ganz und gar nicht in irgendeinen Zustand des Kosmos über, um dann über ihre Existenz zu befinden und zu entscheiden, sondern findet sofort ihre neue praktische Aufgabe. In diesem Sinn sind die Elementarwesen der Pflanze wirklich stark und kontinuierlich aktiv, ohne "brütende" Zwischenphasen. Sie sind die praktischsten Wesen des Planeten Erde.

Ich kann keine Objektivität in der Heilkraft der Pflanzen anerkennen, weil ich weiß, dass es sie in gar keinem Aspekt des Daseins gibt. Jede Pflanze hat eine allgemeine Wirkung, die jedoch auf das betreffende Subjekt so oder anders wirken kann, jedenfalls auf keine zwei Versuchspersonen gleich.

So kann zum Beispiel jemand Kamillentee zur Linderung seiner Unruhe trinken, ein anderer gegen Magenkrämpfe, im dritten Falle dient er als Antibiotikum, dann wieder zum Ausschwemmen der Augen. Es ist schon richtig, dass die Fachleute der Kamille viele Wirkungen und eine weitgefächerte Heilkraft zusprechen, doch das ist so, weil sie auf so unterschiedliche Weise auf die Betreffenden wirkt. Wenn sie jemand bei Augenentzündungen hilft, wird sie ihm mit größter Wahrscheinlichkeit nicht bei Magenproblemen helfen.

Heilpflanzen haben ihre eigenen Vibrationen. Ihr Ziel ist es, ihre Kraft mit der Umwelt zu teilen. Das ist ihr Wunsch, sogar wenn Ihr sie dazu pflückt, trocknet und in Glasbehälter gebt. Es ist nicht der Wille der Pflanzen, auf dem feuchten Winterboden zu verfaulen oder während einer Trockenperiode im August abzusterben. Pflanzen wollen geliebt werden. Sie wollen gebraucht und geachtet werden, und sie wollen nützlich sein. Ihre Nützlichkeit ist überhaupt eine der Grundlagen ihres Seins. Sie sind glücklich, eine Zierde zu sein und die Aufmerksamkeit der Vorübergehenden zu erwecken. Sie sind glücklich, wenn sie bei Krankheiten helfen und sie aus dem Körper fortschwemmen, sofern das in ihrer Macht steht.

Nun zum Teetrinken. Ich werde nicht über die Teesorten und ihre subjektiven Wirkungen sprechen. Ich will Eure Aufmerksamkeit auf die eigenartige Mischung von Pflanzen und Wasserenergien lenken, die gerade wegen ihrer mineralisch-energetischen Vibration die Kraft einzelner Frequenzen noch verstärken.

Das Wasser ist nicht nur eine Flüssigkeit, eine chemische Verbindung von Wasserstoff und Sauerstoff. Es ist in seinem energetischen Sein das Heim einer weiteren Zivilisation - der Zivilisation sehr mächtiger Wasserwesen. Ich werde nicht näher auf diese Zivilisation eingehen. Es soll jedoch gesagt werden, dass die das Wasser bildenden Energiewesen sehr gerne mit den unterschiedlichsten Bestandteilen zusammen arbeiten, die ihnen der Mensch als Zusätze beim Essen und Trinken, bei der Arbeit und beim Schaffen beimengt.

Wenn das Wasser kocht, so schrumpft und zerschäumt die Mehrzahl dieser Wesen energetisch. Es ist schwer, die Bedeutung dieser Worte zu verstehen, doch liegt darin der Unterschied zwischen lebendem und totem Wasser.

Gekochtes Wasser ist totes Wasser, sowohl biologisch als auch energetisch. Ein Pflanzentee, den man auf kalte Weise zubereitet, wäre wirklich eine hervorragende Hilfe beim Heilen verschiedener Krankheiten und wertvoller als die klassischen Tees, die ihr gewohnt seid.

Über die praktische Umsetzung denkt bitte selber nach. Ich will Euch mit dem Hinweis helfen, dass die für den Tee charakteristischen Farben und Gerüche nicht das einzige Zeichen der Heilkraft darstellen. Die Pflanze gibt ihre Frequenzen auch ohne Nötigung durch kochendes Wasser ab.

Eine wichtige Rolle bei der Heilwirkung der Pflanzen spielt das Vertrauen in ihre Kraft. Wenn Ihr einen abführenden Tee trinkt, jedoch nicht glauben wollt, dass er Euch hilft, dann kann er Euch auch nicht helfen. Die Pflanze wirkt nämlich in erster Linie nicht auf den physischen oder emotionalen Körper. Die Übertragung auf die physische Ebene kann nur geschehen, wenn der Mensch mit seiner Zuversicht darin einwilligt. Die zweite Bedingung ist die, dass es zwischen seiner Frequenz und der Frequenz der Pflanze zu einer positiven Wechselwirkung kommt. Geschieht das nicht, dann ist schon von Haus aus keine Zusammenarbeit möglich. Hoffnung und Vertrauen können dann die Probleme auf emotionaler Ebene nur teilweise mildern, denn der Zugang zum physischen Körper ist ihnen versperrt.

Andere nützliche Pflanzen

Bestimmt erinnert Euch dieser Begriff an Salat, Petersilie oder Bohnen, die Ihr jeden Frühling in Eure frisch umgegrabenen Beeten sät, damit sie Euch Nahrung, Wohlbefinden und Freude spenden.

Der Garten ist ein echter Luxus und ein Sinnbild für das Paradies auf Erden. Es gibt kaum etwas Schöneres als einen Spaziergang zwischen gepflegten Beeten, voll mit saftigem und zufriedenem Gemüse.

Zum Gelingen eines Gartens sind nicht nur guter Boden, ein Komposthaufen und erstklassige Pflanzensamen nötig, sondern vor allem guter Wille, Liebe und Geduld. Notwendig ist eine bewusste Zusammenarbeit mit den subjektiven Bedürfnissen aller einzelnen Pflänzlein.

Die Pflanzen möchten sich mit Euch unterhalten, sie wollen Euch ihre Geschichte erzählen, Euch kennenlernen, mit Euch spielen. Sie sind wie anspruchsvolle Kinder, die ein Stück Eurer Aufmerksamkeit auf sich ziehen wollen.

Bestimmt empfindet Ihr manchmal Mitleid mit ihnen, weil sie wie Sklaven an die Erde gekettet sind. Vielleicht gesteht Ihr Euch ein, dass Ihr nicht besonders liebevoll mit ihnen umgeht, wenn Ihr sie ausbeutet, esst und beschneidet, damit sie Euch noch mehr schenken.

Doch sie sind keine Sklaven. Es ist ihre Lebensweise und Entscheidung. Der Salat hat nichts dagegen, dass Ihr ihn abschneidet, reinigt und zum Abendessen verspeist. Er wehrt sich nicht im Geringsten. So ist eben sein System. Er wächst ja darum, dass Ihr ihn mit dem größtmöglichen Genuss verspeist. Darin liegt nichts Sklavisches, nichts, was auf eine Selbstaufgabe des Dieners oder Mutwilligkeit des Eigentümers schließen lassen könnte, der seinen Pflanzen jeden beliebigen Schmerz zufügen kann. Es ist die freie Entscheidung des Wesens, das die Pflanze anleitet.

Die Pflanzen sind glücklich, wenn sie nützlich sind und mit Freude und Zufriedenheit gebraucht werden. Ihr dürft ganz und gar nicht glauben, dass Ihr sie tötet, quält oder dadurch ausbeutet, dass Ihr sie in Eurer Nähe kultiviert. Es kann doch kein Wesen damit zufrieden sein, einzig sich selber Sinn und Ursache zu sein. Unwichtig zu sein ist das schmerzlichste Gefühl, das man auf der Erde erleben kann. Ihr solltet es keinem Wesen wünschen.

Elementarwesen, Raum und Mensch

Die Elementarwesen haben ebenso wie die Seelen ihre Evolution, ihren zeitlosen Anfang und ihren Weg des Lernens und Fortschreitens. Dabei sind sie an Kontakte zur Materie und materiellen Wirklichkeit gebunden, zur emotionellen Ebene der materiellen Wirklichkeit.

Das Elementarwesen muss zuerst die Phasen seiner Verbindung mit Pflanzen durchlaufen. Es ist ein langwieriger Weg, der von viel Aufopferung und Hingabe an die Pflanze gekennzeichnet ist, und zwar in solchem Ausmaß, dass ein Elemental kein subjektives Wesen mehr ist, sondern Teil der Pflanze, ganz und gar ihr zueigen, an sie gebunden, ihr mit seinem ganzen Sein hingegeben. Sobald es die Stufe seiner Verbindung mit den Pflänzchen und Pflanzen hinter sich zurück lässt, verwandelt es sich in einen Faun. Ein Faun ist eine mächtigere Struktur als eine Deva. Ein Faun ist ein Subjekt. Er widmet sich zwar den Bedürfnissen des Baumes, kann aber auch seine Eigenständigkeit leben. Nach innen ist er stets mit dem Baum verbunden und bleibt zugleich nach außen Beobachter und Erforscher seiner Umgebung. Er konzentriert sich nicht nur auf sein Ziel, sondern lernt seine eigenen Wünsche aufzusuchen. Er befriedigt seine Lust nach Neuem mit alternativem Verständnis und Fühlen, sobald intelligente Energien vorüberkommen. Daher sind Kommunikationen mit Faunen häufiger als mit Devas.

Wenn das Elemental an seiner Aufgabe reift und erwachsen wird, wenn es sie ohne vorherige Anleitung seines Wesens zu erfühlen und verstehen lernt, so kommt die Zeit, da es ein selbständiges Wesen werden kann. Dieses Wesen ist nicht mehr an eine andere Vitalstruktur gebunden, denn sein eigenes Vitalniveau ist nun ausreichend entwickelt, um ihm eine gewisse Autonomie zu ermöglichen.

Das Elementarwesen kann in seiner Vitalität nicht so eigenständig sein wie der Mensch, weil es keine materielle Gestalt besitzt und daher auf den Beweis seiner Existenz verzichtet. Es muss sich ständig mit Energieeinwirkungen auf die Materie beweisen. Bedingung dafür, dass es als Vitalenergie in der materiellen Dinghaftigkeit überhaupt existiert, ist seine Bindung an die Materie als Vitalfundament, aus dem heraus sich die emotionelle Ebene entwickelt.

Die Elementarwesen sind keine sichtbare Substanz. Dafür sind sie auf der Gefühlsebene umso leichter wahrzunehmen. Ich denke da an die Grundemotionen wie Angst, Zorn oder Freude. Wegen ihres Einflusses auf die Gefühle waren die Elementale stets ein Thema von Märchen und Erzählungen. Wir kennen sie als Zwerge, Feen oder Geister.

Die Märchenwelt ist der ideale Ort, wo die unverständlichen Dinge des Alltags ihren Platz finden können. Man versteht etwas nicht und fühlt es dennoch. Aus diesem Nichtverstehen sprießen alle möglichen Erklärungen und Phantasiegespenster, die auf das Leben in Eurer Umgebung oder Phantasiewelt einwirken. Ich denke, dass es die Elementale dem Menschen nicht übelnehmen, wenn er sie in alle möglichen Märchengestalten kleidet. Er gibt ihnen Bedeutungen, die vielleicht in groben Umrissen nichts mit der Realität gemeinsam haben. Dennoch ist ihre darin verborgene Anerkennung wertvoller als jede wirklichkeitsgetreue Abbildung der tatsächlichen Realität.

Wer sind also die Zwerge (Schrate, Kobolde, Winzlinge)? Sie sind winzige Wesen mit Zipfelmützen und Stiefelchen. Gewöhnlich haben sie einen Bart und weiße Haare. Zumeist sind sie weise und alt. Ihre Persönlichkeit für sich allein genommen spielt keine große Rolle. Es ist auch nicht wichtig, ob sie männlich oder weiblich sind. Worauf es ankommt ist, ob sie weise oder bösartige Schrate sind.

Es gibt zahllose Märchen über das Zwergenvolk. Viele haben die Zwerge in ihrer Intuition auch schon gesehen. Sie beobachten sie in ihren nuancenreichen Rollen und schrulligen Schelmereien. Die Zwerge sind immer fröhlich und voller Lebenslust, die gleichsam ihre Unsterblichkeit symbolisiert. Sie sind das ideale Sinnbild für die Elementale des Raumes. Ihre märchenhafte Bedeutung stimmt tatsächlich mit den wirklichen Eigenheiten überein.

Die Elementale des Raumes sind die labilste und anpassungsfähigste Energiesubstanz, die es in der Energiewelt überhaupt gibt. Ihre Ausrichtung ist veränderlich. Es gibt keine Kraft, die sie auf einen einzigen Zustand beschränken könnte.

Der Grund für ihre Veränderlichkeit ist die Instabilität der emotionalen Felder. Dadurch entsteht die hohe Beweglichkeit der emotionalen Konstellationen. Sicherlich habt Ihr bei Euch selbst schon die Fähigkeit entdeckt emotionelle Zustände zu wechseln. Ein solches Wechseln ist nicht allein die Folge Eurer Laune oder Labilität, sondern die ganz normale Eigenheit des emotionalen Niveaus, sei es nun das Gefühlsniveau von Mensch, Tier oder Elementarwesen.

Die Gründe für die Veränderungen liegen niemals nur im Inneren des betreffenden Wesens, sondern auch in seiner Umwelt. Ihr könnt es mit Euch selber vergleichen. Die Veränderungen auf Eurer emotionalen Ebene werden meistens von der Umgebung ausgelöst. Dabei handelt es sich nicht um irgendwelche objektiven und in sich selbst ruhenden, auf Euch einwirkenden Frequenzen, sondern vielmehr um "Hebel", die Eure eigenen Frequenzsysteme in Schwingung versetzen.

Elementale haben ein breites Frequenzspektrum, worin bestimmte Gefühlsbereiche ihren Platz finden. Am leichtesten könnt Ihr sie Euch als Tunnel vorstellen, wodurch die emotionellen Regungen aus ihrer Umgebung herbeiströmen. Darin beginnen sich, ähnlich wie in Wellenbewegungen bei zunehmendem Wind, die flexiblen Frequenzen zu verdichten und zu verändern, bis sie die vitale fundamentale Gefühlsebene des Elementals, also der materiell gebundenen Intelligenz, erreichen.

Der erwähnte Tunnel ist in Wirklichkeit ein Vergleich mit der Nabelschnur. Sie hält das Elemental in ständiger Verbindung mit der Materie und ist auch der Zuflusskanal, in dem sich die Gefühlskonstellationen abwechseln. Sie verändern sich, wenn es für die Elementale und für die Wesen notwendig wird, mit denen sie in ihrem Umfeld zusammen arbeiten. Es ist leicht möglich, dass Du ein Elemental in Deinem Zimmer fühlst, Dein Partner dagegen nicht. Eine solche Abweichung der Empfindungen ist jedoch nicht die Folge einer größeren oder geringeren Sensibilität, sondern die Folge von Zusammenarbeit oder Unwissenheit. Die Vereinbarung kam zustande, weil die Wesen einander brauchen. Niemals entsteht eine Verbindung zwischen Elemental und dessen Umfeld und Energieintelligenz einfach so oder auf einseitigem Wunsch. Jeder scheinbar noch so negativ erscheinende Einfluss ist in seinem Kern für etwas gut und notwendig.

Die Menschen suchen den Grund für ihre unverständliche Trauer und haltlose Angst auch gerne in einem dritten, mit Vorliebe auffälligem Wesen. Dadurch entlasten sie ihr schlechtes Gewissen und Verantwortungsgefühl. In Wirklichkeit ist es schlichtweg unmöglich, dass ein drittes Wesen irgendjemand zu schaden versucht, wenn es dafür keinen schwerwiegenden Grund oder eine ausreichende Erlaubnis besitzt.

Und dennoch schuf sich der Mensch die Figur des Teufels. Mit ihr begann er das zu verknüpfen, was ihm schlecht und böse dünkte. Sein Blick auf Widrigkeiten entwickelt sich als Sicht auf eine äußere Gefahr, die Unschuldige bedroht und jenen zu schaden versucht, die es nicht verdienen. Der Teufel wurde eine nützliche Ausrede und ein wunderbarer Zufluchtsort für die Verständnislosigkeit. Dem negativen Pol wurde und wird immer noch alles zugeordnet, was den Menschen auf den ersten Blick nicht passt. Freilich, wem sollten auch Unglück, drohender Tod, Gespenster in langen Nächten oder Krankheit gefallen? Natürlich sind das objektiv betrachtet alles Dinge, die sich zu einer negativen Bewertung eignen. Doch nur im subjektiven Licht. Objektiv existieren im Leben keine negativen Dinge. Sie sind stets Teil von jemand, der subjektiv in sie verstrickt ist. Es gibt also nichts objektiv Schlechtes. Das subjektive Übel ist ein Urteil des Subjekts, das von einer gegebenen Situation berührt wird. Das Urteil ist die Folge der persönlichen Reife, wie über die Bedeutung der eigenen Existenz nachzudenken ist, über das Lebens, das jedem Wesen beschieden ist.

Wenn Ihr alles, was Euch widerfährt (und wenn es auch aussieht, als würde es seit eh und je negativ beurteilt) als für Euch positiv annehmt, so wird sich das Leben als verständlicher erweisen. Bald werdet Ihr die Bedeutung des Vertrauens und Eurer Verantwortung in allem erkennen, was Euch geschieht. Wenn Ihr sagt, dass Euch jemand schaden will, dann ist das eine Ausrede dafür, dass Ihr die Ursache nicht bei Euch selber zu suchen braucht. Mit dem Abschieben der Verantwortung tut Ihr Euch nichts Gutes. In Wirklichkeit könnt Ihr dadurch nichts vermeiden, sondern geratet nur noch tiefer in Eure Probleme.

Wenn ich über das äußere Negative spreche, dann wird es nötig zu verstehen, was ich damit überhaupt meine. Dem Äußeren ordnet der Mensch alles zu, was er nicht ist. Er selbst setzt die Grenzen, was er ist und was er nicht mehr ist. Diese Grenze ist seine subjektive Entscheidung und ist nicht unbedingt in Übereinstimmung mit seiner Energiestruktur. In Harmonie mit seinen Überzeugungen über sich selbst als bewusstes und geistiges Wesen baut sich der Mensch seine Vorstellungen darüber, was zu ihm gehört und was nicht.

Auf der Grundlage dieser Entscheidung urteilt er dann und fasst bewusste Entschlüsse darüber, wie sehr ihn die Ereignisse im Leben tangieren, in welchem Ausmaß er für sie selbst verantwortlich ist bzw. seine Umwelt. Die Grenze zwischen Dir und der Umwelt ist Deine "subjektive" Grenze: subjektiv vor allem auf dem Niveau des Bewusstseins, denn in Wirklichkeit ist Deine Reichweite auf geistigem Niveau viel größer. Du kannst in Geschehnisse eingreifen, von denen Du bewusst keine Ahnung hast. Niemand kann bewusst wissen, weshalb und wozu er auf der Welt ist, ehe er die Anwort darauf nicht aus seinen existenziellen Erfahrungen gewinnt.

Ich will Euch ein sehr treffendes Beispiel für die Zusammenarbeit zwischen Mensch, Raum und Elementarwesen bringen. Herr X wird in eine wohlhabende Familie geboren und versucht alles zu tun, um ein guter Erbe des Familiennamens wie auch des angehäuften Reichtums zu werden. Die Kindheit ist anstrengend. Jugend und Pubertät sind erfüllt von Melancholie und bedingungsloser Hingabe an die alltäglichen Sorgen um das materielle Wohlergehen. Es gibt nichts, was ihn dazu zwingen würde anders zu denken, als es seiner Welt entspricht. Besondere Wünsche? Keine.

Das ist sein materiell-bewusstes Niveau, aus dem heraus er mit all seiner Energie im Strudel des Lebens wirkt, seinem vermeintlichen Schicksal. Dahinter plätschert und murmelt aber eine ganz andere Geschichte.

Die Seele, die sich als Herr X inkarnierte, trat nicht in die Welt, um deren Wohlstand zu beobachten. Ganz und gar nicht. Sie will eine große Grundweisheit lernen, und zwar jene, mit wenig zufrieden zu sein und nicht nach materiellem Luxus zu lechzen.

Könnte nun Herr X diese Herausforderung bewältigen und auch entsprechend leben, so würde ihm diese Erfahrung einen großen Reichtum an Informationen bescheren und sein Leben verändern. Er würde sich in einen geistigen Lehrer und Ratgeber verwandeln.

Doch er selbst weiß dies nicht. Sein Bewusstsein ignoriert und verneint solche Hinweise. Je älter er wird, desto mehr drängen ihn die Situationen dazu, seine dem Reichtum geopferten Anstrengungen zu unterlassen. Sein Wille ringt mit vielen kleinen Situationen. Diese Situationen ereignen sich freilich nicht von allein. Er selbst ist es, der sie mit seinen Verneinungen auslöst.

Die Seele kann in einem solchen System die Hebel allein nicht finden und bedienen, die Herrn X früher oder später zwingend dazu auffordern würden, eine Veränderung der Wahrnehmung oder Wandlung zu erlauben. Aus diesem Grund arbeitet sie mit Elementalen zusammen. Ein Elemental, das mit Herrn X in seinen Lebensräumen, d.h. in seinem Heim lebt, trifft also mit seiner Seele eine Vereinbarung über einen wechselseitigen Einfluss. Das Elementarwesen des Raumes beginnt seine Grundfrequenz zu verändern und dadurch auch die von Herrn X, der einen großen Teil seines Lebens in Kontakt mit ihm verbringt. Es entstehen alle möglichen Situationen, die sich stetig verschlimmern. Das Elemental verändert nämlich seine Frequenz in Richtung negativer Gefühle bzw. solcher Farbnuancen, aus denen sich negative Gefühle bilden.

Herr X fühlt sich mit einem Mal sehr unglücklich. Es geht ihm nicht mehr so gut wie zuvor. Er verzweifelt und beschuldigt seine Mitarbeiter, dann wieder seine Nächsten, schließlich einen Dritten als Quelle seines Unglücks. Doch denkt er nur wenig über sich nach und darüber, was er bei sich verändern müsste. Wie sein Leben nun so dahinläuft und er sich schon damit abzufinden beginnt, dass er kein Glück hat im Leben, kommt es zu einer Erkrankung. Die Krankheit ist so schwer, dass ihm nichts anderes übrig bleibt als Monate im Bett zu verbringen und über sich selbst nachzudenken. Eine wunderbare Zwangsmaßnahme, die endlich ihr Ziel erreicht. Vor seinen Augen spielt sich plötzlich der Film all seiner glücklosen Erlebnisse ab. Er fühlt, dass er nicht richtig gehandelt hat. Er sieht den Fehler ein, nicht öfter und intensiver über alles nachgesonnen und die beteiligten Situationen gründlicher betrachtet zu haben.

Der Schmerz und die Angst vor dem Lebensende zwingen ihn also dazu, sich als einzig Verantwortlicher für sein Leben anzuerkennen. Im Nu erkennt er, weshalb ihn all sein Schicksalsgewebe in so schlimmer Weise ereilen und warum er solche Dummheiten begehen musste.

Die Wandlung setzt ein. Er erlaubt sich, seine geistigen und materiellen Weltanschauungsmuster zu verändern. Dank der Krankheit und den Schwierigkeiten seines materiellen Körpers sieht er die Vergänglichkeit und Bedeutungslosigket jener Güter ein, die ihm in seinem bisherigen Leben mehr bedeuteten als Gott.

Die körperliche Genesung ist nur ein Schatten im Vergleich zur Heilung auf bewusster Ebene bzw. Erkenntnis der Leidensursache. Sobald das Problem in seinem Energiefundament gelöst wurde, sind die Folgen in der Materie nur noch eine Frage der Zeit und nicht mehr Thema eines kräfteraubenden Kampfes.

Sobald sich der Mensch durch die Krankheit oder einen anderen Zwang verändert, benötigt er das hilfreiche Elemental nicht mehr. Das Elemental hat sich unter dem Einflusse der menschlichen Neigungen in chronische

Gefühlsfrequenzen des negativen Spektrums verwandelt. Es kann nur die oberflächlichsten Zustände seiner an die Nabelschnur gebundenen Grundstimmung wechseln. Diese selbst kann es allein nicht verändern oder neutralisieren. Darum ist es so wichtig, nach der Veränderung, die einem Menschen widerfährt, auch dem Elementarwesen zu helfen, seinen neutralen Zustand wieder zu gewinnen. Auch für das Elemental ist eine solche Verstrickung in eine Situation schmerzhaft. Es ist darin auf ungewohnte Weise machtlos und gefesselt.

Mit diesem Beispiel wollte ich illustrieren, was die Brücke zwischen Mensch und Elemental ausmacht, worin ihre Verbindung bestehen kann und in welcher Weise die Genesung von Mensch u n d Elemental vor sich gehen kann. Wir haben also zwei unterschiedliche Heilmethoden und Therapiephasen, die ich später noch detaillierter erörtern werde.

Hausgeister

Schrate sind Märchenfiguren. Bei ihrer "Einkleidung" beschränkt sich das Bewusstsein von den räumlichen Elementarwesen zumeist auf Märchenvisionen und kindliche Phantasien.

Geister und Gespenster sind vielleicht etwas greifbarer, auch wenn alle Vernunftmenschen sie eher einer Panikreaktion oder dem Wahnsinn zuordnen.

Der Mensch spürt in seinem Umfeld Veränderungen. Er fühlt sie vor allem auf der emotionellen Ebene, denn diese Ebene ist ihm bewusstseinsmäßig am besten zugänglich. Auf der Gefühlsebene kann er sich von der reinen Vernunft lösen und wird immun gegen ihre Kommentare und Muster.

Beim Betreten eines Raumes kann der Mensch fühlen, wie sich sein emotionaler Zustand verwandelt, obgleich er seinen Gedankeninhalt und das Ziel seiner Aufmerksamkeit nicht verändert. In der neuen Umgebung vibriert etwas, was ihn mit einer anderen Aura umfängt und Auswirkungen auf emotioneller Ebene hervorruft. Manche sind für solche Energiekontakte empfänglicher, andere weniger. Viele sind in hohem Maße immun dagegen. Diese Immunität kann auch durch bewusste Entscheidung herbeigeführt sein.

Die Energie, auf die der Mensch reagiert, ist ein Elemental oder Geist. Ein Geist ist nicht die Seele eines Verblichenen, wie sich das viele erklären. Ein Geist ist ein Elemental, das unter dem Einfluss jener "Aufladung" geblieben ist, die es während der Zusammenarbeit mit einem inzwischen verstorbenen Menschen erworben hat.

Es gibt viele Beispiele dafür, dass sich die Identität eines Elementals mit einem Verstorbenen herstellen lässt, und doch handelt es sich in keinster Weise um seine Seele.

Es handelt sich um eine Verwandschaft, die sich aus der übernommenen

Kodierung in der Energiestruktur des Elementarwesens bildet, das einst eng mit der Gefühlsebene des betreffenden Menschen verbunden war. Weil die Elementale sehr anpassungsfähig sind, verändern sich ihre Konstellationen auch sehr schnell, als würden sie unter einem Zauber stehen oder sich ausliefern.

Ein Mensch mit einem negativ geprägten Denken (Furcht vor dem Sterben oder Altwerden, Hass auf die Nachbarn, ...), bewirkt, dass sein mit ihm existierendes Elemental diesem Gefühlszustand immer ähnlicher wird. Sobald es die kritische Stufe erreicht (das ist gewissermaßen die grüne Farbe als Ausdruck der Angst), beginnt es sich von sich aus dem Menschen zuzuneigen, der es "verzaubert" hat, doch niemals aus Böswilligkeit. In keinem Fall will es aus eigener finsterer Ausrichtung heraus schaden. Es kehrt immer nur das zurück, was der Mensch in die Welt aussendet - und zwar in immer schmerzvollerer Form.

Nicht wenige Leute behaupten, dass in ihrem Haus ein Geist spukt. Zumeist wissen sie nur von einem. Sie sind überzeugt, dass er Türen öffnet, an den Fensterläden rasselt und ihnen alle möglichen Streiche spielt. Vor allem jedoch erweckt er ihre Angst und Trauer. Noch negativere Emotionen sind subjektiv nicht mehr bewusst wahrnehmbar, weil sie der Mensch nicht mehr anerkennt, sondern nur noch leibhaftig lebt.

Die negativen Emotionen entwickeln sich zu einer Art Falle. Solange sie Angst, Schmerz und Trauer anheizen, schwelgt der Mensch in Selbstmitleid und wünscht sich, dass auch seine Umgebung endlich Mitleid mit ihm hätte. Sobald er sich jedoch in Gefühlen wie chronischem Hass verirrt, anerkennt er die negativen Gefühlen nicht mehr, weil sie ihn so zu beherrschen beginnen, dass er sie nur mehr lebt und zumeist keine Angst mehr davor hat, mit ihnen zu leben.

Das ist schade, weil er fühlt oder zulässt, dass sich seine Emotionen nur um all das drehen, was ihm schadet und negativ auf ihn einwirkt. Fast niemand bemerkt mehr, von welch wunderbarer Seligkeit er in manchen Räumen regelrecht überschüttet wird, seien das nun sakrale Räume, eine Wohnstube, eine Schule oder ein Geschäft. Alles hängt davon ab, welche Menschen in diesen Räumen leben und welches Denken sie pflegen.

Jeder vermag darüber zu urteilen, was gut und böse ist. Sich einzugestehen, dass er selbst Ursache und Folge von allem ist, was sich ereignet, vermag dagegen fast niemand. Aus diesem Grund ist die Inkarnation in die Materie noch so notwendig. Erste langsame Veränderungen hinsichtlich der Achtung alles Bestehenden begannen im 19. Jahrhundert. Die Umwandlung im Sinne der Selbsterkenntnis dagegen erlebt der Mensch zumeist erst nach seinem physischen Tod. Nur wenige erkennen sich selbst, bevor es ihrem physisch-bewussten Körper bestimmt ist, für immer zu entschlafen.

Feen und Elementarengel

Elementale folgen einer Evolution, die der unseren verwandt ist. So wie die Seele einst die Stufe des Engels erreicht, so erreicht das Elementarwesen die Stufe eines Landschaftselementals oder Elementarengels.

Elementarengel sind wie alle Elementale an die Materie gebunden. Ihr Zentrum ist über eine Nabelschnur an einen Ort, Raum oder Einflussbereich angeschlossen. Dort liegt ihr zentraler Brennpunkt, ihr Anfang und ihr Ende. Sie besitzen ein sehr breit gefächertes Betätigungsfeld. Dank ihrer sehr konzentrierten und punktuellen Energie greifen sie erfolgreich in die Landschaft und deren vital-geistigen Energiesysteme ein.

Keineswegs ist es ihr Bestreben der Landschaft zu schaden, obgleich sie der Mensch erst dann bemerkt, wenn sie ihn auf die eine oder andere Weise treffen. Ihre Funktion liegt in der Vervollkommnung der Erde, im Aufbau ihres emotionalen Niveaus.

Weil ihre Tätigkeit sehr umfangreich und ihre Bereitschaft zur Zusammenarbeit groß ist, entstehen dabei häufig Probleme. Elementarengel sind Engelsintelligenzen, die nicht auf der geistigen, sondern auf der emotionalen Ebene wohnen. Von den Elementalen des Raumes unterscheiden sie sich insofern, als sie nicht nur mit einem einzelnen Menschen und einem Raum zusammen arbeiten, sondern mit ganzen Landschaften, und zwar über Schlüsselpunkte.

Jede Landschaft kennt derartige Schlüsselpunkte, über die sie sich "auftankt" und regeneriert. Für gewöhnlich dreht sich alles um folgende Punkte: den Punkt der kosmischen Einatmung, den Punkt der Muttergöttin oder den Ausgießungspunkt sowie den Punkt der kosmischen Ausatmung.

Die Elementarengel kann man mit Bestimmtheit an einem dieser Punkte bemerken. Sie halten sich stets in Gruppen auf, nie bleibt einer für sich allein. So verwirklichen sie das Ergänzungsprinzip und gewinnen eine gute Übersicht über das Ganze.

Sie müssen in Gruppen bleiben, weil sie an die Materie gebunden sind und keinen Überblick übers Ganze besitzen wie die Raumengel. Diese lehnen ja ihren Brennpunkt an das geschaffene Heiligtum oder kodierte System auf geistiger Ebene nur an. Gleichzeitig sind sie natürlich Teil des gesamten Spektrums ihres allumfassenden Verständnisses des Ganzen.

Raumengel und Elementarengel können nicht zusammen arbeiten und schließen einander aus. Gemeinsam ist ihnen lediglich der Gegenstand ihrer Aufmerksamkeit. Doch sie erwidern ihre Aufmerksamkeit auf unterschiedlichen Niveaus.

Elementarengel haben einen sehr labilen Gefühlszustand, obgleich die Gefühle bei ihnen langsamer wechseln als bei kleineren Elementalen, da sie eine größere Energiesubstanz umfassen. Auch sie werden in Märchen gewürdigt und heißen dort Feen. Eine Fee ist ein Wesen, das auf der Erde

131

wohnt, doch unsichtbar ist. Man kann sie fühlen und lieben. Sehen kann man sie nicht.

In den Märchen verliebt sich zum Beispiel ein Prinz in eine Waldfee. Sie lieben einander, doch sie ist für ihn nicht erreichbar, weil sie einer anderen Welt bzw. Substanz angehört.

Die Feen sind an die Gefühle gebunden. Sie können schwarz (böse) oder weiß (gut) sein. Sie haben einen großen Einfluss auf die Menschen und stehen in direktem Zusammenhang mit intensiven Gefühlen. Weiße Feen oder weiße Elementarengel haben die Vibration neutraler Gefühle wie Liebe und Zuneigung. Im Farbspektrum sind sie gewöhnlich weiß, rosa bis violett. Ihr Einfluss ist als Wohlbehagen, Glück und Ausgeglichenheit spürbar.

Wenn ich Feen meine, dann ist ihr Einflussbereich ein größeres Gebiet, etwa ein Wald, ein Tal, eine Gebirgskette, eine Stadt oder mehrere Städte, die zur selben Region gehören.

Bestimmt überrascht es Euch, wie viele Energien an einem bestimmten Ort, z.B. Eurem Zuhause, auf Eure Lebensweise und Euer Befinden einwirken. Alle diese Einflüsse sind jeweils für sich genommen zu bedenken. Sie sind als das eigentliche Wesen von Mutter Erde zu verstehen.

Den Einfluss weißer Feen oder weißer Elementarengel bemerkt Ihr für gewöhnlich nicht. Glückliche Fügungen schreibt Ihr am liebsten der eigenen Reife und dem persönlichen Erfolg zu, während Ihr bei Schwierigkeiten die Schuld gerne jemand anderem in die Schuhe schiebt.

Wenn irgendeiner Region eine böse Erschütterung widerfährt, vor allem das emotionale Niveau betreffend wie z.B. Krieg, schwere Kämpfe, Erdbeben und andere Naturkatastrophen, die Angst auslösen und den Verlust geliebter Angehöriger mit sich bringen, oder bei heftigen politischen, ethnischen Unruhen, dann beginnen Elementarengel auf die neu entstandene Atmosphäre zu reagieren. Sie passen sich ihrer Form an.

Eine landesweite Katastrophe verwandelt sie in eine grüne oder noch dunklere Energievibration. Ihre äußere Vibration bleibt verändert, ihre innere Grundvibration dagegen behält ihr negatives Vorzeichen bei, was den Eindruck erweckt, als wäre dieser Ort verzaubert.

Ihre Tätigkeit, die zuvor wohltuend war, wirkt nun auf eine gewisse Weise vergiftend. Der Ort, an dem die Elementarengel dieses Bereiches sich verankern, wird auf seine Weise schauerlich und abstoßend. Bestimmt erinnert Ihr Euch an eine mittelalterliche Burgruine, die auf ein Tal hinabblickt, als müsste man sich vor ihr fürchten. Sie flößt Euch Grauen ein.

Das Gefühl ist die Folge von Energien, die sich in die geistige Energie der Landschaft einmischen und sie vertreiben. Sie können sich zwar mit den geistigen Energien nicht wirklich vermischen, wohl aber sie fortstoßen, aus der Bahn werfen und die Einfallswinkel wie auch Bedeutung ihres Wirkens verändern.

Der Brennpunkt des Raumengels weicht in diesem Fall zurück, seine geistige Aktivität verpuppt sich - und wird für die betreffende Landschaft eingeschränkt oder sogar lahmgelegt.

Wir nennen das einen aktiven Schlafzustand. Die Engelsintelligenz ist immer noch aktiv, aber nicht für die Landschaft, die von starken Energien anderer Art durchzogen wird, sondern für die Landstriche, die sich daran anschließen. Ihre Wirkung ist in allen Landschaften spürbar, die außerhalb des Einflussbereichs der veränderten Elementarengel liegen.

Der negative Einfluss der Elementarengel ist schmerzlich für die Landschaft und ihre Raumengel, natürlich für die dort lebenden Menschen und vor allem auch für die Elementarengel selbst, die sich von ihrem Fluch nicht befreien können.

Burgen sind ein häufiges Beispiel solcher Brennpunkte. Sie wurden einst an wichtigen Stellen errichtet, an Orten mit reicher geistiger Tradition oder an Plätzen, wo noch Heiligtümer aus uralten Zeiten standen. Diese instinktiv und planvoll erwählten Energie- oder Kraftpunkte waren bedeutsam für den Tonus der Landschaft und boten eine große Hilfe bei der Beherrschung ihrer Bewohner. Oft auch waren Burgen und Schlösser in der Geschichte die Zielscheibe von menschlichem Hass, Zorn und Neid, verhasst und verflucht von vielen Untertanen. Freilich trug auch die Energie ihrer Bewohner zum Fluch bei. Unabhängig von den Ursachen blieb ihre negative Ausstrahlung oft bis in unsere Zeit bestehen.

Negativ veränderte Elementarengel schreien förmlich um Hilfe. Ihre Zerrissenheit zwischen dem Wunsch nach Neutralität und dem negativen Einfluss, den sie übers Land ergießen, ist schmerzhaft und steigert sich.

Man muss sie mit Liebe und dem Wunsch unterstützen, sie mögen wieder neutral leben.

Man darf sie nicht vertreiben und dadurch ihr Wesensziel kränken, das sie ja nützlich und notwendig macht. Häufig ist ihnen schon damit geholfen, wenn Ihr ihnen Liebe und Achtung erweist. Dafür sind sie empfänglich. Ihr erlangt die Fähigkeit mit ihnen zusammen zu arbeiten, wenn es Euch gelingt ihnen Liebe zu schenken. Wenn Ihr jedoch ihren Einfluss mit derselben Farbe, sprich demselben Gefühl erwidert, so wird das vor allem für Euch selbst eine schmerzliche Begegnung.

Der Einfluss von Elementarengeln ist bemerkbar, weil sie den geistigen Vernetzungen einer Landschaft folgen können. Sie können sie nicht betreten, jedoch verrücken und dadurch die ursprüngliche Bedeutung entstellen. Das ist ihr negativer Einfluss. Ihr positiver Einfluss ist das Einflößen oder Verstärken von Wohlbehagen in irgendeinem Gebiet.

Sicher werdet Ihr nicht behaupten, dass Ihr nur auf Luftunterschiede ansprecht. Der Mensch hat die Gewohnheit zu sagen: "Die Meeresluft wirkt so wunderbar auf mich!" Doch nicht nur die Luft und Wohlgerüche in den Sommernächten, sondern unterschiedliche Energiesubstanzen bringen andere Gefühlslagen hervor und dadurch auch einen neuen physischen Reaktionszustand.

Die Wahrheiten über das Sein auf verschiedenen Niveaus sind aus dem Bewusstsein getilgt worden. Bestimmt ist vom Standpunkt des Bewusstseins das Gefühlsniveau am unsinnigsten, obwohl seine Veränderlichkeit eher bemerkt wird als die Atmosphäre des geistigen Niveaus. Das Gefühlsniveau ist dem menschlichen Bewusstsein eben näher als das geistige.

In der Zivilisation der Jungsteinzeit waren die Menschen des mächtigen Einflusses gewahr, der vom Gefühlsniveau der Erde ausging. Sie zollten den Elementarengeln die gebührende Achtung und Aufmerksamkeit. Sie wagten es nicht, sie von ihren heiligen Orten zu vertreiben, sondern empfingen sie mit Respekt, um ihnen ihren Platz im System des Heiligtums anzubieten.

In einem Megalithkreis trug immer einer der Steine das Zentrum des Brennpunktes der Elementarengel. Darin wurde ihre Frequenz oder Fokuskodierung gleichsam eingemeißelt oder energetisch eingefangen. Mit viel Liebe boten die Menschen ihnen an, mit ihrem Land zusammen zu arbeiten. Sie brachten ihnen Geschenke und Opfergaben dar, wodurch sie ihre Achtung zum Ausdruck brachten und dem tiefen Wunsch Gestalt verliehen, ihre Liebe möge erwidert werden.

Die Darbringungsrituale waren meist Zeremonien, mit denen sie den Elementarengeln huldigten. Das waren keine Riten auf geistigem Niveau, sondern vor allem rituelle Aussendungen von Liebe und Freude an ihre Begleiter und Mitarbeiter - die Elementale, von denen sie wussten, dass sie Einfluss auf das Glück ihres Landes hatten.

Die "primitiven" Völker haben noch heute ausgearbeitete Riten, wodurch sie den Elementalen des Raumes ihre Achtung erweisen. Mit den Elementalen ist auch der Schmuck verknüpft, den sie bei ihren rituellen Tänzen tragen. Im Schmuck sind die Vibrationen der Elementarwesen einkodiert, und der Mensch lädt positiv gestimmte Elementale ein, sie mögen mit ihm zusammen arbeiten und ihm im Leben helfen.

Alte Zivilisationen wussten schon mit Elementalen zu heilen oder sich mit ihrer Hilfe vor ihren Feinden zu schützen. Das Wissen über diese unsichtbaren, jedoch mächtigen Wesen war in ihnen noch lebendig.

Farben und Gefühle

Jede Energiefrequenz hat ihren optischen und akustischen Ausdruck. Farben und Laute sind ihre einfachsten Materialisationen.

Farbe und Schall einer Frequenz haben auf unterschiedlichen Niveaus unterschiedliche Bedeutungen und Inhalte. Sie sind nur Symbole. Zum Beispiel hat Rot auf vitalem Niveau die Bedeutung von Wärme. Es ist die Farbe des Sexualchakras. Auf dem Gefühlsniveau bedeutet es Aggressivität und Schadenfreude. Es kommt dem Hass am nächsten. Grün ist auf dem vitalen Niveau die Farbe des Lebens, der lebenden Materie und wirkt beruhigend. Auf dem Gefühlsniveau dagegen bedeutet es Angst.

Das Vitalniveau besitzt ein vollständiges Farbspektrum. Die Aura beruht auf einem inneren Gleichgewicht der Farben. Sie sind einander von Natur aus gegensätzlich, doch sie ergänzen sich aktiv, wenn sie im Gleichgewicht sind, wie zum Beispiel Violett und Gelb oder Rot und Grün.

Die Farbe auf der Vitalebene der menschlichen Aura hat nichts mit den Farben auf dem Gefühlsniveau gemeinsam. Ein Mensch kann im Spektrum seiner Vitalaura zu viel Orange haben, während er auf der Gefühlsebene grundsätzlich orange ausgerichtet ist. Zwischen den beiden gibt es keinen direkten Zusammenhang. Wenn ich sage, Violett ist meine Farbe, dann denke ich an die Farbe, die mich auf dem Niveau meiner kodierten Frequenz festlegt. Für sich allein genommen hat diese Farbe noch keine Merkmale, die meinen allgemeinen Charakter oder die Ausrichtung und Besonderheit meines physischen Niveaus bestimmen würden. Diese Farbe entspricht einfach der Vibration meiner Kodierung, oder sie ist mir am nächsten, weil ich mich durch sie instinktiv erkenne. Setzt Eure Lieblingsfarben nicht mit Euren Charakteristika auf dem vitalen oder emotionellen Niveau gleich.

Die Farben des vitalen Niveaus kann man intuitiv sehen. Man kann erkennen, welche Farben unterbesetzt sind und welche in der Aura vorherrschen. Aus dieser Konstellation wird die entsprechende Farb- oder Musiktherapie verschrieben. Es ist zum Beispiel möglich, die fehlende Farbe durch einen Kristall anzuregen, der primär die Vibration der benötigten Farben aussendet. Man muss den Kristall so programmieren, dass er sie abgibt und der Person leiht, der er gehört und dessen Kodierung er trägt.

Auf vitalem Niveau ist es auch möglich die Färbung von Blockaden bzw. ihr Ineinanderfließen zu beobachten. Wenn die Blockaden statisch sind, dann bedeutet das, dass sie keine eigene Intelligenz haben. Statische Blockaden sind Energiestagnationen oder Staus, die den Energiestrom im Körper blockieren und dadurch behindern oder lahmlegen. Die Farbe bei statischen Blockaden ist meist grau oder gräulich-grün.

Aktive Blockaden sind die Folge von negativierten Elementalen und können in allen Spektralfarben spielen. Die Farben aktiver Blockaden tragen in sich die Merkmale der Gefühlszustände des Elementals. Auf diese Weise sind Charakter und Entstehungsursache der Blockade erkennbar und ein Weg zur Neutralisierung zu finden. In den aktiven Blockaden können gegensätzliche Farben ineinander übergehen, zum Beispiel Grün und Rot. Die Mischung dieser beiden Farben bedeutet eine intensive Kombination. Die Funktionen beider Farben kommen dabei zur höchsten Geltung. Wenn die Blockade grün-rot ist, dann handelt es sich um ein sehr starkes Gefühl, das auch auf das Vitalniveau ausstrahlt und physische Schmerzen verursacht.

Blockaden mit positiven Gefühlen bzw. aktive Blockaden weißer bis violetter Färbung gibt es nicht. Die Aktivität eines positiv gefärbten und daher neutralen Elementals ist wohltuend und als angenehmes Phänomen spürbar. Eine solche Zusammenarbeit zwischen Körper und Elemental schafft keine Sperre und Blockade im Energiefluss.

Die Charakteristik der Farben auf dem Gefühlsniveau

Weiß: Weiß ist eine neutrale Farbe. Es ist die Farbe des Kosmos und der Ganzheit. Sie trägt das gesamte Farbspektrum in sich. Symbolisch ist sie alles in allem.
Weiß sind alle neutralen Energiesubstanzen. Wir Engel sind weiß und auch die Seelen. Weiß sind alle Elementale, die keine eigenen Zusatzfrequenzen haben, die ihnen einen besonderen Charakter verleihen. Im Grunde ist alles weiß, weil es im Kosmos wurzelt.
Alle Frequenzen, die der weißen Farbe beigefügt sind, sind Frequenzen auf Inkarnationsniveaus und Frequenzen, die Erfahrungen hervorbringen und Lernen bedeuten.

Rosarot: Rosa ist die Farbe der Liebe. Nicht der individuellen Liebe, sondern der Liebe zu allem, der universellen Liebe. Sie symbolisiert den Daseinsmodus und die Wahrnehmung der eigenen Umwelt.
Ein Wesen, das auf dem Gefühlsniveau Rosa ausstrahlt, bedeutet angenehme Gesellschaft und gute Aktivität. Seine Gegenwart gibt ein Gefühl der Zärtlichkeit, einen gesunden Daseinswillen im Grundgefühl der Liebe. Im übrigen ist Rosa die Vorstufe für Violett.

Violett: Violett ist die Farbe der individuellen Liebe, des Vertrauens, der Achtung und Geborgenheit. Sie ist die aktivste, positivste Farbe (bei den Gefühlen) und folgt gleich nach dem allumfassenden Weiß. Mit der violetten Farbe kann man sich vor allen unangenehmen oder destruktiven Einflüssen schützen. Sie wird bei Visualisierungen und visuellen Schutzmaßnahmen angewandt sowie bei der therapeutischen Behandlung der physischen und emotionellen Niveaus.
Im zarten, durchscheinenden Violett lösen sich alle intensiven Gefühlsfarben auf. Seine Frequenz ist die bei weitem durchdringendste und stärkste. Es ist schwer die violette Farbe zu ändern, wenn sie erst einmal eine bestimmte Form angenommen hat. Diese Eigenschaft macht sie bei der Behandlung mit positiven Vibrationen besonders geeignet.
Der Gebrauch der violetten Farbe ist einfach, wenn Ihr Eure Therapie mit Freude betreibt und es Euch gelingt, Eure Patienten gern zu haben.
Sobald Ihr an einen mit Problemen konfrontierten Menschen herantretet mit dem Wunsch, ihm bei der Bewältigung zu helfen, ist bei Eurer Arbeit die Anwendung von Violett selbstverständlich und angebracht. Auch ohne Euer bewusstes Wissen entwickelt sich die Genesung in dieser Form.

Violett ist die Farbe der Liebe. Wollt Ihr ihre Kraft praktisch nützen, dann müsst Ihr sie in ihrer ganzen Intensität fühlen.

In den Tönungen dieser drei Farben sind Gefühle aktiv und positiv. Wir sprechen natürlich von den emotionalen Grundfrequenzen konkreter Wesen, ob es sich nun um Menschen oder Elementarwesen handelt. Die Farben von Weiß bis Violett bedeuten Gesundheit, gute Laune, Sicherheit, Geborgenheit und Vertrauen. Daher sind sie heilende und helfende Farben. Weil sich in Violett und Weiß alle Farben des Spektrums auflösen (Violett hat eine so starke Frequenz) sind die beiden ideal zur Neutralisierung und Auflösung von Blockaden.

Blau: Blau bedeutet emotionale Aggressivität, jedoch nicht im Sinne schlechter oder negativer Gefühle, sondern von Besitzanspruch und Eifersucht. Vielleicht ist sie eine negative Verdrehung von Violett, die Angst vor dem Verlust des Guten, Geliebten, Nächsten. Sobald die Liebe einen Beigeschmack des Aneignens bekommt, wird sie bläulich oder auch blau.

Die Wirkung auf den Nächsten in den Nuancen der blauen Farbe kann nur schmerzhaft sein. Ein Beispiel dafür ist der Versuch eines Menschen, der auf der energetischen Ebene eine andere Person überzeugen will, ihn zu lieben.

Diese Form des Umgangs mit der Liebe bewirkt bei der anderen Person auch physische Schmerzen. Ein solches Handeln ist bereits graue Magie. Derartige Vibrationen sind zu vermeiden und abzuwehren. Das ist besonders wichtig, wenn sich die persönliche Frequenz der Liebe ins Blaue verändert.

Gelb: Gelb ist in seiner Frequenz dem Blau entgegengesetzt. Beim Mischen beider Farben entsteht Grün, gleichfalls ein Symbol für negative Gefühle. Wenn Blau das aktive Gefühl im Aneignen von Zuneigung und Liebe repräsentiert, dann ist Gelb seine passive Entsprechung: Genießen des Alleinseins, übertriebene Selbständigkeit, Isolation, Selbstgenügsamkeit, Schicksalsergebenheit.

Gelb ist ein negatives Gefühl aufgrund der Selbstauslieferung ans Schicksal. Diese Ergebenheit bedeutet Passivität. Wenn es ums Lernen und Erreichen des Lebensziels geht, das zugleich Lebenswunsch und Lebenshoffnung sein muss, dann müssen wir aktiv sein.

Grün: Grün bedeutet immer Angst. Angst ist eine Gefühlsvibration, die das System des Betreffenden sehr empfänglich für Einflüsse anderer Wesen werden lässt. Wenn Du also Angst in einer bestimmten Situation hast, so fürchtest Du Dich nicht einfach "nur so". Deine Angst ist vielmehr beeinflusst durch das Energiewesen in Deiner Nähe.

Wenn jemand sein ganzes Leben lang Angst hat (Angst vor dem Tod oder Verlust), dann bedeutet das eine allgemeine grüne Ausrichtung, die Krankheiten und Schwierigkeiten für die gesamte Dauer der irdischen Existenz hervorbringt. Aus Angst vor der Krankheit wird man zum Beispiel wirklich krank. Angst ist eine Vibration, die sich gerne auf andere Niveaus überträgt. Sie taucht häufig bei aktiven Blockaden im menschlichen Körper auf und bringt Schmerzen oder physische Behinderungen mit sich.

Rot: Rot symbolisiert Aggressivität im Sinne von Streit und Ärger. Rot ist Aggressivität, die im Gegensatz zu Blau nicht aus der Liebe und Sehnsucht nach einem Mitmenschen entspringt, sondern aus dem Wunsch ihm zu trotzen oder zu schaden.
Als Grundemotion ist es eine sehr grobe Ausrichtung. Menschen und Elementale mit dieser Tendenz sind mit ihrer groben Kraft und ihrem groben Auftreten intensiv verwachsen.

Orange: Orange ist die Vorstufe von Rot. Es symbolisiert das Feuer und ist eine Bedeutungssteigerung von Rot. Ähnlich wie Rosarot ist es eine unbeständige Vibration ohne konstante Frequenz.

Schwarz: Schwarz ist das Gegenteil von Weiß als Farbe und Bedeutung. Schwarz hat auf keinem Niveau eine gute Ausstrahlung. Es bedeutet immer Verdunkelung (Abwesenheit von Licht) und Negativität. Wer auf seinem Gefühlsniveau schwarz ist, ist oder wird ein Mörder. Sein Gefühlszustand ist grenzenloser Hass. Ein schwarzes Elemental wird mit Sicherheit zum Töten, zu Selbstmord und Hass anstiften.
Das Neutralisieren von Schwarz ist schwierig, wenn es die dominante Frequenz ist. Sogar mit der violetten Farbe, die doch eine stärkere Struktur hat, lässt es sich nur schwer aufbrechen.

Die Farbe ist ein einfaches Symbol des Gefühlszustands. Beim Menschen ist sie auf dem emotionalen Niveau der Aura wahrnehmbar, bei Elementarwesen trägt der gesamte Energiewirbel die Grundfarbe. Der Gefühlszustand des Elementals ist auf seiner untersten Stufe veränderlich. Er ändert sich im Einklang mit seiner Umgebung und deren Bedürfnissen. Das Elemental selbst stimmt seine Aufgabe mit der der anderen Wesen ab und arbeitet sehr gerne mit ihren Gefühlsniveaus zusammen.
So baut es seine "bewusste" Ebene aus seiner Grundfrequenz, die sich nur verändern kann, wenn der Anstoß dazu aus der Umgebung kommt. Das Elemental kann seine Grundfrequenz nicht "absichtlich" verändern.
Warum steht absichtlich in Anführungszeichen? Das Elemental hat kein eigenes inkarniertes Bewusstseinsniveau. Es hat zwar seine Intelligenz, jedoch keinen bewussten Mechanismus, der auf dem Niveau einer eigenen

materiell gebundenen Gestalt ein unabhängiges Dasein (wie das menschliche Bewusstsein) führen könnte. Das Elementarwesen passt seine äußere oder aktuelle Frequenz wirklich immer seiner Umgebung an. Seine Unbeständigkeit ist real. Eigentlich ist es machtlos, denn seine Ausrichtung oder Frequenzebene hängt nicht von seiner äußeren Ausrichtung ab. Es geht um Veränderungen in seinem Kern, die ihm bei der Tendenz zu negativen Gefühlen große Schmerzen bereiten.

Die Gefühlszustände beim Menschen sind andere als bei einem Elemental, obgleich es vorkommt, dass sie aufeinander einwirken. Der Mensch beeinflusst mit seinen Gefühlen die Ausrichtung des Elementals, das mit ihm im selben Raum wohnt oder mit ihm verknüpft ist. Was der Mensch fühlt, akzeptiert das Elemental als sympathische Herausforderung und bemüht sich die veränderte Frequenz nachzuahmen.

Ich möchte erwähnen, wie Rok - der hellsichtig war - einen Schrat in seiner Wohnung beobachtete, nachdem er mit neuen Schuhen heimgekehrt war. Der Zwerg trug plötzlich genau die gleichen Schuhe wie er. Rok sah symbolisch das, was bei Elementalen ständig passiert. Ihre Unterhaltung ist das Nachahmen von Menschen. Weil sie nicht Mensch sein können und es sich in ihrer Verspieltheit vielleicht wünschen, begnügen sie sich damit ihn nachzuahmen. Am leichtesten tun sie das auf dem emotionalem Niveau.

Der einzige gemeinsame Punkt (auf der emotionalen Ebene) zwischen Mensch und Elemental liegt im gemeinsamen emotionalen Grundzustand, woraus die Untertöne jedes zusätzlichen, von der Umgebung angeregten Gefühls kommen. Wenn bei einem Menschen die Grundfarbe seines emotionalen Körpers Violett ist, so heisst das noch nicht, dass sich seine zusätzliche Frequenz nicht gelegentlich grün oder rot färben kann, jedoch immer umschirmt vom Grundgefühl. Im erwähnten Fall würde der emotionale Körper des Menschen von außen violett erscheinen, von innen dagegen grün.

Die violette Frequenz ist die bleibende, die grüne oder rote die augenblickliche. Die grüne Frequenz entsteht unter dem Einfluss äußerer Faktoren und verliert sich früher oder später auf die gleiche Weise, wie sie entstanden ist. Wenn aber das Grün bis in das Innerste reicht, dann beeinflusst es auch den physischen Körper, und eine Therapie wird unumgänglich.

Die emotionale Grundfärbung formt den menschlichen Charakter. Es geht nicht allein um die typischen Reaktionen auf die Herausforderungen der Welt und die Lebenseinstellung, sondern auch um die Hingabe an die Materie oder ihre Vergeistigung. Die emotionelle Grundfärbung beeinflusst früher oder später die Frequenzen der anderen Niveaus. So kann es passieren, dass ein Mensch mit einem grünen Gefühlskörper diese grüne Frequenz als negativen Einfluss auf den physischen Körper überträgt und sich selbst schadet.

Wenn Du Angst hast zu erkranken, dann wird das auch geschehen. Die Angst weckt in Dir Vibrationen, die eine Erkrankung verursachen. Stattdessen wäre es angebracht die grüne Grundfrequenz mit Violett aufzulösen. Das würde bedeuten darauf zu vertrauen, dass Du nicht erkranken kannst. Dadurch würdest Du Deinen physischen Körper schützen.

Der Gefühlskörper ist ein wichtiger Faktor des Befindens. Wenn Du unglücklich bist, kannst Du Dich auch physisch nicht gut fühlen. Wenn Du aber mit dem Leben zufrieden bist und jeden Augenblick liebst, wie er kommt und geht, so fühlst Du Dich pudelwohl, physisch und psychisch. Außerdem bist Du Dir bewusst, dass Du gut in Form bist und Dir absolut nichts geschehen kann.

Vertrauen und ein Gefühl der Geborgenheit sind der beste Schutz und der beste Weg zur Neutralität auf emotionalem Niveau. Ein Mensch kann auf andere Weise nicht neutral sein. Darin unterscheidet er sich vom Elementarwesen. Ein Mensch ist in seinem emotionalen Kern niemals weiß gefärbt. Er hat immer einen Farbton, zumindest in Richtung Rosa oder Violett. Eine weiße Grundlage ist bei Menschen unmöglich. Ein Mensch ist auf die eine oder andere Weise ewigem Grübeln auf bewusster Ebene ausgesetzt, während sich seine Gefühle ständig den zahlreichen bewussten Informationen anpassen, die keine intuitive Tendenz mehr besitzen. Die Welt aus der subjektiven Perspektive anzunehmen ist für ihn nicht akzeptabel, solange dabei seine persönliche Note nicht deutlich sichtbar und erkennbar wird.

Bei Menschen ist der Gefühlskörper ein elementarer Teil ihrer Persönlichkeit. Von seiner Grundausrichtung hängt ihr Charakter und ihre Art der Umweltbezogenheit ab. Seine Reaktionen auf Veränderungen in der Umwelt sind zumeist die Folge von anerzogenen Verhaltensmustern. Hinter den Mustern liegt jedoch immer ein tieferer Inhalt, der sich in letzter Instanz einer Symbolsprache bedient. Diesem Inhalt muss man nachspüren, um sein subjektives Gesicht kennenzulernen.

Elementale sind da komplizierter. Ihr einziges Niveau ist die Gefühlsebene. Hier lernen sie unentwegt erwachsen zu werden. Ihre veränderte Dynamik ähnelt einem Fluch oder Zauber. Zu dieser Wahrnehmung kann auch ihre Trauer immer dann beitragen, wenn sich ihr Grundniveau mit einer Farbe einhüllt, die nicht mehr neutral ist, sondern schmerzhaft grell oder schwarz.

Ein Elemental ist in seinem neutralen Grundzustand ein sympathisches, verspieltes und fröhliches Wesen. Es will niemandem schaden, im Gegenteil, sein Wunsch ist mit der Umgebung zusammen zu arbeiten. Es hat ja nichts anderes als die materielle Welt, in die es eingefügt ist und von der es lernen muss, ohne ein anerkannter, gleichberechtigter Teil von ihr zu sein. Die Aktivität der Elementale stellt sich auf einen Zustand ein, in dem sie maximal auf die ganze Umgebung einwirken können. Elementale sind nicht an einer unscheinbaren Bindung interessiert, die nicht zu bemerken ist, sondern an einer reichen Symbiose, die Erfahrungen auf beiden Seiten hervorbringt, bei der lebenden Materie wie bei der Energiesubstanz, d.h. sich selbst.

Die Elementale haben keinen materiellen Körper. Dennoch werden sie schon seit jeher vom Menschen anerkannt. In unsichtbarer Weise formen sie seine Lebensatmosphäre, die sich innerhalb seiner Umgebung ständig unsichtbar verändert. Es scheint, als würden sie den Bewohnern die Frage stellen: "Wer sind wir, die wir für alle diese Veränderungen verantwortlich sind?"

Viele alte Märchen handeln von den Elementalen und ihren geheimnisvollen Fähigkeiten. Der Mensch bemerkte es nicht einmal, als sich die Gestalten der Waldschrate, Hausgeister, Faune und Feen in seine Phantasie einschlichen. Und dennoch existieren diese ungewöhnlichen Geschichten schon seit Jahrhunderten, und jede neue Generation von Kindern hat die Möglichkeit sich ein Urteil darüber zu bilden, ob sie wahr sind oder nicht.

Die Märchenwelt beruht auf Abenteuern, die von Elementalen zurecht gebogen und gewendet werden und es ausschaut, als hätte sie sich der beste Märchenerzähler der Welt ausgedacht.

Noch heutzutage drehen Erwachsene gelegentlich durch, wenn sie spüren, dass in ihren Häusern Geister herumspazieren. Geister beeinflussen also wirklich Euer psychisches und körperliches Befinden. Nach langen Mühen seid Ihr gezwungen sie anzuerkennen und Euch mit ihren Nöten irgendwie anzufreunden oder auseinander zu setzen. Das Problem des Elementals ist zumeist nur der entstellte Widerhall des Problems, an dem der Mensch selbst leidet. Das Elemental an sich kann keine Probleme haben, ist doch seine Existenz nur mit einem Raum und einem Menschen verknüpft, worin sich seine Aufmerksamkeitsenergie erschöpft. Daher ist ein Elementarwesen auch nicht mit Dingen überlastet, welche die Menschheit in ihrer täglichen Agonie ertragen muss.

Das Elemental ist in seiner neutralen Frequenz eine Quelle des Wohlgefühls und liebevoller Atmosphäre. Es hilft dem Menschen, der mit ihm lebt, auch sehr große Schwierigkeiten dadurch zu überwinden, dass es auf seine Frequenz einwirkt, indem es ihm Hoffnung, Mut und gute Laune einflößt.

Glaubt nicht, dass in einem Raum, der wohltuend und sanft auf Euch wirkt, nur der angenehme Geruch eines Räucherstäbchens oder das durch ein Fenster hereinflutende Sonnenlicht für Euer Glücksgefühl verantwortlich sind. In dem Raum liegt eine Gefühlsvibration, die Euch mit ihrer angenehmen Ausrichtung umarmt und in ihre weiße, rosarote oder violette Frequenz einhüllt.

Es existieren freilich auch Räume, die ohne bewussten Grund schauderlich wirken. Sie erscheinen Euch grauenvoll und es drängt Euch, sie so schnell wie möglich zu verlassen. Das können zum Beispiel Unterrichtsräume oder Säle von verlassenen Schlössern sein, leere Leichenhallen oder Kellerräume alter Häuser. Der Raum muss nicht unbedingt alt, verlassen oder verkehrt genutzt sein, um unangenehm zu werden. Es kann auch das Wohnzimmer eines neuen Hauses oder das Schlafzimmer der Kinder betroffen sein. Alles hängt von den Menschen ab, die in diesen Räumen wohnen und von der Art ihrer Gedanken und Gefühle. Elementale stellen sich nämlich unbewusst auf die Frequenzen ein, die (auf dem Gefühlsniveau) in ihre Umgebung einstrahlen. Das ist für sie zunächst ein Spiel, und zwar so lange, wie sie in ihrem Fundament noch neutral bleiben können. Sobald sie jedoch bis in ihr Innerstes irgendeine nicht neutrale Farbe annehmen, verwandelt sich ihr Spiel in Kampf oder in einen Zustand der Verzauberung. Ohne es zu wollen schaden sie dann ihren Mitwesen und beeinflussen (mittelbar) ihr emotionales und dadurch ihr physisches Befinden.

Elementale und menschlicher Körper - Das elementare Ich

Der Mensch ist ein physisches Wesen und seine Fähigkeiten sind sehr gut erforscht. Sie erreichen ein hohes Maß dessen, was einem physischen Wesen überhaupt möglich ist. Ich werde Euch eine simple Frage stellen: Habt Ihr einmal darüber nachgedacht, wie die Seele als raumfreieste Substanz die Materie beherrschen kann?

Zum Lernen hat sie knapp neun Monate Zeit. In diesem Abschnitt muss sie den Schlüssel finden, mit dem sie ihre inkarnierte Gestalt so führen wird, dass sie die gestellten Ziele erreicht. Die zur Verfügung stehende Zeit ist entschieden zu kurz. Die Seele würde tausend Jahre brauchen, um zu lernen so gut mit den inkarnierten Niveaus zusammen zu arbeiten, dass der Mensch ein ganzheitliches und vollkommenes Wesen und eins mit seinem Körper wäre.

Die Seele wird von ihrer physischen Gestalt durch große Frequenzunterschiede getrennt. Wodurch verbindet sich das scheinbare Chaos der Frequenzen zu einem sinnvollen Ganzen?

Ich gebe Euch eine einfache Erklärung: Die Erde ist ein Planet, erfüllt von Elementarwesen. Sie haben die Fähigkeit die Materie zu formen und mit größter Genauigkeit zu kontrollieren. Wer koordiniert die Naturvorgänge, wer sorgt für Bäume, Blüten, Wasser, Gletscher, Berge und Täler? Wie würde die Materie ohne die Hilfe der elementaren Welt aussehen?

Sie wäre ganz einfach gelähmt. Sie hätte zwar Energie, aber fände keinen Weg, sie ins System eines physischen Körpers zu kanalisieren (auch ein gelähmter Mensch ist die Ganzheit aller inkarnierten Niveaus, verbunden mit der Seele, doch ohne elementares Ich, das seine Ebenen zu einer Ganzheit verbinden würde).

Der Mensch ist ein ganzheitliches Wesen, gegenwärtig auf seinem physischen, energetischen, emotionalen und geistigen Niveau. Eigentlich ist er in sich vollkommen. Könnte er die Kunst des Einflusses auf die Materie aus dem Sein in der Ewigkeit mitbringen, dann wäre das der einfachste Weg für eine ganzheitliche Erfahrung des Lebens. Trotz seiner Erfahrung und Ganzheitlichkeit ist der Mensch noch nicht ausgereift genug, um selbständig auf dem Planeten Erde zu wohnen.

Einst, vor relativ langer Zeit, wurde eine Vereinbarung zwischen unserer (geistigen) und der irdischen (elementaren) Evolution getroffen. Die Erde hat uns angenommen und uns Inkarnationen in ihren vier Elementen gewährt. Das bedeutet nicht, dass sie selbst ein passiver Ort bleiben würde, wo wir uns inkarnieren sollten. Sie bot uns ihre aktive Hilfe an. Das ist die elementare Hilfe, die wir nun schon seit Millionen von Jahren genießen. Ohne diese Hilfe würden wir die Grundbedingung für die materielle Existenz noch immer nicht erfüllen. Noch immer würden wir uns z.B. mit dem Schauen und ähnlichen körperlichen Funktionen beschäftigen, die nicht allein physische Funktionen sind, sondern ein Übebau und Ausdrucksmittel für die inneren Gefühle (des ganzheitlichen Menschen) und daher eine wesentliche Voraussetzung für jede Kommunikation.

Der elementare Wegbegleiter des Menschen oder sein elementares Ich (ich nenne es elementares Ich, weil es der menschlichen Ganzheit das so wichtige Gefühl des Gewahrwerdens seiner selbst als mehrdimensionales Wesen gibt), wohnt wie alle Elementarwesen grundsätzlich auf dem Gefühlsniveau. Weil es in seinem Kern neutral ist, ist es nicht fühlbar.

Es wirkt nie störend, solange es der Mensch nicht selber negativiert. Seine Hauptaufgabe ist es, der Seele dabei zu helfen alles zu erfahren, wozu sie sich entschlossen hat. Vor allem ist es zuständig für die physischen Prozesse und die Kanalisierung der Vitalenergie.

Der Mensch bekommt sein elementares Ich schon vor seiner physischen Zeugung, und zwar im dritten Stadium der energetischen Schwangerschaft, dem Abschnitt vor der physischen Schwangerschaft. Über das elementare Ich des noch nicht gezeugten Kindes bekommt seine Seele bereits den ersten Einfluss auf die Materie und die Materialisierung der gestellten Aufgabe. Sie kann Tag und Stunde der Zeugung genau bestimmen und wirkt so auf den Augenblick ihrer physischen Geburt. Dieser ist bekannt für seine schicksalhafte Bedeutung, trägt doch jeder Augenblick eine bestimmte Konstellation kosmischer Einflüsse in sich. Das elementare Ich übernimmt während der Empfängnis eine wichtige Rolle, denn es sorgt dafür, dass der Zeugungsakt kein zufälliger physischer Eingriff ist, sondern dem Wesen zur Inkarnation verhilft. Das Wesen hat ein bestimmtes Geschlecht und Aussehen als Bedingung für die Erfüllung seines Schicksals.

Allen ist bewusst, dass nichts wirklich zufällig geschieht. Das lernt jeder auf ganz simple Weise zu akzeptieren, auch wenn es schwer zu verstehen ist. Vielleicht wird Euch diese Darstellung dabei helfen die Tatsache anzuerkennen, dass nichts aus rein physischen Beweggründen geschieht und vielmehr reale Energiefrequenzen der Seele helfen, den Grundmustern ihres Schicksals zu folgen. Von diesem Standpunkt aus möchte ich gerne auf die Ablehnung einer Empfängnis eingehen, die ein so aktuelles Thema für Religion, Wissenschaft und Individuum ist. Sie kann physisch sein (Entscheidung für die Abtreibung), aber auch nur energetisch (unterbewusst, bewusst oder emotional). Die werdende Mutter fühlt intuitiv bereits das zweite Stadium der energetischen Schwangerschaft. Es ist ein emotionales Stadium und wird im Herzzentrum verspürt. Es hängt von ihr ab, wie sie diese energetische Gegenwart emotionell aufnimmt. Vielleicht wünscht sie sich ein Kind und fühlt dabei die unendliche Freude und Kraft des nahenden Lebens. Es ist jedoch genauso möglich, dass sie die Gegenwart des künftigen Kindes ablehnt.

Die Ablehnung ist unabhängig von dem Niveau, auf dem sie erfolgte. Sie ist keinesfalls eine grobe Handlung, schon gar nicht lebensfeindlich oder böswillig. Wenn sich eine Seele wünscht sich bei Eltern zu inkarnieren, die nicht bereit sind sie aufzunehmen, haben diese dann kein Recht bei dieser Entscheidung mitzureden? Ist ihre Ablehnung eine Auflehnung gegen das Schicksal? Da sie nicht zufällig geschieht, kann sie auch kein Verbrechen sein, ist das nicht nachvollziehbar?

Tatsache ist, dass eine Seele manchmal die Erfahrung der Ablehnung braucht und nichts weiter. In diesem Fall braucht sie nur die ersten drei Phasen der energetischen Schwangerschaft oder vielleicht einige Monate auf dem physischen Niveau, mehr nicht. Kinder, die ohne die Bereitschaft für das physische Leben gezeugt werden, sterben gewöhnlich in den ersten drei Monaten nach der Zeugung (spontaner Abortus).

Wenn die Seele sich dagegen fest entschlossen hat, dass sie die Eltern benötigt, die sie sich ausgesucht hat, dann ist ihre Zeit noch nicht gekommen. Die Gegenwart des elementaren Ichs bleibt nach der spontanen Fehlgeburt bestehen und setzt sich fort, bis der richtige Zeitpunkt für die Zeugung kommt.

Zahllose Paare quälen sich viele Jahre damit, Kinder zu bekommen. Das ist eine der schlimmsten Torturen, die sich ein Mensch vorstellen kann, denn sie nimmt sein ganzes menschliches Bewusstsein, sämtliche emotionale, energetische und physische Aufmerksamkeit in Anspruch. Ist es ein Zufall, dass ein Kind erst nach fünf Jahren erfolgloser Anstrengung zur Welt kommt?

Nein. Es hat sich die beiden ausgesucht, jedoch auch Jahr, Monat und Augenblick der Geburt bestimmt. Das lässt sich durch keine Methode beschleunigen (ich denke dabei auch an die künstliche Empfängnis).

Das elementare Ich begleitet die menschliche Inkarnation vom ersten Augenblick an. Es hilft beim Aufbau des Körpers, beim Eingewöhnen des Embryos und Ungeborenen in die physische Vorgänge.

Die Geburt ist ein Schock für das Kind (als Ganzheit aller Niveaus). Der warme Uterus, der ihm tatsächlich physische Geborgenheit bot, wird durch unsichtbare Aurahüllen ersetzt. Gleichzeitig vereinigt es sich endgültig mit seinem elementaren Ich. Dieser Augenblick setzt mit dem ersten Atemzug und Schrei ein. Nun vereinigen sich die Niveaus zur Ganzheit des menschlichen Wesens.

Viele nachgeburtliche Probleme sind mit dieser Konfrontation von elementarem und physischem Wesen verknüpft. Ich habe das Geheimnis der Empfängnis genauer beschrieben. Doch die Rolle des elementaren Ichs ist keineswegs nur auf die Hauptpunkte der menschlichen Existenz beschränkt, sondern begleitet sie durch alle Entwicklungen auf ihrem vorgezeichneten Weg.

Der elementare Begleiter hat jedoch nicht nur angenehme Aufgaben, sondern muss auch Schmerzen und Bedrängnis verursachen. Durch sie lernt ja der Mensch und schreitet zu immer höheren Bewusstseinsstufen fort.

Die Zivilisationen der Jungsteinzeit waren die letzten, welche die elementare Struktur noch verstehen konnten. Vor allem unterschätzten sie ihren elementaren Begleiter keineswegs als weniger wichtig. Damals besaß der Mensch noch die Fähigkeit, sein elementares Ich als Teil seiner selbst und als Werkzeug seiner Seele zu achten. Das Wissen darüber erhielt sich bei verschiedenen Indianerstämmen, wo jeder zusätzlich zum eigenen noch einen Tiernamen hatte, wie z.B. Kleiner Bär.

Das elementare Ich braucht im Alltagsleben des Menschen, mit dem es untrennbar verbunden ist, keine besondere Aufmerksamkeit. Es ist nicht wesentlich, dass sich der Mensch seiner Gegenwart gewahr wird. Sich seiner bewusst zu werden, ist jedoch besonders wichtig im Augenblick persönlicher Wandlungen, in denen der Mensch auf seinem Weg einen großen Schritt nach vorne macht. Dann kann es geschehen, dass ihm das elementare Ich nicht folgen kann. Das wiederum kann eine stufenweise Negativierung auf dem emotionalen Niveau verursachen. Die augenblickliche Zivilisation benötigt eben die Erfahrung der Unwissenheit in diesem Bereich, sonst würde sie einen Weg finden, das aktuelle Problem zu lösen.

Die alten Zivilisationen hatten ihre Rituale des Erwachsenwerdens, die Heirat, die Verwandlung in Greis oder Greisin (z.B. bei Frauen - zu Beginn und Ende ihrer Monatsblutungen). Die Rituale unterstützten das elementare Ich dabei, den Umwälzungen vor einem neuen Lebensabschnitt zu folgen.

Das elementare Ich hilft allen Organen im Körper dabei, harmonisch und fehlerlos zu funktionieren. Doch es kann ihnen auch dabei helfen zu erkranken. Nicht aus Böswilligkeit, sondern deswegen, weil sich die Seele eine solche Erfahrung aussucht. Die negative Aktivität des elementaren Ichs nenne ich auch aktive oder vollständige Blockierung des Energiesystems.

Die aktive Blockierung bedeutet ein negativiertes Elementarwesen, und zwar negativ bis in sein emotionales Wesensinnerstes. In dieser Situation ist das elementare Ich emotional nicht mehr neutral, sondern beginnt störend auf die menschlichen Gefühle einzuwirken, so dass es ihnen die eigene negative Ladung einflößt. Es verursacht einen durchgehenden Fehler in ihrem System, der sich schrittweise auf alle inkarnierten Niveaus ausdehnt. Am bezeichnendsten dabei ist, dass sich der Mensch nicht mehr mit seinem Wesen identifizieren kann, so als hätte sich dieses von ihm entfernt und wäre nicht mehr zu erreichen. Genau das geschieht auch tatsächlich, denn das negativierte elementare Ich vermag die menschliche Ganzheit nicht mehr ideal zu vernetzen. Sein Zustand wird der einer Verzauberung. Ab diesem Zeitpunkt braucht es dringend Hilfe, denn der Mensch kann ihm von sich aus nur mit großen Schwierigkeiten Hilfe durch positives Denken bieten.

Der Mensch denkt, wie sehr er sich doch von den Bäumen, vom Gras, von den zitternden Weinreben unterscheidet, wie viel stärker und klüger er doch ist als alles, was ihn umgibt. Eigentlich muss die Erkenntnis, ebenso ohnmächtig zu sein wie alles übrige, erschütternd sein. Es muss schlimm sein zuzugeben, dass Ihr Hilfe braucht, wie alle Natur rund um Euch, nur um überhaupt das zu sein, was Ihr seid. Ohne elementare Hilfe würdet Ihr Euren Körper aus solcher Distanz sehen wie die Sonne die Erde. Weshalb sind nun die Elementarwesen so gut, so hilfsbereit und aufopfernd?

Wer weiß, ob unsere Zivilisation noch einmal eine so gastfreundliche Welt finden wird wie die liebe Erde!

Schwarze und weiße Magie

Magie bedeutet Manipulation mit Elementarwesen. Sie ist immer eine Manipulation der Gefühlsniveaus von Menschen, Räumen und anderen auf der Erde wohnenden Wesen. Sie arbeitet mit extremen emotionalen Ausrichtungen, mit den niedrigsten oder höchsten emotionalen Frequenzen, mit Hass oder Liebe.

Die Magie ist ein verborgener Eingriff. Niemand wird sie an die große Glocke hängen, weil sie schon von vornherein einen geheimnisvollen Ruf hat, der sie augenscheinlich als sehr schmerzhaft kennzeichnet.

Bestimmt zweifelt Ihr daran, dass es möglich ist ohne Einwilligung in ein Energiesystem (ich denke an die Systeme eines Menschen) einzutreten. Dennoch erlaubt der Mensch manchmal schreckliche Dinge. Das tut er, weil er weiß, dass er daraus etwas lernen muss. Freilich behaupte ich nicht, dass er solche Geschehnisse bewusst zulässt.

Auf der bewussten Ebene wünschen sich alle, die Glücklichsten, Gesündesten, Schönsten und Vollkommensten zu sein. Der Mensch gibt seine Einwilligung dazu auf anderen, höheren Niveaus, die er mit seinem

Bewusstsein vielleicht gar nicht anerkennt und die bei seinen Entscheidungen dennoch eine wichtigere Rolle spielen, als er sich das vielleicht wünschen würde.

Der Mensch erlaubt also gelegentlich, dass ihm fürchterliche Dinge widerfahren - als würde er mit seiner eigenen Unbeständigkeit und seinen flüchtigen Gefühlen spielen! Und immer, wenn er alle möglichen seltsamen Dinge erlaubt, kann es geschehen, dass er auch der schwarzen Magie Eintritt in sein System gewährt.

Seine Einwilligung ist die Bedingung, dass ein Mensch, der sich mit schwarzer Magie beschäftigt, auf einem bestimmten Niveau Zutritt zu seinem Energiesystem verschaffen kann. Für den Zugang muss er zwei Kodierungen kennen: die Kodierung des Menschen, den er zu beeinflussen wünscht, und die Kodierung des Niveaus, auf dem dieser Einfluss geschehen soll, also die Kodierung des Gefühlsniveaus.

Der Einfluss auf den Körper realisiert sich mittelbar über das Gefühlsniveau. Die Magie wirkt über die Gefühle. Schwarze Magie verwirklicht sich über die Vibrationen des Hasses, die niedrigsten und dunkelsten emotionalen Frequenzen. Sie können einen Menschen zerstören, ins Unglück stürzen, ihm alles nehmen, was er hat, ihn zugrunde richten oder verzaubern, so dass er zum Mörder oder Selbstmörder wird.

Die Macht der Gefühle ist grenzenlos. Es gibt nichts, wozu der Mensch nicht fähig wäre, wenn nur seine emotionale Ausrichtung dazu passt.

Und wie wirkt sich schwarze Magie aus? Der Magier bekommt die Kodierung des Menschen, dem er schaden will, über irgendeinen Gegenstand. Das können Haare, Schmuck, ein Kristall, ein Buch, ein Kleid, einfach alles Mögliche sein, was dem Opfer nahe genug ist, um seine Grundinformationen zu tragen.

Sobald er die Kodierung des Betreffenden hat, ist es nicht nötig, dass er in seiner unmittelbaren Nähe ist, um ihn nach Lust und Laune zu beeinflussen: Er kann ihm böse Träume oder auch physische Schmerzen schicken. Das geschieht so lange, bis er den emotionalen Körper des Opfers so stark verletzt, dass dieses den furchtbaren Druck nicht mehr aushält und zerbricht oder damit beginnt, gleichfalls schwarze Gefühlsenergie an die Welt abzugeben, um dadurch auch noch seine Nächsten zu verletzen.

Nur wenige halten einem solchen physisch-psychischen Druck lange stand. Fast alle zerbrechen schnell genug daran, erkranken oder werden verrückt. Die Energien des Hasses sind nämlich unglaublich destruktiv.

Bei der Ausübung schwarzer Magie geht es nicht um frei schwebende Energien, sondern um Elementarwesen, die mit dem Magier zusammen arbeiten. Das tun sie, weil ihre Frequenz entsprechend negativiert und seinem Treiben angepasst ist. Ihr Sinnbild sind schwarze Katzen und Raben, die in Zaubermärchen vorkommen. Die Elementarwesen heften sich an den Menschen, dessen Kodierung auf ihr Grundniveau eingeschrieben ist und wirken mit ihrer negativierten emotionalen Ausrichtung auf ihn ein. Der Einfluss ist ähnlich stark wie bei anderen Formen der Zusammenarbeit. Es geht um ein allmähliches Anpassen der weniger intensiven Gefühle an die intensiveren. Im Fall schwarzer Magie passen sich die menschlichen Emotionen den Gefühlsfrequenzen des schwarzen Elementals an.

Schwarze Magie ist ein bewusst eingeleiteter, vergiftender Vorgang auf emotionalem Niveau. Gewöhnlich geschieht das vorsätzlich und absichtlich. Es kann aber auch passieren, dass jemand mit sehr schwarzen, auf einen Mitmenschen gerichteten Gefühlen bei ihm die gleichen Folgen auslöst wie ein Magier mit seinen Ritualen. Es gibt nicht wenige derartige Fälle, wo ein Mensch aufgrund seiner Bösartigkeit den emotionalen Körper eines Mitmenschen vernichtet, sei das nun aus Wut darüber, dass er ihn verloren hat, oder aus Neid, weil dieser der Glücklichere ist. Gründe dafür gibt es ohne Ende. Die Folgen ähneln einander freilich und sind vor allem ähnlich schmerzlich für beide Seiten, für das Elemental und für den Menschen, der Zielscheibe eines solchen Energieangriffes wird.

Bei dieser Gelegenheit möchte ich wirklich gerne darauf hinweisen, dass Ihr für einen solchen Angriff nicht nur den Menschen beschuldigen dürft, der Euch geschadet hat, sondern Euch auch selber bei der Nase packen solltet. Bestimmt habt Ihr daraus etwas zu lernen, schließlich habt Ihr Eure Kodierung selbst vermittelt. Vielleicht liegt die Ursache in Eurem Unwissen, dass Euch auf diese Weise Schaden zugefügt werden kann. Vielleicht übersehr Ihr auch einfach die Energien der Gefühle. Und wer weiß, was Ihr sonst noch alles nicht ausreichend versteht.

Die einzige wirksame Verteidigung gegen schwarze Magie ist weiße Magie. Das bedeutet, dass Hass letztlich immer mit Liebe beantwortet werden soll. Das ist die einzige Möglichkeit sich zu schützen. So entsteht zwischen dem schwarzen Magier und Euch eine unüberwindbare Mauer, die keine negativierte Energie durchdringen kann.

Weiße Magie wirkt über weiße oder neutrale Gefühle, ist jedoch immer noch eine Manipulation mit Elementalen. Sie benötigt die gleichen Energieinformationen und das gleiche Einverständnis des Betreffenden, um in sein System zu gelangen. Dazu ist eine Entwicklung des Problems erforderlich, die bei dem Betroffenen bereits die gewünschten Ergebnisse zeitigt. Ein solcher Mensch benötigt Hilfe bei der Neutralisierung seines emotionalen Körpers. In einem solchen Fall bietet weiße Magie Hilfe. Sie kann auch Heilung bedeuten, wenn es um Probleme auf dem Gefühlsniveau oder um Schutz vor negativen Einflüssen geht. Im Bereich der Magie gibt es viele Heilungsaktivitäten, auch Fernbehandlungen oder Heilungen über Fotografien und Kristalle.

Weiße Magie hat ein ähnliches Wirkungsfeld wie die schwarze, nur ist sie genau ihr Gegenteil. Schwarze Magie will schaden, weiße will helfen. Die schwarze Magie lässt sich mit weißer neutralisieren, dagegen kann die weiße nicht von der schwarzen besiegt werden, weil Liebe stärker ist als Hass. Liebe ist das fundamentale und neutrale Gefühl, in dem der ganze Kosmos wohnt und die Elementale und Gefühlsniveaus der Menschheit wurzeln.

Es ist nicht verkehrt, dass manche mit schwarzer oder weißer Magie ihre Spiele treiben. Was sie tun, unterliegt ihrem subjektiven Urteil und ist daher subjektiv gut, auch wenn es unzählige subjektive Ansichten gibt und etwas, das gut für den Magier ist gleichzeitig für sein Opfer verheerende Folgen haben kann. Auch das Urteil des "Opfers" ist subjektiv, und es ist kaum möglich aus subjektiver Betroffenheit objektiv zu urteilen.

Wo es zumindest zwei unterschiedliche Seiten gibt, da entfällt die Objektivität. Auch bei der Magie können wir nicht über Gut und Böse urteilen. Schließlich ist auch die weiße Magie nicht immer gut und die schwarze nicht immer schlecht (dann, wenn sie zu einer wichtigen Erfahrung führt). Es kann sich auch jemand finden, der die weiße Magie ablehnt und meint, sie sei ebenso unberechtigt wie die schwarze, insbesondere, weil es dabei zu einer Manipulation von intelligenten Wesen wie den Elementalen kommt.

An dieser Erklärung der schwarzen Magie können wir sehen, wie sehr die Elementale zur Zusammenarbeit in der Materie bereit sind. Mit der Materie können sie nur indirekt zusammen arbeiten. Daher ist die Symbiose mit einem Menschen und seinem Bewusstsein der ideale Weg für sie, um ihre Blindheit und Unfähigkeit, direkt in die sichtbare Welt einzugreifen, zu ersetzen.

Heilung von Elementalen

Das Heilen von Elementalen können wir mit anderen Worten als Neutralisieren bezeichnen. Jedes neutrale Wesen wünscht sich in seinem Kern neutral zu sein und auch zu bleiben. Erst in dieser Stimmung ist es glücklich, verspielt und frei. Die Freiheit ist der fundamentalste Wunsch eines jeden Wesens, ob es nun inkarniert oder ein Energiewesen ist. Es will mit seinen Energien frei schalten und walten können

Elementale sind veränderlich und auch sehr empfänglich für Außeneinflüsse, deshalb passen sie sich leicht der Umgebung an, an die sie gebunden sind. Aus diesem Grund kann man sie manipulieren und für verschiedenste positive oder negative Ziele ausnützen (wie eben schon bei der Magie verdeutlicht wurde).

Ein Elemental, dessen Grundvibration verändert wurde (die Veränderung kommt immer von außen - aus seiner Umgebung), lebt in dem Wunsch, es möge ihm jemand helfen sich wieder zu neutralisieren. Von alleine ist es nämlich dazu nicht fähig. Wenn man es testet, wird es - ganz abgesehen vom Negativitätsgrad - immer antworten, dass es bereit ist seine Grundvibration in Richtung Weiß zu verändern.

Besonders brennend ist dieser Wunsch, wenn seine Aufgabe gelöst ist und zum Beispiel der Mensch, mit dem es zusammen arbeitete, die Ursache seines Problems erkannt und geklärt hat.

Elementarwesen sind wie Kinder dann am glücklichsten, wenn sie ihren Lieblingsbeschäftigungen nachgehen können. Das bedeutet, dass ihre Aktivität vor allem auf Intuition beruht. Die Intuition erfüllt ihren großen Wunsch nach neutraler Freiheit und Ausrichtung in eine neutrale materielle Wirklichkeit, deren Teil sie auf die eine oder andere Weise sein wollen.

Hilfe für die Elementarwesen der Pflanzen

Pflanzenelementale sind ein Teil der Pflanze und untrennbar mit ihr verbunden. Eine Trennung, die aufgrund von künstlichen Eingriffen in die Pflanzenwelt geschieht, ist immer schmerzhaft und für die Pflanze tödlich.

Die Pflanze schenkt dem Elementarwesen Persönlichkeit. Dieses gibt ihr die grundlegende Gefühlsnote und verbindet sie dadurch mit allen Wesen ihrer Umgebung. Ohne Elementarwesen wären die Pflanzen nur physische Vitalwesen. Sie wären auf ihre physische Existenz beschränkt und dadurch von den übrigen Wesen isoliert.

Elementale sind die einzige Verbindung der Pflanzen mit ihrer Umgebung. Daher ist ihre neutrale Ausrichtung von immenser Bedeutung. Die emotionale Ausrichtung der Elementale ist immer neutral. Das Neutralisieren wird von der Pflanze selbst gefördert. Natürlich gibt es dabei Unterschiede bei den diversen Pflanzenarten. Manchen Blumen gelingt es alle negativen Einflüsse zu neutralisieren, während etliche Bäume aufgrund negativer Umwelteinflüsse absterben. Ja, es kann passieren, dass auch ein ganzer Park abstirbt. Das geschieht aus emotionalem Unverständnis, das den Faun des Baumes mit einer schmerzhaften, nicht neutralen Gefühlsfrequenz behindert. Dieser Baum verdorrt. Man kann sagen, dass er aus Trauer stirbt.

Gewöhnlich bleibt der Faun im abgestorbenen Baum und zieht in den Baumstumpf oder einen morschen Ast ein. Wenn Ihr eine lockere Wurzel findet und sie nach Hause bringt, um mit ihr den Gang oder Flur zu schmücken, könnt Ihr die Energien fühlen, die sie noch in sich trägt. Der Faun zog in diesem Fall in seiner neutralen Grundposition ein und lebt fortan als Same seiner Energiesubstanz. Nach einer gewissen Zeit findet er einen anderen Baum.

Bedeutend ist nur, dass er alles erlebt, was ihm mit einem bestimmten Baum zu erleben gegeben war. Dann ist er frei, sich eine neue Welt zu suchen. Bäume haben mit ihrem üppigen Wachstum, in der Zeit, wenn sie am stärksten sind, die Fähigkeit auch Elementale anderer Lebewesen zu neutralisieren. Es kommt vor, dass sich ein Elemental an einen Baum anheften lässt, das zuvor bei einem Menschen lebte und nicht mehr gebraucht wird. Dort neutralisiert es sich und beginnt seinen Weg von neuem, denn es hat sich befreit.

Um die Pflanzen lange glücklich, zufrieden und dadurch auch schön zu erhalten, müssen wir ihre emotionalen Wünsche achten und mit ihnen zusammen arbeiten, wenn wir einen geeigneten Standort für sie aussuchen wollen. Vor allem ist das bei Bäumen wichtig, denn sie werden vielleicht Jahrhunderte an diesem Punkt verankert sein.

Man sollte einen Platz mit geeigneter Strahlung finden. Seid nicht egoistisch und schaut nicht nur auf Euer Wohl. Denkt auch an Eure Mitwesen, die Euch gerne beistehen werden.

Elementarwesen der Räume

Die Elementale der Pflanzen sind selbstgenügsam und richten all ihre Aufmerksamkeit auf die Pflanze, der sie angehören. Ihr Brennpunkt verschiebt sich selten ohne echten Grund. Es passiert jedoch durchaus, dass sich ein Pflanzenelemental (insbesondere ein Elemental älterer Zimmerpflanzen) zu einem Raumelemental auswächst. Gründe für eine solche Verwandlung kann es mehrere geben.

Der erste Grund kann im Raum selbst liegen, wenn er mit emotionalen Energien überfüllt ist. Das beschleunigt das emotionelle und innere Erwachsenwerden des Elementals. Es schlüpft dann aus seiner alten Rolle heraus und verwandelt sich in ein Raumelemental. Seine Ausrichtung kann daher positiv oder negativ sein, je nachdem welche Energien in diesem Raum vorherrschen.

Der zweite Grund kann in der Beziehung des Menschen zur Pflanze bestehen, für die er sorgt. Ein Mensch, der mit viel Liebe Wachstum und Gedeihen seiner Pflanzen begleitet, kann auf der emotionellen Ebene zur Reifung der betreffenden Elementarwesen beitragen.

Der dritte Grund kann im Reifezustand des Elementals selbst liegen. Dadurch entwächst es eben seinem eigenen, auf die Pflanze zugeschnittenen Rahmen.

Die meisten Elementale brauchen in der ersten Phase nach der Umwandlung Hilfe, um ihre Grundfrequenz mit ihrem neuen Brennpunkt abzustimmen und ihn auf neue Weise zu verstehen und zu achten.

Als wesentlicher Ausgangspunkt beim Heilen oder Neutralisieren von Elementarwesen muss gelten, dass wir sie nicht vertreiben.

Ein Elemental ist eine radiästhetisch wahrnehmbare Energie, die eine eigene Intelligenz besitzt. Sie ist keine passive Kraft oder Abstrahlung, sondern eine intelligente Energie, also ein Wesen. Aus dieser Perspektive des Elementals als intelligentem Wesen wird klar, dass sich die Blockaden nicht so einfach auflösen lassen, die aus seiner Aktivität entstehen.

Es ist auch wesentlich sich gewahr zu bleiben, dass die Ursache des Problems nie das Elemental selbst sein kann. Es ist nur ein Vermittler. Keine

Idee wächst auf seinem Kraut- und Rübenacker, schon gar nicht der Einfall, irgendjemanden zu schädigen oder negativ beeinflussen zu wollen. Wenn Ihr das Elemental beseitigt, Euch aber nicht in das Problem vertieft, das es nährt, werdet Ihr nichts verändern, sondern werdet so oder anders gezwungen sein an den Anfang zurückzukehren.

Vertreibt also die Elementale unter keinen Umständen, und wenn sie Euch noch so schaden. Gebt ihnen stets die Gelegenheit, sich in ihrem augenblicklichen Brennpunkt zu neutralisieren. Erst dann mögt Ihr sie bitten, sich zurückzuziehen und Euch in Frieden zu lassen.

Zur erfolgreichen Neutralisierung gehört auch der richtige Zeitpunkt. Beide, das Elemental und Ihr, müsst im Sinne der benötigten Erfahrung erwachsen genug werden. Das Elemental gibt sich auch nie vorzeitig zu erkennen. Wichtig ist Vertrauen. Wenn einmal die Beziehung zwischen Elemental und Mensch überflüssig wird, betreffe sie nun den Raum oder den menschlichen Körper, dann findet sich ein Weg, sie voneinander zu befreien und loszubinden. Entweder Ihr findet den richtigen Menschen, der Euch helfen kann, oder Ihr schafft die Lösung des Problems alleine. Immer findet sich eine Lösung, die Ihr Euch durch Euer Vertrauen und positives Denken verdient habt.

Die ideale Neutralisierung des Elementals verläuft in folgender Weise: Ihr entdeckt ein Elemental und vor allem seinen energetischen Brennpunkt. Darin liegt der Schlüssel zu seinem Energiekode. Im Kode wiederum sind alle Informationen enthalten, durch die es möglich ist ins System des Elementals zu gelangen.

In der Kodierung stellt Ihr seine Grundfrequenz fest, die Ihr an der Konstellation und Tönung der Farbe erkennt. Die Grundfrequenz ist ausschlaggebend. Neben ihr gibt es noch die veränderlichen Frequenzen, die jedoch keine Schlüsselbedeutung besitzen.

Wenn das Elemental in seinem Fundament nicht mehr neutral ist, dann benötigt es Hilfe. Wenn es seine Neutralität noch nicht verloren hat, kann seine Wirkung für die Umgebung nur wohltuend sein.

Die Neutralisierung ist nun kein ganz einfacher Vorgang. Das Elementarwesen braucht einen ähnlichen Genesungsschub wie der Mensch. Es fällt nur die Last der Körperlichkeit und physischen Emotionen weg. Am besten ist es eine Kode-Rezeptur auszuarbeiten, die harmonisierend auf das Elemental wirkt, und es eine gewisse Zeit permanent damit zu therapieren. Die benötigte Zeit ist subjektiv zu bestimmen. Darüber lässt sich allgemein wenig sagen.

Entscheidend ist, Elementale zu heilen und sie niemals zu verscheuchen. Die Grundlage ist ein Gefühl der Liebe und des Wunsches ihnen zu helfen. Es ist vergeblich, einen noch so vollkommenen Mechanismus zur Neutralisierung des Elementals zu installieren, solange ihm der Mensch, mit dem es seinen Lebensraum teilt, Hass und Verachtung entgegenschleudert oder seine Existenz als befremdliche Phantasie überhaupt leugnet. Hass und

Mißachtung wirken sich auf Elementale negativ aus, insbesondere dann, wenn sie bereits negativiert sind. Mit seiner Wut auf einen unsichtbaren Verursacher seiner Probleme gießt der Mensch die tatsächliche Wut über sich selbst aus. Es ist schon so, dass jeder gern die Schuld dem anderen aufbürdet, die guten Seiten aber für sich verbucht und mit ihnen angibt.

Wenn Ihr fühlt, dass Euch eine unbegründete Angst, Wut oder Verzweiflung beschleicht, dann schaut zuerst in Euch und was Euch Eure Seele sagen will. Versucht erst danach festzustellen, was für eine emotionale Atmosphäre in Eurem Raum vorliegt und was für ein Elemental darin wohnt. Sagt nie: "Dieses verdammte Elemental trägt die Schuld an allem " Auch wenn es noch so unmöglich scheint, den wahren Grund des Problems zu finden, versucht es, bis es Euch gelingt!

Trennt unbegründete Gefühle oder irrationale Emotionen von Eurem Gefühlskörper. Das geschieht am leichtesten durch Visualisierung oder eine Meditation, bei der Liebe räumlich ausgesendet wird. Dadurch baut Ihr Euch einen Schutzmantel, durch den die nicht mehr von Euch benötigten Elementale ihre Zusammenarbeit mit Euch beenden können. Hiermit wird den Elementalen ein neutrales Dasein bzw. die Neutralisierung ihrer Grundfrequenz ermöglicht.

Heilung von Elementarengeln

Bei allen Arten von Elementalen gelten dieselben Prinzipien. Der Unterschied liegt nur im Grad der Vernetzungen, den sie erreichen können. Elementarengel erreichen bestimmt ungeahnte Ausdehnungen und können ganze Länder beeinflussen. Ihre Entstehung wird vom Land selbst angeregt, von seinen emotionalen Vibrationen und den Menschen, die diese Vibrationen von Generation zu Generation weitertragen.

Weil Elementarengel so beschaffen sind, dass sie ihren Brennpunkt auf jene Stelle richten, die für die Landschaft von grundlegender Bedeutung ist, ist es zunächst notwendig, den heiligen Ort von ihren Einflüssen zu isolieren, bevor mit dem Vorgang ihrer Neutralisierung begonnen werden kann. Das bewerkstelligen wir, indem wir ihren Brennpunkt verrücken oder einengen und dem Landschaftsengel die Wiederherstellung seines Brennpunktes erleichtern.

Die Elementarengel sind - wie andere Elementale - bereit, ihrer Neutralisierung zuzustimmen. Ihre Größe, Macht und ihr Einfluss auf sehr beträchtliche energetisch-materielle Räume müssen dabei beachtet werden.

Gegenreaktionen von Elementarwesen

Wir müssen davon ausgehen, dass sich das negativierte Elemental in einem verzauberten Zustand befindet. Es ist dafür nicht selbst verantwortlich und vermag die Situation ohne äußere Hilfe nicht zu ändern.

In seinem Innersten wünscht sich jedes Wesen neutral zu sein. Das ist eine Tendenz, die alle in sich fühlen, wenn es ihnen nur gelingt ihre Wurzeln zu erkennen. Ein Zustand chronischen Heraus-gerissen-Seins aus der normalen Position entstellt das Wesen. Es ist, als ob wir eine schöne Blüte durch ein gewölbtes Stück Glas betrachten und sie dadurch in hässlicher und verzerrter Gestalt sehen. Das Elemental ist in seinem Fundament, in seinem Ursamen positiv, sein aktiver Kern dagegen ist aus dem Gleichgewicht geraten.

Wenn wir uns nun so einem Wesen nähern, oder wenn sich solch ein Wesen einem Menschen nähert, kann es zu einem Zusammenstoß kommen, oder der Mensch unterliegt dem ersten Gefühl, das er bei der Kontaktaufnahme verspürt. Das bedeutet, dass er einer deformierten Gestalt aufsitzt, die für sich selbst genommen gar nicht wirklich, sondern fiktiv ist, eine Vision ohne Grundlage.

Daher fühlt es sich manchmal an, als ob Euch das Elemental schaden will, als ob es sich widersetzt und nicht mit Euch übereinstimmt. Das äußert sich dann als seine Drohung.

Während Ihr den Patienten gerade heilt, kann es passieren, dass er Euch damit droht sich an Euch zu klammern, zu verletzen oder in Eurem Raum zu verbleiben. Wenn Ihr Elementarengel heilt, kommen sie Euch vielleicht mit der Drohung, ein Felsbrocken werde abbrechen und auf Euch stürzen oder Euch werde sonst etwas Schlimmes zustoßen, weil Ihr Euch in ihre Angelegenheiten eingemischt habt.

Das sind nur entstellte Visionen, die sie Euch ins Gesicht schleudern, ohne Euch tatsächlich etwas Schlimmes zu wünschen. Es sind einfach Panikschreie, weil sie sich in irgendeiner Weise davor fürchten sich zu verändern. Die Angst vor Veränderungen ist eine normale Reaktion bei allen Wesen, die so oder anders in das materielle Leben eingebunden sind. Auch dem Menschen fällt es schwer sich zu verändern. Obwohl er es vielleicht von Herzen wünscht, kann es so aussehen, als würde er sich dagegen stemmen.

Gegenreaktionen jeder Art muss man hinnehmen, als wären sie nie passiert. Man muss sie weise ignorieren und sich wehren, indem man nicht mit demselben Gefühl reagiert, sondern mit Liebe, Achtung und im Vertrauen auf das Gute, das im Innersten eines jeden Wesens wohnt.

Eigentlich ist jeder Widerstand seitens der Elementale nur eine Probe Eurer Fähigkeit und Entschlossenheit, ob Ihr wirklich bereit seid, Ihnen zu helfen. Die Angst, die sie dabei auslösen können, zerstört Eure Pläne und macht sie unmöglich. In diesem Fall müsst Ihr tatsächlich flüchten.

Der Schlüssel bei der Arbeit mit Elementarwesen ist, sich ihnen mit Liebe zu nähern und nie mit den Gefühlen zu antworten, die sie Euch einimpfen, sofern es ihnen gelingt, die Kodierung Eures emotionalen Körpers zu finden.

DIE WASSERZIVILISATION
ELEMENTARWESEN DER DRITTEN ART

Wasser als energetische und physische Substanz

Wasser ist einer der vier Grundbausteine der Materie und eines der vier Grundelemente in der zentralen Ausrichtung einer Zivilisation.

In der Darstellung der Mitwelten bin ich bereits auf die Wasserzivilisation als Verläuferin der irdischen Zivilisation eingegangen. Der Unterschied zwischen beiden liegt darin, dass sich die Seele während der Wasserzivilisation als Wesen mit kreativer Grundausrichtung im Wasserelement inkarnierte, während sie in der irdischen Zivilisation in den Menschen eingefügt wird, dessen Kreativität im Erdelement liegt.

Die Erde als Planet vereinigt stets alle vier Elemente. Jedes von ihnen hat seine Rolle, sie ergänzen einander und vervollständigen die Ganzheit der Welt. Die Erde wäre nicht die Erde, würde eines der vier Elemente fehlen. Jedes von ihnen ist gleichberechtigt am Bauwerk des Ganzen beteiligt.

Wasser ist das Element der vorangehenden Zivilisation. Heute weiß der Mensch nicht mehr so recht, wie er es bei seinem Schaffen gebrauchen soll. Es ist ihm zu flüssig und flüchtig. Es entgleitet ihm und spielt mit den Formen. Seine Anpassungsfähigkeit ist grenzenlos. Sein Streben nach Gleichgewicht und Gleichförmigkeit ist in allen seinen Gestalten augenscheinlich. In seiner Struktur herrschen Gesetzmäßigkeiten, die man nicht übergehen kann. Man kann es nicht mit Händen greifen oder umarmen. Es ist immer nachgiebiger als die menschliche Härte und Leiblichkeit. Der Zauber des Wassers liegt in seiner spielerischen Unerreichbarkeit.

Das Wasser hat eine starke Energiestruktur, ähnlich der eines aufgelösten Kristalls (vorausgesetzt, er ließe sich auflösen). Die große Leitfähigkeit und Plastizität prädestinieren es für Energieübertragungen. Daher ist es möglich ihm sehr starke Energieströme zukommen zu lassen und sie in seine Form hinein zu kodieren.

Die Frequenz des Wassers hängt von der Form ab, in der es auftritt. Ist es eine kleine Schüssel oder ein Ozean? Daher kann die Struktur und Frequenz des Wassers durch Formveränderungen beeinflusst werden.

So hat zum Beispiel in einer Flasche aufbewahrtes Wasser eine andere und weniger wirksame Vibration als Wasser in einem Tonkrug. Dabei ist natürlich auch wichtig, dass der Krug auf natürliche Weise angefertigt wurde, denn auch die Tonsubstanz und deren Heilkraft wirken aufs

Wasser. Es ist auch möglich Kosmogramme zu gestalten, in denen Wasser strömt. Eine Flasche in der Gestalt eines Kosmogramms würde mit ihren Vibrationen jedes Wassergemisch zusätzlich färben.

Ähnlich lässt sich die Energiefrequenz mit Kristallbeimengungen oder Kupferkinesiogrammen beeinflussen. So könnte zum Beispiel ein positiv auf die Nieren wirkender Kristall, der einige Zeit im Wasser gelegen hat, dessen Heilkraft beeinflussen und seine Vibration der Grundfrequenz des Wassers leihen.

Überall auf der Welt gab und gibt es heilige Quellen. Ihre heilende Wirkung wurde unzählige Male bewiesen und erkannt. Heilige Quellen sind Bestandteil heiliger Stätten und helfen Vibrationen in den Raum auszusenden. Wichtig ist dabei nicht allein die materielle Quelle, sondern auch die Quelle positiver Energien oder Energien der Liebe, die sich neben ihrer universellen Ausrichtung auch im Brennpunkt eines heilenden Engels befinden.

Auf jede heilige Quelle ist der Brennpunkt einer Engelsintelligenz gerichtet. Es ist der Brennpunkt des Raumengels, der die Stätte mit den Engeln des Heilens verbindet. Sie helfen Menschen, die diesen Ort aufsuchen in der Hoffnung auf Heilung und Genesung von all den in der materiellen Inkarnation erlebten Schwierigkeiten.

Heilige Quellen sind also Orte, die mit Engelsintelligenzen verbunden sind. Sie geben der Energiesubstanz des Wassers eine zusätzliche Genesungskraft und Information. Wenn solche Orte missbraucht oder entweiht werden, so zieht sich der Fokus des Engels dauerhaft zurück. Von der Heiligkeit der Quelle bleiben nur Erinnerungen und die schönen Gedanken der Menschen zurück, die dort einen wirksamen Genesungsschub erfahren haben.

Schon seit jeher gibt es in allen Ländern Orte mit einer mystischen Qualität und Fülle an Geheimnissen. Sie schenkten allen Pilgern und Vertriebenen, Christen, Buddhisten und anderen Gläubigen neue Hoffnung.

Die Engel machen keine Unterschiede zwischen den Religionen, weil es darauf nicht ankommt. Wichtig ist zu helfen und nach eigenen Kräften und innerhalb der Euch erlaubten Grenzen mit zu arbeiten. Andere Überzeugungen sind nur die Ernte menschlicher Entfremdung von sich selbst. Sie sind keine einzig wahren Regeln, die festlegen, welcher Weg richtig oder falsch ist.

Heiliges Wasser tut seine Wirkung ohne Rücksicht auf das menschliche Glaubensbekenntnis oder darauf, ob die Hilfe von Jesus, Maria, Allah oder vom allmächtigen Gott erbeten wurde, der der Kosmos ist. Die Details haben die Kraft, die dem Wasser durch die Engelsintelligenz verliehen wurde, weder vergrößert noch blockiert.

Lebendiges und totes Wasser

Wasser besteht nur scheinbar aus leblosen Molekülen. In Wirklichkeit ist es Heim für zahllose Wesen und Energievibrationen. Bestimmt erinnert Ihr Euch an die Märchen von Wassermann, Meerjungfern, Nixen und Unterwasserwelten.

Märchen lügen nie. Alles, was sich über viele Generationen erhält, hat gewiß einen Wahrheitsgehalt in sich und ist nicht reine Phantasie. Märchen erzählen uns Geschichten über seltsame Geschöpfe in den Untiefen der Gewässer. Sie berichten uns über ihre Güte, ihre Geheimnisse, über die scheinbare Hässlichkeit der Wassermänner und die unermessliche Schönheit der Nixen und Meerjungfrauen.

Die Schönheit der Meerjungfrauen und Wassernixen hat damit zu tun, dass Wasser überwiegend Yin ist, also weibliche Energie. Es hält das Gleichgewicht mit den Kontinenten und ihren Gebirgen, indem es ihnen seine Weiblichkeit als Gegenpol zum männlichen Prinzip anbietet. Das gilt für die Landschaft. Ähnliches gilt auch für den Aufbau des Menschen und seinen physischen Körper, dessen Ganzheitlichkeit auf dem Gegensatz zwischen männlichem und weiblichem Prinzip beruht.

Wasser und feste Materie sind zwei gegensätzliche Pole, die ohne einander nicht existieren können und sich stets ergänzen. Wasser hat keine Form, wenn sie nicht von fester Materie gebildet wird. Umgekehrt bleibt die Materie ohne die Mithilfe von Wasser eine ungeformte Masse. Der Grundgegensatz tritt also in der materiellen Wirklichkeit ständig zutage.

Alle drei Märchenfiguren (Wassermann, Meerjungfrau und Wasserfee oder Nixe) sind in Wirklichkeit Elementarwesen, die in ihrem Leben an die Substanz Wasser und ihren Energiepol gebunden sind. Sie sind nicht an die physische Erscheinung des Wassers, sondern an seine (vitale) Energiestruktur gebunden. Das gibt ihnen eine hohe Beweglichkeit. So sind sie also nicht an einem Punkt fixiert wie andere Elementarwesen, sondern können ihren Brennpunkt stets den neuesten Gegebenheiten anpassen und ihren Energiewirbel mit der Struktur der Energieknäuel im Wasser koordinieren.

Das materielle Wasser wird von seinen vital-energetischen Hüllen umschlossen, worin sich auch die Fokuswirbel der Elementale finden. Wir nennen sie Elementale der dritten Art, weil sich ihr Wesen von den anderen Elementarwesen sehr unterscheidet, die an die feste Materie und ihre imaginären Gefühlsniveaus gebunden sind.

Die Elementale der dritten Art sind die verspieltesten Wesen der Erde. Sie können wunderbar mit Formen spielen, sich anpassen und das Leben der Wasserpflanzen und -tiere regulieren. Ihr Einfluss bei diesen Hilfeleistungen ist außerordentlich bedeutend. Sie sind hilfreich bei der Suche nach unterirdischen Wasserquellen, denn ihre energetische Anwesenheit ist auch an der Oberfläche spürbar. Sie helfen ebenso den oberirdischen Wasserläufen und verstärken die Tendenz, dass sich kleine Wassermengen in einem einzigen großen Wasserreservoir sammeln.

Quellen, Bäche, Seen und Meere sind Lebewesen. Das ist keine Märchenphantasie für kleine Kinder, sondern eine erhabene Wahrheit, die Euch dabei helfen kann die Schmerzen toter Gewässer zu verstehen. Von ihnen gibt es auf der Erde leider immer mehr. Tote Gewässer bestehen aus Wasser ohne Elementarenergien. Es trägt neben seiner eigenen Frequenz keine zusätzliche Information mehr über sein Wesen. Darum liegt seine Kraft brach und lebt nicht mehr für die Umgebung.

Totes Wasser befindet sich in den meisten Wasserleitungen, in künstlichen Betonbecken, Bassins, grob ausgeführten Stauseen usw.

So wie man dem Wasser seinen heilenden Zauber einhauchen kann, so kann man es auch verwünschen und energetisch schwarz oder rot färben. Ein solches Wasser erscheint unheilbringend und bösartig, ohne dass man sagen könnte, warum.

Bestimmt erinnert Ihr Euch an irgendein eigenes Erlebnis. Vielleicht seid Ihr davor zurückgeschreckt in einem Tümpel zu schwimmen, obwohl Ihr wusstet, dass das Wasser seicht war und keine größeren oder gefährlichen Tiere sich darin befinden konnten. Ihr habt Euch vor etwas Unsichtbarem und Unverständlichem gefürchtet. Darum geht es. Ihr hattet Angst vor den Energien, die in jenem Wasser unsichtbar zugegen waren und ihm Charakter und Aussehen verliehen.

Wasser hat drei energetische Dimensionen. Zunächst hat es seine Vitalenergien. Sie sorgern für die Lebendigkeit und starke innere Struktur, die sich nur ungern verändert oder unbekannten äußeren Einflüssen beugt. Das Wasser ist auf seiner Vitalebene ein selbständiges und daher hartnäckig zähes Wesen. Es gibt sich auf dem Vitalniveau als Yin zu erkennen, und zwar als dominantes Yin, wenn es um Landschaften geht. In der Landschaft hält zum Beispiel ein See das Yin-Gleichgewicht zu den Bergen, im Körper das Blut zu den festen Bestandteilen der lebenden Materie. Wohin wir auch blicken, bemerken wir das Spiel des Wassers im Sinne des Yin-Gleichgewichts.

Auf seiner zweiten Ebene ist das Wasser die Heimat zahlloser Wasserelementale. Diese bilden seinen Charakter und formen die Beziehung seines äußeren Wesens zum umgebenden Raum. So beeinflussen sie zum Beispiel die menschlichen Gefühle zu einem Bach oder seine Angst vor dem ansteigenden Wasserspiegel. Auf diesem Niveau ähnelt es ganz und gar einem langen, durchgesponnenen Knäuel tanzender Wesen.

Das Hauptmerkmal des Wassers ist seine Beweglichkeit. Es fließt immer dem niedrigsten Punkt zu und erstrebt stets das Gleichgewicht und die vollkommene Ebenmäßigkeit seiner Oberfläche. Das Wasser ist schon für sich allein genommen ein verspieltes, tänzerisches Element. Daher sind auch seine Elementale die verspieltesten Wesen dieser Zivilisation.

Auf dem höchsten Niveau ist das Wasser in seiner Gesamtheit der

Ozean, der alle noch so winzigen Bäche und Flüsse dieser Welt in seiner riesigen Wassermasse vereint.

Die Wasserwesen haben je nach der Größe des Wassers, in dem sie beheimatet sind, eine unterschiedliche Reichweite. Die Elementale der Ozeane sind mit Sicherheit die weitreichendsten und mächtigsten. Darum wirkt der Ozean auch so geheimnisvoll, heilig und unberührbar.

Physische Manifestationen des Wassers in der Landschaft

Das Wasser hat in der Landschaft eine große energetische Bedeutung. Eine Landschaft ohne Wasser kann nicht existieren. Einerseits schon wegen der Bedürfnisse zahlloser Pflanzen, Tiere und Menschen, andererseits aber auch deshalb, weil das Wasser am Grundgegensatz mitwirkt, durch den sich die Landschaft überhaupt verwirklichen kann.

Wasser symbolisiert die Yin-Energie oder den weiblichen Energiepol. Das stimmt mit seiner Fähigkeit völlig überein, alles in allem zu umfassen. Das Wasser ergießt sich gleichmäßig in die Landschaft. Mit seinen Energieströmen, die an vielen Stellen weit über seine physischen Ufer und Böschungen hinausreichen, umfängt es seine Gegensätze. Ohne seine umarmenden Gesten hätten die Landstriche nicht ihre bekannten Formen und Konturen. Man könnte sie nicht als subjektive Teile größerer Landschaftsbereiche erkennen.

Das extremste Zusammenspiel von Wasser und Festland sind Inseln. Je kleiner sie sind, umso intensiver die Zusammenarbeit, umso stärker wird die Interaktion des Gegensatzpaares spürbar. Inseln haben die höchste Energiespannung unter den Landschaften. Sie sind ideale Orte für sakrale Gegenstände, Monumente, heilige Stätten und Objekte geistiger Kommunikation. Wegen der starken Polarisation zwischen Yin und Yang verstärkt sich die Energiestruktur der Insel derart, dass die geistige Zusammenarbeit fast beiläufig beginnt und die Bewohner dazu ermuntert, hilfreich beizuspringen.

Der Einfluss von Wasserwesen ergießt sich noch mehrere hundert Meter über die Uferböschung hinaus. In diesem Radius können sie mit den Bedürfnissen und Wünschen der Landschaft zusammen arbeiten, deren Teil sie ja sind. Das Wasser verleiht ihnen nämlich eine große Beweglichkeit und energetische Unabhängigkeit.

Die entsprechende symbolische Zeichnung wäre ein Kreis mit einem Punkt in der Mitte. Exakt so geschieht es energetisch. Yin umarmt die Insel, die Yang ist, von allen Seiten. Es gibt ihr eine starke gegensätzliche Struktur und bleibt in ständiger Interaktion mit ihr. Im Kontakt zu ihrem Gegensatz erhält die Energie den Impuls zu kreisförmigen Bewegungen. Sie kreist ständig um die Insel und strömt spiralförmig nach oben, um eine Welle von Energiekontakten zu bilden. Innerhalb dieser Welle befindet sich Yang. Yang könnte sich ohne Ergänzung durch den weiblichen Pol nicht als im Gleichgewicht befindliche Substanz oder als reale Gegenwärtigkeit in der Materie verwirklichen.

Eine interessante Erscheinung sind auch Gebirgsseen. Hier liegt Yin vor, umschlossen von Yang. Die kreisende Energie ist statisch und aufwärtsabwärts gerichtet. Das Wasser ist als Yin-Energie allumfassend, anpassungsfähig und in Hinblick auf Energieeinflüsse beweglich. Das Schema der Einflüsse gleicht dem vorigen. Wir hätten wieder den Kreis mit einem Punkt in der Mitte. In diesem Fall hätten wir kein Kreisen von Yang. Der See wirkt derart, dass er seine Energieimpulse nach Yang-Stellen ausrichtet. Durch die Zusammenarbeit kommt es zur gleichen Wirkung, nur ist das aktive Prinzip diesmal im Zentrum und entfaltet seine Kraft von da aus. Das passive Prinzip dagegen ist statisch und weist in die entgegengesetzte Richtung. Sie umfangen sich in den Richtungen der Ausschüttung und Begegnung.

Bäche und Flüsse sind Ausdrucksformen der Wasserenergie. Ihre Richtung bestimmt die Landschaft mit ihren Formen. Quelle und Mündung sind dadurch bestimmt. Der Weg führt stetig hinab, mit mehr oder weniger sichtbarem, springendem Gefälle.

Die Meere und Ozeane sind die gemeinsame Heimat aller Gewässer, die sich in den irdischen Sphären bewegen. Hier beginnen und enden alle Quellen und Mündungen. Jedes Teilchen des Ozeans trägt seine Information über die Länder in sich, durch die es eilte und denen es eine Zeit lang angehörte auf seinem Weg nach Hause.

Ozeane und Meere sind unheimlich wegen ihrer Größe und Untiefen, voll unbekannter Formen und unberechenbarer Wesen. Sie jagen manchem die Angst in die Knochen. Wassermassen ohne Ende erscheinen manchmal wie der Schlund eines Riesen, der es kaum noch erwarten kann sein Opfer zu verschlingen. Sobald jedoch in dem goldenen Kräuseln der ruhigen Oberfläche die Sonnenstrahlen ihr Spiel beginnen, will es Euch scheinen, als böte das Wasser alles, was ein Wesen dem anderen bieten kann - Freiheit. Das weite Meer schenkt ein Gefühl von Freiheit. Erst wenn es schäumt und tobt, verbreitet es wieder Angst mit seinen Drohungen, den brüllenden Wellen, dem peitschenden Sturm, der die Wasserberge erbarmungslos über die schwarze Oberfläche jagt.

Die spürbare Gegenwart von mächtigen Energiewesen wie jenen der Meere löst beim Menschen Angst vor der Tiefe aus. Meereswesen haben eine ungeheure Reichweite in die Tiefe und hausen in den allertiefsten Regionen. Von dort erstrecken sie sich in unglaublichen Formen über weite Gebiete, die wir als Königreiche der Meere bezeichnen.

Mensch und Wasser

Mensch und Wasser sind stark verbunden, sowohl materiell und vital als auch emotional und geistig. Wasser ist zuallererst ein unersetzbarer Teil des Menschen, seines Daseins, seiner Beweglichkeit und materiellen Existenz.

Die starke Verbindung auf allen höheren Niveaus fördert eine starke materielle Anhänglichkeit des Menschen zum Wasser. Die Beziehung ist einseitig, schließlich bedeutet der Mensch dem Wasser nichts. Als Element ist das Wasser frei. Das Einzige, was es gestattet, ist in irgendein Gefäß eingeschlossen zu werden. Doch jede Gefangenschaft ist nur scheinbar, denn Wasser lässt sich nicht einfangen.

Auf der physischen Ebene bietet das Wasser dem Menschen Trank, Nahrung, Reinheit und Vergnügen. Dadurch ist es für ihn eine ewige Herausforderung, denn es erweckt in ihm Fragen über die Unendlichkeit, über unsichtbare Dimensionen und die Tiefen und Weiten des Unsichtbaren. Es bietet ihm Wege zwischen den Kontinenten und beschenkt ihn mit seinen Früchten. Das Wasser ist also Teil seiner alltäglichen Entwicklung wie auch seiner Gedanken, Sehnsüchte, Ziele und Wünsche.

Auf energetisch-vitalem Niveau ist Wasser für den Menschen ein Heilmittel, Träger von Grundvibrationen und Medium gesunder Getränke. Als Teil des Körpers ist es im Blut eine reinigende Kraft und ein Bote für unterschiedliche Vibrationen, körperliche Kreisläufe und Energielinien.

Ohne Wasser im Körper könnte der Mensch als physisches Wesen nicht existieren. Er müsste sein Dasein auf die höheren Niveaus beschränken. Er wäre dadurch einem Elemental näher verwandt als sich selbst.

Wasservibrationen bedeuten sowohl Schwingungen der Wasserstruktur als auch Vibrationen der Wesen, die in Symbiose mit dieser Struktur existieren.

Wasserwesen helfen dem Menschen auf seinen emotionalen Ebenen. Sie ermöglichen ihm ein Erwachen aus üblen Stimmungen, ein Gefühl der Freude und des Glücks, oder aber sie symbolisieren Dämmerung und Angst. Alles hängt vom Ort ab, wo das Wasser entsteht und lebt, ebenso wie vom Menschen, der sich ihm nähert.

Wasser, das auf die geistige Ebene des Menschen einwirken kann, ist heiliges Wasser. Es ist mit Engelsintelligenzen verbunden. Dank seiner Verbindung auf der geistigen Ebene trägt es besondere Frequenzen von Engelsenergien in sich.

Heilige Quellen sind Heilquellen, denn in ihrer Nähe könnt Ihr Momente der Einswerdung erleben. Sie können Euch auf unverständliche Fragen Eures Lebens eine Antwort geben und dadurch helfen Eure Existenzprobleme zu lösen. Orte mit heiligem Wasser waren einst Stätten der Selbsterkenntnis und Wandlung. Sie wurden durch besondere Tempel hervorgehoben. Zu ihnen pilgerte der Mensch, der sein reales Inneres erkennen und sich in seiner Ganzheit eins mit allem fühlen wollte.

Später eignete sich die eine oder andere Religion diese Quellen an und schrieb ihnen die Kraft ihres Gottes zu. Eigentlich ist darin nichts Bedenkliches zu sehen. Verkehrt war nur die Entscheidung, dass an Stelle der Engelsintelligenzen nunmehr die Priester die Entscheidung darüber trafen, wem dieses Wasser nun helfen konnte und wem nicht. Den Maßstab dazu lieferte freilich die Religion, und so ist es meist auch im heutigen Bewusstsein verankert.

VOM HEILEN

Die Ebenen im Menschen

Der Mensch ist wie jede materielle Erscheinung kompakt und vollständig. Die Wissenschaft hat für ihn Antworten auf alle Fragen über die Probleme von Körper und Psyche ausgearbeitet. Sie hat gelernt Einblick in die materiellen Vorgänge des Körpers und Gehirns zu gewinnen und jede auftretende Störung mit einem Fehler im physischen System zu verknüpfen und zu begründen.

Die materielle Ausrichtung des Menschen wurde mit den Jahren zur einzigen Denkart, wenn es um Grundprobleme seines Daseins ging. Der Mensch denkt und glaubt nur an greifbare, sichtbare oder auf andere Weise physisch wahrnehmbare Dinge. Die Intuition als Kommunikationssystem ist blockiert. Sie ist aus dem Bildungssystem ausgeschlossen und wird schon in der Kindheit unterdrückt.

Nur sehr schwer behauptet sich wenigstens in einigen Teilen der Welt noch eine reinere Wahrnehmungsweise anderer Dimensionen. Die westliche Zivilisation hat nämlich ihr bewusstes System in die Grenzen der materiellen Beweisbarkeit verbannt. Ganzen Generationen gelang es an diese Art von Verständnis zu glauben wie anderen an die Religion.

Die östlichen Zivilisationen blieben in dieser Hinsicht offener und haben ihre Ideale nicht so pauschal der materialistischen Denkweise unterworfen. Seit jeher bewahrten sie das Vertrauen mit ihren höheren Niveaus zu kommunizieren, was sich mittelbar dadurch bewiesen hat, dass sie sich mit ihren anderen Persönlichkeitsebenen verständigen konnten. Ihre Wahrnehmungsweise der Wirklichkeit erscheint in den Augen der westlichen Zivilisation eher unverantwortlich und nicht erwachsen genug.

In dieser Hinsicht sind alle Menschen des Ostens auf der Stufe von Kindern, freilich nicht im unreifen Sinn, sondern bezüglich ihrer Fähigkeit zur intuitiven Wahrnehmung.

In den Ländern des Ostens sind zahllose gute geistige Lehrer herangewachsen. Nicht deswegen, weil sich im Osten die besseren oder reiferen Seelen inkarnieren würden, sondern weil dort die Atmosphäre eine andere ist. Dort benötigt der Mensch nicht sein halbes Leben für die Einsicht, dass auch jenseits der wahrnehmbaren Räume etwas existiert, dass es Welten gibt, die einander in ihrer Reifestufe folgen, dass der Kosmos Teil jedes noch so kleinen Dings ist und umgekehrt.

Die Atmosphäre ist von entscheidender Bedeutung, wenn es um das subjektive Erwachsenwerden des Menschen geht.

Der Mensch ist trotz seiner scheinbaren Kompaktheit und Ganzheitlichkeit ein mehrschichtiges Wesen. Er ist nicht integral im Sinne einer bewussten Zusammenarbeit zwischen seinen Teilen, sondern setzt sich aus mehreren Ebenen zusammen. Diese verschiedenen Niveaus sind sich ihrer ständigen Zusammenarbeit nicht bewusst. Sie schließen einander sogar wegen ihrer angelernten Wahrnehmungsmuster häufig aus.

Das menschliche Leben lässt sich mit einer Gruppe von Mitarbeitern vergleichen, die alle in ihrem jeweiligen Bereich zur Entwicklung der Organisation beitragen. Jedes Niveau im Menschen hat seine Funktion und seine Art sich in der menschlichen Persönlichkeit bzw. im gesamten Ensemble Ausdruck zu verschaffen.

Der Mensch besteht aus fünf Ebenen. Sie alle sind während der Inkarnation vom Standpunkt des Lernens und Aufnehmens äußerer Impulse gleichrangig. Kein Niveau ist einem anderen übergeordnet. Zwischen ihnen besteht Einklang und Verständnis.

Um seine Glieder überhaupt zu einer sinnvollen Ganzheit koordinieren zu können, ist es für den Menschen notwendig, dass er in seinem Innersten als eine Seele existiert. Die Seele ist die Wurzel, aus der alle anderen an die Inkarnation gebundenen Niveaus wachsen. Die Seele weiß, weshalb jemand bestimmte Erfahrungen durchmacht und übersteht. Sie ist Ratgeber und Helfer. Zugleich ist sie die Grundlage von allem, was einem Subjekt bereits zugestoßen ist und was ihm noch widerfahren muss. Die Seele führt ihr inkarniertes Ich auf vorbestimmten und vorausgesehenen Wegen. Sie irrt sich nicht und ist unerbittlich. Dabei ist die Seele nichts von außen Kommendes. Sie ist kein Faktor, der ohne Eure Zustimmung über Euer Leben verfügt. Ihr selbst seid die Seele. Sie ist Euer Fundament, die Ursache und das Ende - Eure nach Vollkommenheit strebenden Ganzheit.

Damit die Seele fähig ist zu all ihren Verbindungen und ihrer Zusammenarbeit mit der Umgebung, ist sie an den Kosmos gebunden, wo sie eins ist mit allen anderen Wesen. Der Kosmos ist alles in allem: das einzige objektive System, das in sich alle Subjekte im objektiven Zustand der Ganzheit vereint.

Auf dem Niveau der Ganzheit vermag die Seele die Bindungen zwischen den Wesen zu erkennen, die füreinander bestimmt sind. Auf diese Weise kann sie über die Verantwortlichkeit, objektive Integrität und Vollkommenheit urteilen, die sie erreichen will.

Das Niveau der Seele ist das höchste subjektive Niveau. Hierdurch ist der Mensch ein eigenständiges Subjekt, das weiß, was es will, das seine Existenz und seine Aufgaben im subjektiven Lernprozess versteht. Seelen unterscheiden sich voneinander. Sie haben ihren grundlegenden geistigen Charakter, der nicht von Gefühlen beherrscht wird. Sie unterscheiden sich in der Kodierung ihrer geistigen Ebene.

Das Niveau des geistigen Subjekts ist die Vorstufe zur Ganzheit und die Grundlage für den materiellen Ausdruck. Die Seele weist ihrem materiellen Ausdruck seine ganzheitliche Gestalt zu. Aus ihr entspringen alle Informationen und Muster auf allen anderen inkarnierten Niveaus, durch sie wird sie zu der Zeit lernen, für die sie sich subjektiv entschieden hat. Für das Unrecht, das Euch im Leben widerfährt, ist niemand anderes verantwortlich als Ihr selbst. Auf geistiger Ebene habt Ihr Euch selbst dafür entschieden. Alles - das Schlechte und das Gute - bringt während der Inkarnation reiche Erfahrungen mit sich, die Ihr in der Ewigkeit braucht. Jede noch so schwierige Situation ist ein schönes und wertvolles Geschenk, von unschätzbarem Wert für Euch als integrales Subjekt.

Das Niveau der Ganzheitlichkeit oder die kosmische Ebene sowie das Niveau der Seele sind ewige Niveaus. Hier existiert Ihr als ewige Wesen und findet weder Euren Anfang noch Euer Ende. Auf diesen beiden Niveaus lebt Ihr in Vollkommenheit, egal welche Fehler Ihr in Eurem vergänglichen Alltag auch scheinbar begeht. Jeder Eurer Schritte liegt in Eurer Seele begründet. In ihr liegen die Antworten auf jede Eurer Fragen bereit. Abweichungen entstehen deswegen, weil man nicht vorhersehen kann, ob Ihr Eure Tiefe erkennen und auf sie hören werdet und wie tief Ihr Euch selber vertrauen könnt. Alles, was Euch widerfährt, geschieht Euch zurecht. Das möge Euer Motto in jeder Situation sein.

Die übrigen vier Niveaus sind inkarniert. Sie sind an die Dauer der Inkarnation gebunden. Energien, die hier in Erscheinung treten, sind der Umgebung entlehnt.

Energien können nicht vernichtet werden und benötigen deshalb ihr Heim, ihren Anfang und ihr Ende. Der Mensch wohnt in den Hüllen dreier Energien: der Seelenenergie, der emotionalen Energie, der Vitalenergie.

Die Seelenenergie - oder die geistige Energie - ist ewig. Sie ist räumlich nicht wahrnehmbar, weil sie den zeit- und raumfreien Dimensionen angehört, die sich in einem Bereich, wo Zeit und Raum die herrschenden Substanzen sind, nicht realisieren können.

Die emotionalen Energien wohnen im Gefühlskörper des Menschen. Sie sind sehr veränderlich. Würden wir das Gefühlsniveau des Menschen isoliert betrachten, dann könnten wir sehen, dass es ähnlich aufgebaut ist wie bei einem Elementarwesen. Es trägt jedoch nicht nur den eigenen intelligenten Ursprung in sich. Es ist auch an die geistige und bewusste Ebene gebunden, die zum Ausdruck emotionaler Zustände anregen.

Die Vitalenergien sind Energien, die den physischen Körper beleben und schützen. Sie haben ihre Frequenzen und Strömungssysteme, die zum Teil mit den physischen Kreislaufsystemen zusammen fallen. Auch die Vitalenergien sind entliehen und nicht Teil der Seele. Nach dem Tod des Menschen, dem sie zugehören, verdünnen sie sich im Raum und werden Teil der Ganzheit, bis sie einst wieder von anderen Wesen auf den Plan gerufen werden. Die Vitalenergien können den Menschen verlassen, noch ehe ihn die geistige Energie verlässt. Ein Beispiel dafür sind Berichte vom Leben nach dem Leben. In diesem Zustand ist der materielle Körper nur mehr materiell zugegen. Seine geistige Verbindung ist jedoch noch nicht durchtrennt. Daher kann der Mensch wieder zum Leben erwachen und die Vitalenergien erneut an sich ziehen.

Das emotionelle Niveau ist das erste inkarnierte Niveau. Weil es der Seele am nächsten ist, manifestiert sich der (initiative) Impuls aus dem Samen des Menschen zuerst durch dieses Niveau. Über den emotionalen Körper wird die Forderung nach Veränderung oder die Motivation zur Beendigung einer Aufgabe ausgelöst. Die Seele kann mittelbar auf den emotionellen Körper einwirken und ihn in seiner momentanen Ausrichtung im Lebensalltag aufmuntern.

Ihre Wege der Einwirkung auf den emotionalen Körper sind sehr verschieden. So kann die Seele einen Wunsch auslösen. Dieses Gefühl ist geeignet, die ganze Aufmerksamkeit des Menschen auf das gewünschte Ziel hin zu bündeln, sei es nun die Suche nach Lösungen oder die Wiedererweckung einer verlorenen Hoffnung, der Wunsch nach einem Kind oder einem Partner.

Die Seele initiiert über diese Dynamik vor allem eine Hinlenkung der Aufmerksamkeit auf den nächsten anstehenden Schritt des Menschen. Darum ist es notwendig, seinen Wünschen bedingungslos zu vertrauen, und wenn sie noch so seltsam sind. Sie tragen immer eine ernste Information in sich, die wichtig für das augenblickliche Dasein und für die Lösung aktueller oder ganzheitlicher Fragen ist. Es gilt das Gesetz: "Wenn Dir der Wunsch gegeben ist, dann ist Dir auch die Kraft zu seiner Verwirklichung gegeben."

Die Seele kann auch auf den Gefühlskörper einwirken, indem sie einen bestimmten Gefühlszustand vorgibt, der sich gut für die Zusammenarbeit mit dem Raumelemental eignet. Ein neuer Gefühlszustand ernüchtert das menschliche Bewusstsein und löst zahllose Veränderungen in seinen bewussten Kontemplationen über sich selbst aus. Auch in noch so verschlossenen Personen kann die eigene Seele Selbstreflexionen anregen und dadurch zu einer schrittweisen Erweiterung des Selbstbewusstseins führen. Vielleicht klingt es eigenartig, doch es ist die Seele, die den Menschen zu bestimmten Handlungen treibt, indem sie ihn erpresst.

Auf seiner Gefühlsebene liegen genaue Informationen über die eigenen psychisch-materiell sensiblen Punkte vor. Indem die Seele diese Schwachpunkte oder Talente unter Druck setzt, kann sie Selbstbewusstsein oder die Annahme einer bestimmten Aufgabe herbeiführen, die der Mensch in seinem Bewusstsein noch ablehnt oder mit der er sich nicht auseinandersetzen will. Da brechen Drohungen über ihn herein, die sich in die Gedanken einschleichen, nötigende Vostellungen, dass man erkranken wird, dass einem die Nächsten genommen werden oder dass man verloren ist.

167

Die Hellhörigkeit und angemessene Reaktion auf die Drohungen oder so genannten ultimativen Eingriffe der Seele bewirkt schon einen ausreichender Schock, der aber keine Angst auslösen darf. Nötig ist es vielmehr zu erlauben, dass dieser Schock Ernüchterung und ein Verständnis für die aktuelle Situation verursacht.

Emotionale Prüfungen sind eine gute Methode zur Selbsterkenntnis. Besonders schwierig ist es eine Probe just auf diesem Niveau zu bestehen, und zwar wegen der Labilität der Gefühle und der ständigen Verbindung mit den Gefühlsniveaus der Umgebung.

Das Gefühlsniveau des Menschen gleicht einer geschlossenen Kugel. An ihrer Innenseite ist das ganze Gefühlssystem in der Sprache seines Grundcharakters eingeschrieben, nach außen dagegen erscheint sie als Igel oder brennende Kugel, die ihre inneren Grundinformationen sorgfältig schützt. Wer Zugang zu ihnen hat, kann den Menschen verletzen. Sie sind wichtig für ihn und bilden sein Leben. Von außen sieht man nur Tastorgane. Mit seinen Fühlern kommt das Gefühlsniveau mehr oder weniger mit den äußeren Gefühlszuständen seiner Umgebung in Berührung. In Wirklichkeit spielt es mit diesen Zuständen.

Die Gefühlsverbindung zweier Menschen ist nicht möglich, wenn sie nicht vom geistigen Niveau angeregt wird. Es gibt nie eine Gefühlsverbindung ohne geistige Verbindung. Das ist die Bedingung. Die geistige Verbindung funktioniert natürlich nicht als Verbindung zweier Seelen.

Seelen sind keine Substanzen, die getrennt leben und einander suchen würden. Zwei Seelen können zusammen arbeiten, weil ihnen vom kosmischen Niveau her klar ist, dass sie die Zusammenarbeit benötigen. Die Zusammenarbeit auf der emotionalen Ebene ist dann der inkarnierte Ausdruck ihrer wortlosen und energiefreien Vereinbarung, die aber dennoch eine Vereinbarung ist. Beide sind mit der Zusammenarbeit und dem beiderseitigen Eingriff einverstanden.

Der Mensch kann spielen, wenn seine Seele nicht denkt, dass eine bestimmte Gefühlsfrequenz für sie notwendig ist. Seine eigene Entscheidung, die auch bewusst gefällt werden kann, ist wesentlich, wenn es um Entscheidungen über seine unwichtigen Spiele auf dem äußeren Gefühlsniveau geht, das keine Verbindung mit dem inneren Wesenskern hat.

Das nächstfolgende Niveau nach dem Gefühlskörper ist das Bewusstsein, das in seiner Funktion den Gegenpol zur Seele bildet. Beide befinden sich unbewusst in einem ständigen Wettstreit um den größeren Einfluss auf die inkarnierten Niveaus. Das Bewusstsein ist in weiterer Abwandlung verwandt mit dem Ego als jener Instanz, die dem Menschen suggeriert, dass sein Bewusstsein der Sieger über die Ganzheit ist und der Mensch alles vermag, was er sich auf diesem Niveau vornimmt.

Das Ego ist eine wirkliche Herausforderung. Niemand ist stark genug, um diesen Versucher nicht mehr zu benötigen. Das Ego ist auf dem geistigen Weg des Menschen wie ein Fremdkörper, der Euch ständig an sich erinnert und Aufmerksamkeit einfordert. Natürlich ist die Aufmerksamkeit notwendig und in diesem Sinn auch das Ego. Der Mensch hat sich nicht deswegen inkarniert, um sich seiner Inkarnation zu entziehen und in geistigen Sphären zu entschweben. Er ist auf die Welt gekommen, um die Fähigkeit zu erringen alle seine Niveaus zu einer möglichst musikalischen Harmonie abzustimmen und einem jeden von ihnen die verdiente Bedeutung zuzugestehen.

Das Ego pocht auf Anerkennung. Es fordert Ehre und Herrschaft im Sinne von Über- und Unterordnung in Hierarchien. Der Mensch verinnerlicht sein Ego und pendelt in seiner Entwicklung ständig zwischen dessen Einflüsterungen und jenen der Seele hin und her. Bei jedem seiner Schritte kann er sich zwischen beiden entscheiden. Man kann objektiv kaum beurteilen, welche Einflüsterung die wichtigere ist und welcher Seite zu folgen notwendiger wäre. Jede Ganzheit fußt auf Gegensätzen. Die Polarisierung zwischen Bewusstsein und Seele ist der fundamentale Gegensatz in der menschlichen Persönlichkeit.

Das Bewusstsein ist ein anerzogenes System und entsteht nicht von allein. Es muss im Vorgang seines Entstehens mit dem Menschen in Übereinstimmung gebracht werden, dem es einst gehören wird. Die Kinder lernen bewusst auf die Welt zu schauen, sobald sie auch körperlich zum vollen Gleichgewicht finden.

Ihr Körper beginnt sich den tatsächlichen Verhältnissen auf der Erde anzupassen: den Gesetzen der Schwerkraft, den Gesetzen der vertikalen Strömungen. Ihr Wurzelsystem beginnt zu wachsen und lässt sie selbständige Persönlichkeiten werden. Sie beginnen sich für alles in ihrer Umgebung zu interessieren, nicht nur wegen der Buntheit der Farben oder Töne, sondern weil sie die Funktionsweise aller möglichen Vorgänge zu verstehen beginnen und sie jede grundlegende Einsicht zum Weiterforschen auf einem höheren Niveau drängt.

Das Bewusstsein selbst ist kein aufgezwungenes Muster. Das Kind weiß von allein, dass es lernen muss so zu denken wie die Erwachsenen. Das ist in seinem Fundament eingeschrieben. Daher arbeitet es mit viel Sehnsucht und seiner eigenen Wunsch- und Willenskraft am eigenen Erkenntnissystem. Die Erwachsenen können ihm nur Stütze sein und gelegentlich eine zusätzliche Kraft, die es dazu zwingt, sich zu beeilen, wenn es dem Schlendrian zu verfallen droht.

Sie haben auch die Möglichkeit ihm den Weg zur Akzeptanz der Materie dadurch zu ebnen, dass sie ihm ein altersgerechtes Verständnis des Unsichtbaren anbieten. Darum sage ich, dass es eine Sache der Erziehung und Umgebung ist, inwieweit der Mensch ohne Beweise dazu bereit ist unsichtbare Wahrheiten zu akzeptieren.

Einige richten sich in ihrer Kindheit zu sehr nach der Beurteilung materieller Tatsachen. Daher brauchen sie manchmal ihr ganzes Leben, um die anderen Dimensionen zu entdecken, die ebenso wichtig sind. Wie es für alle Dinge gilt, dass Extreme nicht gut sind, so auch bei der Entzweiung zwischen Bewusstsein und Seele. Während der Inkarnation ist es nötig einen Dialog zwischen ihnen zu finden, der das ganzheitliche Lernprogramm am besten fördert, das im Schicksal vorgezeichnet ist. Je aktiver dieser Dialog ist, desto tiefer und abgerundeter wird das Verständnis über die Spannweite zwischen Materie und Seele, und umso intensiver auch das Erfassen beider von einem neuen Standpunkt aus.

Der Mensch ist eingefügt zwischen seinem bewussten und unbewussten Sein. Den zwischen diesen gleichwertigen Polen lodernden Streit nennen wir Leben. Das Leben ist ein ständiger Dialog mit sich selbst. Mag es nun in diesem Dialog die Tendenz zu diesem oder jenem Vertändnis geben, es spielt sich alles auf der Basis dieses Dialogs ab.

Wenn ich davon spreche, was besser ist, so argumentiere ich vom Standpunkt der Aufgabenerfüllung. Ihr lernt mehr, wenn Ihr die Gleichwertigkeit beider Richtungen anerkennt, statt nur einem Pol von Euch selbst die uneingeschränkte Möglichkeit zu geben und den anderen als absoluten Unsinn zu unterdrücken.

Extremsituationen sind ungesund. Früher oder später verfangen sie sich in der eigenen Unvollkommenheit. Eine enge Gasse kann Euch keinen Ausblick auf die ganze Stadt verschaffen. Wenn Ihr eine Stadt erforschen wollt, so müsst Ihr mehrere verschiedene Gassen durchwandern. Dennoch werden Eure Kenntnisse immer nur einen Teil des Ganzen abdecken. Jeder sieht eine Gasse mit anderen Augen. Der eine bemerkt das schöne Fenster auf der rechten Seite, der andere das Balkongitter ganz links. Die Gasse wird für beide nie die gleiche sein, denn sie haben sie anders erlebt. Erst die Kommentare und Beschreibungen von tausend Menschen würden ein ungefähres Bild ihrer objektiven Erscheinung ergeben.

Das ist ein einfaches Beispiel, das meine Behauptung einer nicht vorhandenen Objektivität illustriert. Gleichzeitig bestätigt das wiederum unsere Blindheit, wenn wir eine Sache nur auf eine Art und Weise betrachten. Wenn Ihr etwas kennenlernen wollt, müsst Ihr zahllose mögliche Erkenntniswege akzeptieren. Wenn Ihr Euch selber oder Eure Aufgabe auf der Erde verstehen wollt, müsst Ihr etliche bunte Varianten zu Eurer ganzheitlichen Selbsterkenntnis beschreiten.

Das Hin- und Herpendeln zwischen Bewusstem und Unbewusstem ist eine der Bedingungen für die Vollständigkeit des Menschen, die ja aus verschiedenen Substanzen oder Existenzniveaus gebildet wird. Der Kampf zwischen den Gegensätzen ist die Bedingung für die Ganzheit. Ego und Seele streiten um den Einfluss auf die menschliche Tätigkeit und auf sein Leben. Das Leben ist ein einziger Kampf mit sich selbst, und wenn es noch so leer scheint oder in einer restlos ausgelebten Umwelt vergeht. Für andere zu leben ist eine Phrase. Jeder lebt vor allem für sich selbst. Von diesem Standpunkt ist der Mensch wie jedes andere von einem

Ursamen ausgehende Wesen selbstbezogen und autonom. In Wirklichkeit ist er an nichts und niemand gebunden als an sich selbst. Von sich selbst hängt er ab und für sich selbst lernt er. Alles, was die Umwelt für ihn tun kann, ist mit ihm zusammen zu arbeiten, nicht im Sinne grundlegender Kreativität oder Anregung zu prinzipieller Aktivität, sondern durch Hilfestellung in schon eigeninitiativ von ihm begonnenen Situationen.

Die Schuld liegt beim Menschen selbst. Man kann sie nicht bei anderen finden oder sich mit fremden Fehlern rechtfertigen. Der Mensch ist ein bewusstes Wesen in der materiellen Welt. Das ist die Bedingung dafür, dass er selbst auf seine materiell-bewusste Art über sich und seine Wege bestimmen kann. Die Möglichkeiten für falsches Denken sind ein Geschenk, schließlich lernt der Mensch nur aus seinen Fehlern bewusst. Er lernt jedoch auch unbewusst und unterbewusst. Jede Aufgabe, die in der bewussten Welt erledigt wird, ist ein Geschenk für die Seele, weil sie eine neue Erfahrung mit sich bringt.

Ich spreche also nicht in der Weise über Fehler, als würde ich ernsthaft glauben, es seien Fehler. Fehler sind falsch vom Standpunkt subjektiver Erwägungen. Vom Standpunkt der Seele dagegen sind sie bestehende Wirklichkeiten, die richtig sind. Sie bringen mit dem bewussten Urteil über ihre Unrichtigkeit auch die Möglichkeit eines alternativen Verständnisses und dadurch eine Veränderung in der Betrachtung der eigenen Aktivität.

Es ist nichts Unrichtiges dabei aufs Ego zu hören. Es hilft Euch ebenso wie die Seele. Wichtig ist nur, sich nicht mit seinem ganzen Wesen auf das Ego zu verlassen, weil Euch das aus dem Gleichgewicht mit Eurem inkarnierten Wesen bringen würde. Als inkarniertes Wesen seid Ihr ein Wesen der Gegensätze. Um vollständig zu sein, müsst Ihr immer zwischen den Extremen eingespannt sein, sei das nun in energetischer oder materieller Hinsicht. Auf jedem Niveau seid Ihr eins und gleichzeitig alles, Ihr selbst und Euer Gegenteil. Darum könnt Ihr Euch überhaupt erst entscheiden, was Ihr wollt. Sonst wäre Euer Leben den leitenden Prinzipien eines einzigen Niveaus überlassen und Ihr hättet keine große Auswahl, wodurch ja erst Farbe in Euer Dasein kommt. Das Leben wäre monoton und unattraktiv. Es ist nicht gut irgendeinen Teil seiner sich widersprechenden Ganzheit zu unterdrücken. Es ist notwendig zu erlauben, dass jener Teil durch Euch spricht, den Ihr in diesem Augenblick am meisten benötigt. Das erreicht Ihr durch Ausbalancierung und Vertrauen auf das Gute in jedem Augenblick.

Die letzten beiden Niveaus sind körperliche Niveaus. Sie sind für das Funktionieren des Menschen als materiell-vitales Wesen zuständig. Auf dem materiellen Niveau zeigen sich letztlich die Ergebnisse seiner Handlungen. Als Reich der endgültigen Resultate ist dieses Doppelniveau das schönste des Menschen. Der Mensch ist ein materiell vollendetes, schönes und anziehendes Wesen, das sich mit seiner Gestalt von der Umgebung abhebt. Durch seinen Körper ist er geerdet und beweisbar. Dank seines

Körpers kann er mit anderen zusammen arbeiten. So wie alle anderen energetischen Wahrheiten ist das Physische nur die Folge der Verbindungen auf allen höheren Niveaus.

Die Verbindung in der Materie ist die Inkarnation der Verbindung in den höheren Niveaus, egal ob sie auf der geistigen oder emotionalen Ebene fußt. Sie kann auch eine Angelegenheit der Bewusstseinsebene, einer bewussten Entscheidung sein, die mit dem geistigen Niveau nicht verbunden ist.

Die Gründe für die Verbindungen zur Umwelt sind unterschiedlich. Sie erreichen ihr eigentliches Ziel nur, wenn sie durch die höchsten Niveaus der Seele motiviert sind. Alle anderen Niveaus sind nur eine Spielwiese der Seele und können ihre Schicksalverbindung niemals erreichen.

Das Vitalniveau belebt die Materie. Es ist die letzte Stufe, die aber noch unsichtbar und unbewusst ist. Der Mensch nimmt sie in seiner materiellen Welt nicht wahr (es sei denn, er lernt es). Es geht um Energien, die in Verbindung mit dem materiellen Körper anwesend sind. Um sie zu fühlen oder zu sehen, müsst Ihr bestimmte Fähigkeiten entwickeln, die Euch gestatten ein erweitertes Spektrum wahrzunehmen. Wer eine breitere Frequenzspanne wahrnimmt, der kann sie sehen. Wer stärker entwickelte Empfindungen besitzt, kann sie spüren. Man fühlt sie als Spannung, Wärme, Kribbeln, Knistern oder Überspringen von Potenzialenergie und sieht sie in verschiedenen Farben.

Beide Arten von Hellsichtigkeit sind willkommen, wenn wir von der Fähigkeit sprechen andere zu heilen.

Die Materie hat ihre Gesetze, die abhängen von den chemischen und physischen Besonderheiten der lebenden Materie sowie von den Stoffen, die in ihr als Bestandteile vorkommen. Über diese grundsätzlichen Eigenheiten der Materie kann man sich nicht hinwegsetzen. Man muss sie anerkennen und in sie vertrauen.

Zum Beipiel lässt sich die Koagulation des Blutes nicht verhindern, sobald es 43° Celsius überschreitet. Das ist physisch unmöglich. Ohne chirurgischen Eingriff kann auch kein abgetrennter Finger wieder angenäht oder eine Wunde gereinigt und genäht werden. Daher müssen die Stärken der materiellen Medizin anerkannt werden. Ohne ihr Wissen wäre es unmöglich so manchen schweren Krankheitsfall zu lösen. Leider ist aber der klassischen Medizin durch ihre Beschränkung auf die Materie der ganzheitliche Blick auf den Charakter einer Krankheit verwehrt. Man kann ihr nicht zubilligen, sie würde richtig handeln, wenn sie die Krankheit abschafft, die nur eine Folge ist. Die Genesung muss bei der Ursache beginnen.

Erst wenn die Ursache durch Erkenntnis und mit Verständnis beseitigt wurde, können die Folgen in der richtigen Umgebung ausheilen, zu denen es wegen jener Ursache gekommen ist. Es hilft nichts, die erhöhte Temperatur hinunter zu treiben und zugleich die Ursachen zu ignorieren, die für sie verantwortlich sind. Wenn Ihr die Temperatur unterdrückt, wird sich dieselbe Ursache an anderer Stelle bemerkbar machen. Das bestätigen auch die klassischen Mediziner.

Manchmal sind die Ursachen sehr einfach und leicht zu finden, weil sie nicht auf dem höchsten Niveau entspringen, und sind dann leichter zu lösen. Doch kommt es auch vor, dass sie unauffindbar sind. Dann braucht der Patient Hilfe von außen, um sie aufzuspüren und dadurch stufenweise die entstandenen Folgen zu beseitigen.

Die Vitalebene befindet sich also in nächster Nähe zur Materie. Sie ist gleich nach den Frequenzen wahrnehmbar, die auch der Durchschnittsmensch noch spürt. Sie ist also nur leicht verschoben und dadurch vor Berührungen durch die Umwelt geschützt. Jede Veränderung im materiellen Körper ist im vitalen Energiekörper sichtbar, noch bevor sie materiell festgestellt werden kann. Daher ist es möglich einen Fehler im Energiekörper früher zu entdecken als im physischen: zu entdecken und natürlich auch zu korrigieren.

Der Mensch setzt sich aus unterschiedlichen Niveaus zusammen. Jedes Niveau ist eine Welt für sich und wird erst durch sein Eigensein Teil des Ganzen. Als Welt für sich ist es geschützt und gesichert. Darum hat jedes Niveau seine schützende Energieschale, die ohne seine Zustimmung nicht durchbrochen werden kann.

Am schönsten lässt sich dieses System verstehen, wenn ich es Euch als kodiertes System erkläre.

Wäre der Mensch ein offenes Energiewesen, dann könnte man ihn mit geringstem Aufwand beeinflussen. Er wäre in höchstem Grade anpassungsfähig und ebenso verletzlich. Doch wäre er auch kein Subjekt mehr und könnte nicht zu seiner Vollständigkeit finden, sondern bliebe zwischen vielen verschiedenen Einflüssen zerstreut. Die Bedingung für seine Selbständigkeit ist seine Geschütztheit und Integrität. Es beeinflusst ihn also keine unkontrollierte Frequenz. Noch einfacher wäre es zu sagen, dass ihn ohne seine Zustimmung niemand beeinflussen kann.

Und wie realisiert sich diese Tatsache im energetischen Sinn? Die Sicherheits- oder Schutzhülle hat immer nur einen Zugang. Nur durch ihn gelangt man auf ein bestimmtes Niveau eines Menschen. Dieser Zugang ist durch ein Kennwort oder eine Kodierung geschützt. Wer dieses Stichwort nicht kennt, kann das Niveau nicht betreten.

Die Kodierungen haben nichts mit der bewussten Wahrnehmung zu tun und können auf diesem Weg nicht erkannt werden. Sie sind keine bekannten Energiestrukturen und können oberflächlich nicht erfasst werden. Die Kodierung kann nur festgestellt werden, wenn der Mensch sie selber verrät. Die nötige Kommunikation läuft auf dem Niveau, um dessen Zugang es geht.

Wenn wir über das Funktionieren des Informationsflusses zwischen den Niveaus sprechen, so sollten wir den Menschen mit einer Pflanze vergleichen. Nehmen wir also an, der Mensch sei eine Pflanze. Er fällt als Same auf die Erde, als Ganzheit, in der die endgültige Erscheinung und der Sinn der Pflanze fixiert sind. Der Same ist alles in einem. Er ist ein Symbol für das, was ist, was war und was sein wird. Der Same ist also eine zeitlose Substanz.

Der Same fällt auf die warme und weiche Erde und beginnt zu keimen. Sobald er zu keimen beginnt, ist er kein Same mehr, sondern eine Pflanze. Die Pflanze entwickelt sich und der Same verschwindet von der Bildfläche. Gegenwärtig bleibt nur seine Information, die wegen ihrer Ganzheitlichkeit in der Ewigkeit existiert. Der Same ist nicht mehr zu sehen, doch ist er lebendig, weil er als Information über die Bedeutung und Erscheinung der Pflanze da ist, die erst zu wachsen begonnen hat. Die Pflanze bildet Blätter und formt einen Stengel. Dann erblüht sie und trägt Früchte.

Und was ist eine Frucht? Eine Frucht ist wiederum ein Same für neue Pflanzen. In der Frucht wird die Ewigkeit in Form eines Samens wiedergeboren. Auf neue Weise materialisiert sich das Wesen, das die Pflanze als immaterielles Muster ständig in sich getragen hat. Die Pflanze stirbt, sobald sie ihre grundlegende Aufgabe erfüllt hat. Durch ihr Wachsen bringt sie einen neuen Samen für eine neue Pflanze und ein neues Wachsen in die Welt.

So ist es auch mit dem Menschen. Vor der Inkarnation ist er ein Same, alles in allem und selbst in sich die Ganzheit. Seine Ganzheit inkarniert sich nicht nur in seinem materiellen Wachsen, sondern in der Entwicklung aller Niveaus. Seine Aufgabe ist beendet, indem dieses Wachsen abgeschlossen wird, indem er wieder Same ist und Ganzheit. So verwirklicht er sich nach dem Tod, wenn er wieder Seele ist und somit die Ganzheit in sich. Als Ganzheit ist er wieder Same für den Menschen, der sich für die Inkarnation entscheiden wird. Die neue Inkarnation bringt einen anderen Entwicklungsweg mit sich, und doch wird es sich immer um den Entwicklungsweg eines Menschen handeln. Die Seele ist nämlich der Same des Menschen und kann sich natürlich nicht als Elefant inkarnieren.

Die Seele ist das Fundament. Aus ihr kann sich jeder beliebige Mensch inkarnieren. Seine Erscheinung und sein Charakter entspringen natürlich aus ihrer Entscheidung.

Es ist nicht zutreffend, den Samen der Pflanze mit der Geburt eines Kindes gleichzusetzen. Wenn die Mutter ein Kind zur Welt bringt, ist ihre grundlegende Lebensaufgabe noch nicht erfüllt. Mit der Geburt des Kindes kommt noch eine zusätzliche Aufgabe dazu. Die Mutter und ihr Kind sind zwei gleichwertige, selbständige Seelen. Sie benötigen einander nur aufgrund ihrer eigenen Entscheidung über die neu entstandene Beziehung. Der Same der Pflanze dagegen ist ihr Endprodukt. Damit ist ihre Aufgabe in diesem Zyklus beendet, denn sie hat mit ihrem Samen keinen weiteren Kontakt. Die Mutter hat mit ihrem Kind bis zu ihrem Tod Kontakt. Das Kind könnte nur dann ein Same des Menschen sein, wenn es die Eltern im höchsten Greisenalter zur Welt brächten. Wir wissen jedoch, dass nur junge Menschen in der ersten Hälfte ihres Lebenszyklus Kinder bekommen (hier beziehe ich mich auf den Normalfall. Natürlich kann ein Kind seine Eltern schon bei der Geburt verlieren. Das geschieht jedoch nicht wegen ihm oder wegen seiner Geburt, sondern wegen den Eltern, die ihre Aufgabe beendet haben. Diese Aufgabe betrifft nur sie).

Der Mensch ist nur in der Seele ein selbständiges und ganzheitliches Energiewesen, also in seinem Samen. Doch dann ist er eben kein Mensch, sondern eine Seele. Sobald er sich inkarniert, ist er entzweit in Bewusstsein und Unterbewusstsein, in seine bewussten und unbewussten Systemen. Daher ist der Informationsfluss zwischen den Niveaus so notwendig.

In der Seele, die ständig als Information über das Wesen gegenwärtig ist und in der sich die Antworten auf jede Frage befinden, liegt der Urgrund. Von hier müssen wir ausgehen, um Antwort und Hilfe zu finden.

Die Seele ist das am besten geschützte Niveau. Zu ihr hat niemand Zutritt als der Mensch selbst. Diese Verbindung kann er nicht einmal selbst klar verstehen. Dazu ist er zu stark in den eigenen Strom und die Einflüsse der verschiedenen Inkarnationsniveaus verwickelt. Eigentlich kann das Niveau der Seele nur der betreten, der die Impulse auch übersetzen kann, die am Menschen wahrnehmbar sind.

Lasst es mich erklären. Der Mensch kennt die Antwort auf sein Problem, weil sie ihm von der Seele ständig vermittelt wird. Das Problem liegt darin, dass er sie nicht in die Sprache seines Bewusstseins übersetzen kann. Die Antwort kann sich schon die ganze Zeit vor Eurem Auge befinden, doch Ihr werdet sie nicht bewusst erfassen können, weil Ihr sie nicht dechiffrieren könnt. Also müsst Ihr so lange den Weg zu ihr suchen, bis Ihr den richtigen Ausdruck für sie findet. Dann wird sie Euch augenblicklich klar sein.

Das Dechiffrieren oder Übersetzen von Energieinformationen in sprachliche bzw. bewusste Informationen ist ein einfacher Vorgang, wenn ihn jemand beherrscht. Diese Fähigkeit muss angeboren oder im Samen angelegt sein. Sie kann nicht angelernt, angewöhnt oder erzwungen werden. Ist sie gegeben, dann ist sie vorhanden, wenn nicht, dann nicht. Darin gibt es keinen Kompromiss.

So könnt Ihr Hellsichtige und Wahrsager verstehen. Sie benötigen nur die Gabe der Übersetzung dessen, was in Euch schon als Antwort geschrieben steht, Ihr selbst jedoch (noch) nicht zu erkennen vermögt. Wenn es Euch gegeben ist, dass Euch jemand weissagt, so ist das nichts Schlechtes. Wenn Euch so etwas passiert, auch wenn Ihr Euch nur vernunftsmäßig dazu entschieden habt, dann kann es von großer Wichtigkeit für Euren Weg sein. Vielleicht braucht Ihr nur einen Hinweis oder eine Hoffnung. Vielleicht müsst Ihr über die Dinge, die auf Euch zukommen, wirklich etwas wissen. Wenn Ihr fühlt, dass Ihr einen Wahrsager aufsuchen solltet, dann tut es auch.

Hellsichtige können nur so weit hellsichtig sein, als es ihnen in einem bestimmten Augenblick gegeben ist zu wissen. Wenn jemand die Wahrheit über seinen Weg nicht erfahren darf, sondern sie selbst finden muss, dann wird auch ein Hellsichtiger nichts Konkretes sehen oder wissen können. Das wird durch Schutzkodierungen geregelt. Wenn Ihr nicht erlaubt, dass jemand in Euer Niveau eintritt und Euch daraus etwas übersetzt, dann wird er das auch nicht können, und wenn er sich noch so bemüht. Wenn Ihr dem Heiler nicht erlaubt über die Schwelle Eurer Grundkodierung zu treten, dann wird er Euch auch nicht vom einfachsten Kopfschmerz befreien können.

Damit meine ich keine Bewusstseinserlaubnis, sondern das, was in der Seele als Schicksalsträgerin oder als Plan begründet ist, der keine fremde Hilfe erlaubt.

Um Verständigungsprobleme mit Euren geistigen Hinweisen zu vermeiden und leichter auf Euch selber hören zu können, ist nur eines nötig: Ihr müsst Euch vertrauen, darauf vertrauen, dass die Antwort, die Euch in den Sinn kommt, richtig ist und Ihr sie umsetzen könnt. Ihr müsst an Eure Übersetzungsfähigkeit und Ausführungskraft glauben. Das Vertrauen ist der Schlüssel. Das wiederhole ich wohl immer wieder und wieder.

Der Wunsch nach Vollkommenheit

Die Idee der Vollkommenheit beherrscht die Handlungen aller Wesen unserer Zivilisation. Alles, was geschieht, ereignet sich als Beitrag auf dem Weg zur Vollkommenheit.

Das Subjekt kann auf seiner subjektiven Ebene nie vollkommen sein. Das ist ein unabänderliches Gesetz des Daseins. Ob auf der geistigen, astralen, vitalen oder materiellen Ebene, nie führt das Ringen um Vollkommenheit zum erwünschten Ziel. Warum?

Jedes kleinste energetische oder physische Teilchen, das eine eigene Intelligenz besitzt, strebt ewig nach Vollkommenheit und Gleichgewicht, nach Ganzheitlichkeit und Vollständigkeit bis zur letzten Möglichkeit. Dieser Wunsch ist die Lebenskraft, die Kraft, die vorwärtsdrängt im Vervollkommnen, Suchen und Lernen. Sie drängt zur Erforschung und Veränderung der Art und Weise, wie wir die Wirklichkeit begreifen.

Alle Ebenen, die nicht mehr die kosmische Ebene bilden, gründen auf dieser ewigen Suche nach der Identität im Sinne der Vollkommenheit. Es ist die Suche nach dem fehlenden Glied. Wenn im Mosaik der subjektiven Weltanschauung zumindest ein Puzzlestück fehlt, so wird es das betroffene Subjekt suchen, und es wird so lange lernen, bis es dieses Teilchen findet - und sich selbst vervollständigt.

Doch auch dadurch wird es nur eine Sichtweise vervollständigen, die immer noch subjektiv ist und kein vollkommener Durchblick, weil das

Subjektive nicht universell vollkommen sein kann. Vollkommen ist nur der Kosmos, weil in ihm alle Subjekte in eins verschmolzen sind - vereint in einem imaginären Objekt. Er kann vollkommen sein, weil in ihm alle möglichen (unvollkommenen) subjektiven Anschauungen derselben Wirklichkeit vereint sind.

Die Summe der Subjektivität bildet also die einzige reale (jedoch wegen der allseitigen Verstrickung imaginäre) Objektivität.

Das Dasein eines jeden Subjekts liegt begründet im Objekt oder der vollkommenen Ganzheit - dem Kosmos. Weil jedoch im Kosmos das Subjekt zerfällt bzw. in der Ganzheit von allem in allem verschmilzt, kann sein Beitrag nur der eines unvollkommenen Wesens sein. Es ist eines unter zahllosen möglichen Wesen, welche die vollkommene Ganzheit zusammensetzen. Jedes Wesen wünscht sich das zu erreichen, was ursprünglich im Samen steckte - seine ganzheitliche und vollkommene Gestalt.

Hierzu ein Beispiel. Jede Blume möchte in ihrer Art vollkommen sein. Sie will ihren besten und vollkommensten Ausdruck erreichen. Wirklich vollkommen kann sie jedoch nur im Samen sein. Sobald sie zu keimen beginnt, hängt ihr Ringen von Erde, Wasser, Luft, Raum und noch vielen anderen Faktoren ab. Der Wunsch nach der (unmöglichen) Vollkommenheit nötigt sie jedoch zur größtmöglichen Anstrengung und flößt ihr Lebenswillen ein.

Gleiches gilt für den Menschen. Die Seele wurzelt im Kosmos, der ein vollkommenes Objekt ist. In ihm ist alles in allem. Die Seele ist kein Subjekt, das ein Objekt zusammensetzt, sondern ist mit dem Ganzen verschmolzen. Auf ihrem subjektiven Niveau ist sie dagegen unvollkommen, da ihr Gedächtnis nur ein Strudel aus verschiedenen subjektiven (also unvollkommenen) Ansichten des Bestehenden und ebenso subjektiven Versionen der Wahrheit sein kann. Solche Ansichten gibt es zahllose, und der Wunsch der Seele ist es, möglichst viele zu verstehen und in ihrem Wesen zu verinnerlichen. Darum inkarniert sie sich, bürdet sich schwere und leichtere Aufgaben auf, Aufgaben des Leidens und des Glücks. Darin ist sie konsequent und selbstsüchtig bezüglich des Körpers, der ihr Wegbegleiter in Zeit und Raum ist.

Warum selbstsüchtig? Wenn die Seele ihr Schicksal bestimmt, denkt sie nicht über Leiden und Schmerzen des Körpers nach, sondern wählt alle möglichen Wege, um das Bewusstsein und die Materie zu besiegen und aus den gegebenen Aufgaben möglichst viel zu lernen.

Manchmal ist es unmöglich zu verstehen, weshalb es für jemand notwendig ist im Leben so viel zu leiden. Doch auch wenn Ihr versteht, dass Ihr Euch selber Euren Weg ausgesucht habt, rutscht Euch manchmal die Frage heraus: Warum? Warum soviel Schlimmes?

Jedes "Warum" hat sein "Deshalb". Nichts geschieht einfach so, als wäre es nur Selbstzweck. Jede Sache hat eine Grund und eine Ursache. Wenn Ihr Euch in Euch selbst vertieft, um eine Antwort zu finden, so wird sie Euch vielleicht sehr schnell klar und Ihr wisst, dass Ihr selbst für all das verantwortlich seid, was geschieht.

Die Seele kennt keine "Gnade", wenn sie die Verwirklichung ihrer ins Auge gefassten Ziele erreichen will. Ihr Lernwille und Drang nach Vollkommenheit sind stärker als jedes subjektive Selbstmitleid. Jede Erfahrung, und sei sie die schlimmste, führt zum Gipfel und ist ein Weg zur Reifung und Wandlung in ein stärkeres Energiewesen.

Der Wunsch nach Vollkommenheit ist kein Wunsch nach etwas, was nicht existiert. Das Vollkommene existiert, jedoch nur auf einem einzigen objektiven Niveau. Gleichzeitig existiert es auch als Idee und Wunsch in jedem inkarnierten oder energetischen Wesen. Sie ist kein Köder, der wieder forthuscht wie ein glitschiger Fisch, sondern die unsichtbare Wahrheit von allem, was ist. Sie deckt sich mit dem Lebenswillen des Samens. Der Same ist jenes symbolisierte "alles in allem", wovon alles ausgeht, um dorthin zurück zu kehren. Der Weg zwischen Abreise und Rückkehr ist der Weg des Ringens um das eigene Wesen und seine Vollkommenheit.

Der Zeitpunkt, wo der Zustand der Vollkommenheit eintreten müsste, verwirklicht sich bei Energiewesen als Wandlung zu einem umfassenderen Energiewesen derselben Art. Die Seele wird an dem Punkt, wo ihre Erfahrungen den Gipfel erreichen, zum Engel. Das ist Teil des gesteckten Zieles. Die Seele ist nicht vollkommen, aber sie wird zum zyklischen Überbau ihrer Struktur und muss entsprechend ihren neu erworbenen Fähigkeiten wieder auf neue Weise lernen.

Ich erwähne vor allem die Seele. Wenn Ihr Euch die Atomstruktur anschaut, so bemerkt Ihr darin denselben Kampf: das Ringen um Gleichgewicht, Selbstgenügsamkeit, Selbständigkeit - Vollkommenheit. Was fürs Atom gilt, gilt für die Materie im Allgemeinen, ist doch das Atom das Urteilchen der Materie, gleichgültig, ob sie belebt oder statisch ist. Sowohl der Kosmos als auch die inkarnierte Erde sind im Grundton des Wunsches nach Ganzheitlichkeit oder Vollkommenheit erbaut. Dieses Ringen ist daher das fundamentale Bestreben alles Bestehenden. Daher kann ich sagen, dass es sich hierbei um den Schlüssel handelt, der das energetische und materielle Dasein ermöglicht.

Seele und inkarnierter Mensch

Die Seele ist ein unabhängiges, selbständiges Subjekt. Sie ist ewig und ihr Dasein ist unbegrenzt, denn sie wohnt in einer zeitlosen Substanz.

Ihre Fähigkeiten reichen über den Abschnitt einer Inkarnation hinaus. In ihrem Gedächtnis sind die Erfahrungen aller vorherigen Leben anwesend. Ihre Wege des Lernens und der Wille zu einer umfassenderen Intelligenz heran zu reifen, sind grenzenlos.

Die Seele bestimmt ihren Inkarnationszyklus. Natürlich können ihr dabei ihre geistigen Lehrer beratend und helfend zur Seite stehen.

Während der Inkarnation bleibt sie jedoch nur eine Mitarbeiterin. Bei flüchtigem Hinschauen möchte man meinen, die Seele habe einen Dritten in die Materie entsandt, um durch seine Hilfe erwachsener und weiser zu werden. In Wirklichkeit ist ihre Inkarnation nur über eine zarte Nabelschnur mit ihr verbunden. Ständig verfolgt sie ihre Inkarnation von außen mit, von ihren raumfreien Niveaus aus, mit dem Blick in die Zeit und auf einen schmalen Ausschnitt der Ewigkeit, der beschränkt ist auf ein "Jetzt" und "Dann".

Als grausame Vorstellung des ganzen menschlichen Seins erscheint das Paar des Puppenspielers mit seiner Marionette. Beide zusammen ergeben den vollständigen Menschen. Der Puppenspieler symbolisiert die Seele, die Marionette den Menschen. Nur der Puppenspieler kennt den Text und kann seine Puppe durch die ganze Vorstellung hindurchführen. Nach der Vorstellung scheint die Puppe leblos auf der Stellage liegen zu bleiben, bis sie wieder zum Leben erweckt wird.

Ich will Euch ganz und gar nicht davon überzeugen, dass Ihr sklavische Marionetten Eurer Seele seid. Es sind Euch das Ego und die Gefühle gegeben. Auch die Materie macht Euch unabhängig. Der Mensch hat auf seinen Inkarnationsniveaus alle Möglichkeiten, sich als ganzheitliches und vollkommenes Wesen zu erkennen und auch die Bedeutung der Seele zu verneinen. Die konkrete Situation gibt dem Menschen die Möglichkeit, sich selbständig und bewusst zu entscheiden, welchen Teil der Wirklichkeit er als zentral und real anerkennen möchte.

In der gegenwärtig dominierenden Zivilisation erkennen die meisten Menschen nicht an, dass sie in ihrem Urgrund - in ihrem Samen - geistige Wesen sind. Sie berufen sich auf die Materie und ihre greifbaren Gesetze. Scheinbar können sie fast alles beweisen. Sie bemühen sich sogar dem Weltall eine endgültige Form zu geben und es von ihrem verfestigten Standpunkt aus zu verstehen.

Es ist richtig, dass Ihr als inkarnierte Wesen selbständig in die Materie gestellt seid, ihre Gesetze achtet und ernst nehmt. Es ist aber nicht falsch, wenn Ihr auch um Euren Ursprung wisst, Eure Ewigkeit und Unsterblichkeit, denn dann versteht Ihr leichter, weshalb Ihr dort seid, wo Ihr gerade seid, und so seid, wie Ihr gerade seid. Das Selbstverständnis ist der Schlüssel zu einem umfassenderen Erleben und tieferen Erfassen der Situationen, in die Ihr geratet um zu lernen.

Die Seele ist das höchste Niveau des Menschen. Sie ist ja die Ursache und der Anfang des Lebens. Eine dünne Nabelschnur verbindet sie mit dem Menschen. Er ist ein Embryo seiner Seele. Die Seele verkörpert sich nicht, sondern wirkt wie ein Uterus als Beschützerin der Inkarnation. Im Grund ist sie die eigene Mutter.

Die inkarnierten Energien sind nicht die Seele. Die Seele leitet die Inkarnation und Entstehung der übrigen, an die Inkarnation gebundenen Ebenen. Sie selbst verändert sich dabei nicht. Es verändert sich nur ihr ewiges Gedächtnis. Dadurch, dass sie es mit neuen Erfahrungen erweitert, vervollständigt sie ihre Ansicht von der Vollkommenheit.

Der Mensch ist in seinem Vitalkörper nur an einem Punkt mit seiner höheren Wirklichkeit verbunden, und zwar an seinem Kronenchakra. Dort ist die Nabelschnur befestigt und hier treten die kosmischen Energien in den Körper ein, die seinen Überbau bilden. Der Mensch ist ein Kind seiner Seele, daher hat er in jedem Augenblick die Möglichkeit, sie um Rat und Hilfe zu fragen.

Während der Inkarnation ist die Seele mit ihrer Aufmerksamkeit immer auf ihren vergänglichen materiellen Teil gerichtet. So erfüllt sie ihre neue zusätzliche Rolle, die sie möglichst gut spielen muss. Auch hierbei ist sie vor allem an die Autonomie und Zeitlosigkeit ihres Daseins gebunden. Ihre Aufgabe ist es, das Problem des Eingespanntseins in die erdachten Grenzen von Raum und Zeit zu erfassen.

Die Nabelschnur wird in den neun Monaten geflochten, in denen sich das Kind auf seine Ankunft in der Welt vorbereitet. In der Materie kann es sich in materiellem Sinn sicher und ruhig fühlen. Der Uterus ist ein Ort, an dem es fast keinen Unterschied gibt zwischen der Behaglichkeit in der Materie und jener in der Ewigkeit.

Wegen seiner idealen Lage in Raum und Zeit kommt der Embryo ohne jede Selbsthilfe aus. Physisch und vital lebt die Mutter für ihn. Geistig ist er noch nicht an sich selbst gebunden. Diese Verbindung wird erst die Zeit hervorbringen.

Die Verbindung zwischen Seele und gezeugtem Kind beginnt sich im dritten Schwangerschaftsmonat zu verwirklichen. Davor wird sie nur vom elementaren Ich bewerkstelligt. In dieser Zeit leben Embryo und Seele in der Bereitschaft zur Kontaktaufnahme, so als würden sie aufeinander zueilen und sich in die Arme laufen.

Die Seele nimmt das neue Leben als allmähliche Verwirklichung der gestellten Aufgabe und als endgültige Entscheidung wahr. In dieser Entscheidung ähnelt sie einem Sämann, der den Samen des Charakters, der Gestalt, Gesundheit und Entschlossenheit in den sich entwickelnden kleinen Körper des werdenden Menschen hineinlegt.

In der vorgeburtlichen Zeit knüpft die Seele eine offene und überströmende Verbindung mit dem Kind. Da ist sie noch eins mit ihrer Inkarnation. Das Kind hat noch kein Bewusstsein, das die ständige intuitive Verbindung vernebeln könnte. Bei der Geburt bekommt es die Sinne sowie die vitale und astrale Ebene. Das Bewusstsein muss es sich durch Lernen und Wachsen selber aneignen.

Die grenzenlose Verbindung zwischen Kind und Seele dauert ungefähr so lange, bis die Schädelknochen verwachsen. Dann schließt sich der direkte Kanal zwischen Kosmos und Inkarnationsebene. Das Kind muss anfangen selbständig (gegenüber der Seele) zu werden.

Sobald die Öffnung im Bereich der Lotosblüte verwächst, ereignet sich die zweite Stufe der Geburt. Das Kind ist von der Seele weiter entfernt und muss sich nun bemühen, die Verbindung mit seinem Wesen herzustellen.

Seele und Gefühlskörper

Die Seele ist eine nicht inkarnierte Substanz und daher der Bereich, worin der Mensch ewig ist. Der Gefühlskörper ist in seiner Frequenz der höchste inkarnierte Energiekörper.

Die astralen oder emotionalen Energien liegen im Grenzbereich zwischen Seele und Körper. Sie sind nicht an die Gestalt und Dimensionen des physischen Körpers gebunden, sondern knüpfen hier nur an drei wesentlichen Punkten an, die ich schon beschrieben habe. Eigentlich ist der Mensch in seinem emotionalen Körper wie ein Igel mit weichen Fühlern, die ihn rundherum umgeben. Seine Außenseite ist das Feld veränderlicher Stimmungen und Teil des Spiels. Die Innenseite ist sorgfältig gesichert und vor Außeneinflüssen geschützt. In seiner Erscheinung erinnert er an die Elementarwesen. Dies nicht nur wegen der strukturellen Ähnlichkeiten, sondern auch wegen seines Frequenzbereichs.

Die emotionalen Frequenzen haben ihre besonderen Merkmale, die sowohl für die Elementarwesen als auch für die Gefühlskörper der Menschen gelten. Der Unterschied liegt darin, dass die Elementale einzig und allein an dieses Niveau gebunden sind, während der Mensch in weiteren Frequenzbereichen zu Hause ist - vom niedrigsten (Materie) bis zum höchsten (Seele). Weil das Niveau des Gefühlskörpers den Frequenzen der Seele am nächsten kommt, kann sie Forderungen, Wünsche, Informationen oder Fragen am leichtesten in ihm wecken.

Die Seele ist keineswegs passiv oder beobachtet nur still und leise ihre Inkarnation, die gleichsam außerhalb von ihr verläuft. Würde die Seele ihre Inkarnation tatsächlich nur beobachten, dann wäre die Inkarnation ohne Bedeutung. In Wirklichkeit ist die Seele in dieser Zeit am aktivsten und beeinflusst die tieferen Frequenzniveaus.

Die Beeinflussung des Gefühlsniveaus ist am leichtesten. Es ist ein noch unbewusstes Niveau, auf dem der Einfluss des geistigen Niveaus spürbarer ist als der des Bewußtseins.

Würde die Seele auf dem bewussten Niveau einen Wunsch äußern, so würde ihn das Ego sofort aufgreifen und auf alle objektiven Faktoren beziehen, die es in seinen anerzogenen Anschauungsmustern bereithält. Darum ist es so wichtig, dass die Wünsche der Seele im Gefühlskörper ausgelöst werden. So bekommen sie einen Gefühlscharakter, das Bewusstsein passt sie seinen Formen an und akzeptiert sie auf diese Weise als die eigenen. Die Emotionen sind in dieser Hinsicht stärker als das Ego und bezwingen es zumeist im Streit um den größeren Einfluss.

Vom energetischen Standpunkt aus folgen beide Körper aufeinander. Der Gefühlskörper ist auf höheren Frequenzen im Vitalbereich angesiedelt. Eine Verbindung muss natürlich existieren. Sie unterscheidet sich jedoch von Mensch zu Mensch, denn sie wird von der unterschiedlichen Spannweite der Vibrationen bestimmt. Der Gefühlskörper ist veränderlich, instabil und reagiert schnell auf Veränderungen in der Umgebung. Das tut er natürlich am liebsten im Einklang mit dem Charakter des Subjekts, dessen Teil er ist. Die Beweglichkeit des Gefühlskörpers ist zumeist nur ein Spiel seiner äußeren Niveaus, während der innere Gefühlskörper verborgen und durch Kodierungen geschützt ist.

Bei manchen Menschen ist es möglich, dass äußerer und innerer Gefühlskörper zu sehr ineinander übergehen. Das verursacht physisch spürbare emotionale Schmerzen. Zumeist handelt es sich um das physische Empfinden fremder Schmerzen.

Der vitale und emotionale Körper treffen sich an drei Stellen: am Hals, im Herzen und im Solarplexus.

Vom Individuum und seinem Körperbau hängt es nun ab, an welchem Punkt die beiden Körper zusammenfallen. Es muss nicht sein, dass sie sich an allen Punkten überlappen, was auch möglich ist. Alle drei Fälle sind ungefähr gleich häufig.

Was verursacht diesen Zusammenschluss von emotionalem und vitalem Körper? Meist bemerkt Ihr Gefühlsveränderungen während einer Begegnung mit einem anderen Menschen nur als Stimmungswandel. Vor allem im ersten Augenblick fühlt Ihr keine andere Veränderung. Ihr beginnt einfach anders zu fühlen als gewöhnlich.

Sobald Ihr einer bestimmten Gefühlsladung häufiger oder gar täglich begegnet, beginnt sie eine Wirkung an jenen Punkten zu hinterlassen, wo sich emotionaler und vitaler Körper treffen. Sie beginnt eine Blockade auszubilden, zum Beispiel am Solarplexus. Mit der Zeit kommt es zu physischen Schmerzen, zu Essstörungen oder Verdauungsproblemen, ja sogar zu einer ernsten Erkrankung.

Das ist ein Beispiel für den Einfluss der Emotionen auf den materiellen Körper. Es erklärt den beiläufigen Spruch: "Diese Krankheit ist psychisch (emotional) bedingt." Damit ist freilich nicht gesagt: "Es gibt keine Hilfe." Natürlich ist Hilfe möglich. Doch es ist notwendig bei den Gefühlen zu beginnen. Weshalb sind sie so geworden? Weshalb bewirken sie Schmerzen?

Aktive Blockaden sind häufig mit Gefühlsproblemen verknüpft. Das ist eine andere Bezeichnung für einen negativierten Fokus des elementaren Ich.

Die Angst vor dem Tod erzeugt zum Beispiel eine bestimmte Frequenz im Gefühlskörper. Dieser wirkt auf den Verbindungspunkt mit dem Vitalkörper ein, zum Beispiel am Hals. Aufgrund dieser Verbindung ist hier die Vibration der Todesangst gegenwärtig. Hier beginnt sich das elementare Ich in die Frequenzrichtung der emotionalen Ausrichtung des Menschen zu negativieren. Um dieses Problem zu lösen, ist es zunächst notwendig, das Elemental zu neutralisieren und sodann dem Menschen dabei zu helfen die eigenen Gefühle zu bereinigen.

Zwischen emotionalem und vitalem Körper muss immer ein bestimmter Sicherheitsabstand bestehen, der den emotionalen Schmerz vom physischen trennt.

Vitaler und materieller Körper

Auch Vitalenergie und Materie sind zwei gegensätzliche Substanzen. Die Vitalenergie ist gänzlich unsichtbar und darum abstrakt, die Materie hingegen die am meisten verdichtete Energieform, die wegen ihrer Verwandtschaft der Frequenzen von den angepassten Sinnesorganen des Menschen wahrgenommen wird.

Der materielle Körper ist ein materieller, lebender Organismus und wird durch seine Gesetzmäßigkeiten, Wirkungsweisen und Regeln erhalten. Das Hauptmerkmal des materiellen Organismus ist seine Vergänglichkeit. Er altert und nutzt sich ab. Darauf ist natürlich das Leben des Menschen mit seinen Zyklen abgestimmt. Das hat seine Richtigkeit, denn wäre der Mensch ewig jung und kerngesund, dann könnte er die gegebenen Augenblicke nicht schätzen und wäre nicht ständig eingespannt zwischen seinen Ängsten und seinem Vertrauen. Die Vergänglichkeit der Materie ist jener letzte Punkt der menschlichen Niveaus, der dem Menschen eine Umkehr der Informationsrichtung auferlegt und den Gegenpol zur ewigen Seele bildet.

Wenn wir sagen, dass die Seele der Same ist, aus dem der Mensch wächst, dann ist die Vergänglichkeit der Materie der Punkt, an dem die Pflanze (der Mensch) den Samen hervorbringt, der einst wieder keimen wird, oder jenen Samen, der zum eigenen Samen zurückführt. Von diesem Standpunkt aus erzeugt der Mensch zwischen Geburt und Tod einen neuen Zyklus und schafft sich eine Überstruktur. Der Tod als Rückkehr zu einem neuen Samen ist mithin der Überbau des Keimvorganges oder der Überbau der Geburt.

Der materielle Körper des Menschen ist wissenschaftlich und bewusstseinsmäßig beweisbar. Er ist tastbar, sichtbar, mit den fünf Sinnen wahrnehmbar und erschließt sich der menschlichen Fähigkeit zu logischem Denken.

Es ist das am leichtesten begreifbare Niveau und ist daher am leichtesten zu akzeptieren. Daraus, dass die materielle Ebene in Zeit und Raum so stark präsent ist, ergibt sich notgedrungen ihre Funktion der Täuschung. Das materielle Niveau beschränkt nämlich die Fähigkeit zur intuitiven Schau.

Der Mensch glaubt, dass seine Seele irgendwo im Herz oder in der Brust wohnt, doch er versteht sie nicht. Bewusstseinsmäßig kann er sie als reale allumfassende Substanz nicht begreifen (in seinem Bewusstsein herrschen Strukturen, die solche Substanzen logisch nicht begründen können und daher als unwahrscheinlich ausscheiden müssen).

Das ist natürlich eine Sache der subjektiven Einstellung. Darüber lässt sich nicht allgemein reden.

Die Materie macht den Menschen zu einem irdischen Wesen und Teil der Natur. Sie gibt ihm seinen Platz in der Zivilisation. Durch die Materie beweist er sich, und ihre materiellen Wahrnehmbarkeit erlaubt es den Menschen, einander zu erkennen und anzuerkennen.

Könnte die Materie allein ohne die übrigen Niveaus existieren? Sogar jede Maschine benötigt einen Brennstoff. Sie braucht etwas, was ihr bei ihrer Aktivität und Fortbewegung hilft.

Der Mensch ernährt sich, und die Nahrung gibt ihm Kraft. Natürlich gibt sie ihm Kraft, ähnlich wie der Brennstoff dem Schiff seinen Antrieb, damit es den Ozean überquert. Doch vermag das Schiff zu denken, sich nach Belieben zu bewegen, zu fühlen? Würde der Mensch nur von materieller Nahrung leben, so wäre er ebenso Subjekt wie jede Maschine, die nichts anderes in sich birgt als einen verwickelten Mechanismus von Filtern, Schläuchen, einen Anlasser usw.

Materie kann also Materie ernähren. Damit bin ich einverstanden. Doch die übrigen Niveaus des Menschen? Die Nahrung ist seine Wegbegleiterin und eine materielle Gewohnheit. Sie kann nur das materielle Niveau beeinflussen, nicht jedoch die anderen.

Bei dieser Bemerkung wird bestimmt so mancher einen Luftsprung machen und sich ereifern. Darum muss ich sie besser begründen. Ich habe bereits gesagt, dass wir die Welt subjektiv sehen, spüren und hören. Die Welt ist also eine subjektive Variante der übrigen subjektiven Welten.

Da Ihr Eure Welt selber erschafft, bestimmt Ihr auch Eure Reaktionen auf gewisse äußere Einflüsse, zum Beispiel auf die Nahrung. Wenn Ihr glaubt, dass Euch die makrobiotische Ernährungsweise dabei hilft den Geist zu wecken und ein ruhigeres und harmonischeres Leben zu führen, dann bedeutet das, dass Ihr mit Eurem Vertrauen in die Wirksamkeit auf Eurem geistigen Niveau selber die entsprechende Dynamik anregt und verstärkt. Von sich aus kann die Materie auf die Seele oder Gefühle nicht einwirken. Erst Euer Glaube und eure Überzeugung lenken die materiellen Strukturen in die erhofften Bahnen.

Das gilt für die vegetarische Ernährung und alle anderen extremen Ernährungsweisen. Wenn Du glaubst, dass Dir Fleisch schaden kann, dann wird es das auch. Wenn Du glaubst, dass es Deine Intuition vernebelt, dann wird es geschehen, jedoch nicht wegen der Materie oder Intuition, sondern wegen Dir und Deiner Überzeugung.

Ich will überhaupt nicht darauf hinaus, ob solche Ernährungsweisen richtig oder unrichtig sind. Ich glaube in diesem Punkt wird kaum jemand mit mir übereinstimmen. Das ist in Ordnung. Die Welt ist eine Welt von Subjekten, und es hat seine Richtigkeit, dass jeder selbst über seine Gefühle und Lebensgewohnheiten entscheidet.

Das, was die Materie belebt, was ihr Glanz und Kraft verleiht, das sind die Vitalenergien. Sie ermöglichen dem materiellen Menschen sein Begreifen der übrigen inkarnierten (unsichtbaren) Ebenen, die ihn mit dem emotionalen und bewussten Körper verbinden, woran sich wiederum die Seele als raumlose, ewige Substanz bindet. Die Vitalenergien nennen wir auch Aura. Sie ist die Gesamtheit der Energieströmungen, deren Grundlage ein vertikales und horizontales Gleichgewicht und die Durchlässigkeit aller Körperteile ist.

Die Aura hat mehrer Schichten mit besonderen Funktionen:
1. Die inneren Energieströmungen. Sie stimmen mit dem Konzept der Meridiane überein. Es geht dabei um unsichtbare, innere Strömungslinien, die den inneren Organismus beleben. Was sich über die Meridiane unsichtbar abspielt, inkarniert sich im Blutkreislauf. Es geht nicht um ein einheitliches System, das auf verschiedenen Niveaus präsent wäre, sondern um ein System, das sich ergänzt. Ein Blutkreislauf ohne die Aktivität der Meridiane wäre nicht möglich.
2. Die äußeren Energieströmungen. Hierbei handelt es sich um Energien, die den physischen Körper umarmen. Ihre Bewegung folgt den Funktionen der Gleichgewichtskräfte. Auf diesem Niveau kann man Strömungsblockaden am frühesten bemerken und auch am leichtesten heilen. Die äußere Vitalaura fällt in bestimmten Punkten mit dem emotionalen Körper zusammen, dem ersten Partner bei der Entstehung von Vernebelungen und Blockaden, aber auch bei der Hilfeleistung für eine bessere Durchströmung.
3. Der äußerste Teil der Aura ist eine Schutzhülle. Je stärker sie ist, desto stärker ist der energetische Zustand des Menschen. Der Mensch wehrt sich leichter gegen Störungen, die von außen kommen. Mehr Zeit benötigt er, um die aus ihm selbst heraus kommenden Störungen zu beheben.

Die Schutzaura ist durch die allgemeine Kodierung des Menschen geschützt, die am leichtesten mit einer bestimmten Farbe zu charakterisieren ist. Die Kodierung schützt das inkarnierte Energiesystem.

Die Aura ordnet den Menschen zwischen Kosmos und Erde bzw. zwischen zwei polare Energiesubstanzen ein, die sich auch gegensätzlich manifestieren. Das Gleichgewicht zwischen diesen beiden Gegensätzen ist die Bedingung für Gesundheit und körperlich-emotionales Wohlbefinden.

Wenn wir den Menschen als materiell-lebendiges Wesen betrachten, dann sehen wir ein kompliziertes organisches System, das vollkommen und übereinstimmend funktioniert. Er vermag die äußere Welt zu spüren, zu sehen und "ganzheitlich" zu erfassen. Er kann sich bewegen, verständigen und vor allem kreativ sein. Somit ist sein Leben sinnvoll und unterhaltsam. Das Gesetz des materiellen Lebens ist bis ins Detail von der Medizin geklärt. Es gibt keine Frage über die Materie, für die es in der Wissenschaft nicht schon Antworten gibt.

Der Mensch ist vollständig und ganzheitlich. Sobald es aber in seinem System nur zu einer winzigen Veränderung kommt, bedeutet das Schmerz für ihn oder auch eine mehr oder weniger bedrohliche Krankheit. Die Medizin ist so mit den Folgen der Erkrankung beschäftigt, da sie von der Voraussetzung ausgeht, dass der Körper wie eine perfekte organische Maschine funktioniert und objektive Eigenschaften besitzt. Bei der Fehlerursache im System des Subjekts halten es nur wenige für möglich, dass die Krankheit von einem anderen Niveau als dem materiellen herrühren könnte. Unter Umständen sagen sie, die Krankheit sei psychisch bedingt, doch das ist auch schon das Äußerste, das sie anzuerkennen bereit sind. Die übrigen Niveaus sind als Verursacher physischer Krankheiten unverstellbar. Die Ursache ist nach ihren Worten eine Erkältung, Veranlagung, Verletzung oder auch Unwissenheit.

Ich will keineswegs das medizinische System kritisieren. Es hat für die Patienten einen hohen Standard der Hilfeleistung entwickelt. Dennoch ist es nur ein äußerliches oder objektives Heilungssystem, in dem jede Folge ihre objektive, bestimmte Ursache hat und sich das eine Subjekt von dem anderen nur durch Zufall unterscheidet. Man muss den großen Einfluss und die Geschicklichkeit der Medizin anerkennen, auch wenn sie sich aufs materielle Niveau beschränkt und dort benötigt wird.

Bestimmt denkt Ihr manchmal an Euren Körper, an die Harmonie aller Organe, die die wunderbarste Orchestermusik spielen, die Ihr Euch überhaupt vorstellen könnt. Liegt nicht eine wundersame Vollkommenheit darin, wie die Haut auf Gefühle reagiert oder die Augen auf Lichtnuancen und Formen? Ist es nicht seltsam, warum überhaupt ein Kind entsteht und sich aus zwei unsichtbaren Urzellen vollkommen entwickelt? Woher kommen sein Charakter und Verstand, woher seine Seele? Warum beginnt sein Herz urplötzlich zu schlagen? Warum sollte ein Mensch zur Welt kommen, weshalb sollte er leben, wenn all seine Gedanken, Gefühle und kreativen Fähigkeiten nur die Frucht seiner materiellen Struktur wären - seiner Hirnzentren, seiner körperlichen Konstitution und seiner Zellen, die sich ständig teilen und neu erschaffen?

Weshalb sollte er ein so kurzes Leben zwischen Geburt und Tod leben, wenn es reiner Selbstzweck wäre? Wer kann überhaupt an so einen vollständigen Unsinn glauben?

Jeder weiß, dass Energie unzerstörbar ist. Die Kraft des Menschen kann also (auch wenn man sie nur auf der materiellen Ebene anerkennt) nach seinem Tod nicht verschwinden. Die Antwort lässt sich bewusstseinsmäßig nicht klären. Ihr könnt sie fühlen, doch nicht genau verstehen. Es ähnelt Eurem Unverständnis über die Unendlichkeit und Grenzenlosigkeit des Weltalls. Die Wissenschaft kann darauf nicht antworten, weil es wahrscheinlich keine objektive Antwort gibt. Jede Theorie ist nur ein weiterer Beitrag zu den ganzheitlichen Vorstellungen über die Wahrheit.

Vielleicht fühlt Ihr die Unvergänglichkeit der Energien wirklich erst, wenn Euch der Tod subjektiv betrifft. Dann beginnt Ihr zu fühlen, dass der Verstorbene in Wirklichkeit nicht tot ist, sondern nur sein Leib stirbt.

Es ist wichtig einzusehen, dass wir ewig leben. Die Zeit ist eine erdachte Kategorie und existiert lediglich in der inkarnierten Welt. Das Sein in der Ewigkeit hat seine Gesetzmäßigkeiten:

1. Spiralenförmiges subjektives Wachsen und Über-sich-hinaus-Wachsen im Streben nach Vollkommenheit und Ganzheit - das Gesetz der Wandlung.

2. Alles geht vom Kosmos aus, der alles in allem ist und zugleich das Vorniveau für alle subjektiven Wesen.

3. Hier und jetzt zu sein - im Augenblick zu existieren, der zugleich Ewigkeit und ein Punkt der Ewigkeit ist. In der Ewigkeit gibt es drei Daseinsgesetze: das Gesetz der Ganzheitlichkeit, das Gesetz des Augenblicks und das Gesetz der Wandlung.

Nach diesen Gesetzen leben alle Wesen, die inkarnierten und die nicht inkarnierten.

Alle Wesen wohnen in ihrem Wesenskern in der Ewigkeit. Das Innerste eines Wesens inkarniert sich nicht, es regt nur die materialisierten und an die materielle Gestalt gebundenen Niveaus an. Es kann sich nie inkarnieren, denn das Wesen allen Seins ist die immateriellste und unvergänglichste Substanz. Von diesem Standpunkt ist die Kluft zwischen dem Wesen des Menschen und dem Menschen selbst unverständlich und riesengroß. Alle Geschichten und Erwartungen sagen ungefähr das Folgende: "Das Wesen ist in mir." Dabei zeigt Ihr auf die Stelle, wo Euer Herz schlägt. In Wirklichkeit ist Euer Wesen nicht in Euch gefangen. Wäre dem so, dann hätte es keinen Überblick über Euer Leben und wäre Euren Handlungen untergeordnet.

Das Wesen ist nur dann Euer Wesen, wenn in ihm alle Fragen Platz finden, die während Eures Lebens nach einer Antwort drängen, wirklich alle Fragen und auch alle Antworten auf Eure in den Augenblicken mangelnden Selbstverständnisses gestellten Fragen.

Euer Wesen ist die Seele. Damit das so sein kann, muss sie von Eurer materiellen Gestalt und all Euren Handlungen getrennt und frei sein, die sich im Einklang mit den gestellten Aufgaben befinden - oder nicht.

Das geistige Niveau ist getrennt und am Menschen nicht wahrnehmbar. Die Verbindung, über die das geistige Niveau auf den Menschen einwirkt und sich als sein Wesen verwirklicht, ist das Kronenchakra. Sein Name weist schon darauf hin, dass es die höchste und edelste Stelle im menschlichen Energiekörper ist.

Die Opposition zum Kronenchakra bildet das Wurzelsystem. Es sorgt für die Verbindung mit der Erde bzw. dem materiell-energetischen Heim des inkarnierten Menschen. Über die Seelenverbindung gelangen kosmische Energien in das menschliche System.

Wenn wir über die kosmischen Energien sprechen, meinen wir keine äußeren Energien, die aus einem bestimmten Grunde von irgendwoher kommen. Kosmischen Energien sind keine äußeren Energien. Ihr Weg führt immer über das subjektive Wesen. Beim Menschen ist dieses Wesen die Seele. Kosmischen Energien gelangen also nicht unmittelbar in den Menschen, sondern indirekt über seine Seele oder ihre raumfreie Verbindung.

Wann bekommt der Mensch eine vitale Aura?

Der Embryo im Körper der Mutter ist ein geistiges Subjekt. Er hat sein geistiges Wesen und ist von diesem Standpunkt her selbständig. Auch vom Standpunkt der Materie ist er autonom, denn er verfügt über sein eigenes Herz und allmählich auch alle Teile seines menschlichen Körpers. In seiner Vitalität ist das Kind jedoch bis zur Geburt noch nicht eigenständig und hat keine autonome Vitalstruktur.

Die schützenden und belebenden Energien liefert ihm die Mutter. Daher gilt das Prinzip: den materiellen Körper trage ich im materiellen, den energetischen im energetischen. Dadurch, dass die Mutter dem Kind ihre energetisch-vitalen Systeme leiht, ermöglicht sie ihm in den neun Monaten, Anfänge eines eigenen Energiekörpers aufzubauen. Indem sie dem Kind die anstrengende Aufgabe ständigen Schutzes abnimmt, schenkt sie ihm die Kraft für eine bessere und sichere Weiterentwicklung.

Das Kind befindet sich vor der Geburt in der idealen materiellen Daseinsform. Es ist sicher, geborgen, im Gleichgewicht und raumfrei, denn es ist noch nicht von räumlich-zeitlichen Kräften belastet. Seine Bewegungen geschehen in großer Freiheit, auch wenn es in die Gebärmutter eingeschlossen ist und sich am Ende schon anstrengen muss, um sich so zu bewegen, wie es ihm in den Sinn kommt.

Die Zeit vor der Geburt ist ein Zwischenniveau zwischen seiner Wesensexistenz und seiner Inkarnation. Das Kind befindet sich in ständigem Kontakt mit seiner Seele, gleichzeitig jedoch lernt es die Materie zu fühlen, deren Teil es allmählich wird.

Bei der Geburt als der ersten großen Wandlung erlebt es einen vitalen Schock. Sein Körper ist plötzlich materiell und vital autonom. Die Energiestruktur auf vitaler Ebene, die im Embryo gerade noch maßgeblich war, entlädt sich augenblicklich und bildet die vitale Aura. Das Kind ist schon einige Stunden nach der Geburt ein selbständiges und vital vollständiges Lebewesen.

Nun kann es passieren, dass die vitalen Energiestrukturen mancher

Kinder auf diesen Augenblick noch nicht vorbereitet sind. Das kann am Kind oder an der Mutter liegen, ist sie doch maßgeblich an der Entfaltung der vitalenergetischen Struktur des Neugeborenen beteiligt. Dazu gehören Totgeburten, Frühgeburten oder Babies, die durch Kaiserschnitt zur Welt kommen mussten.

Abgesehen von möglichen Fehlern (die nie zufällig sind), hat das Kind die stärkstmögliche Aura. Sein Energiefluss ist auf dem Höhepunkt. Das überrascht Euch vielleicht, weil die Kinder, je kleiner sie sind, schwächlich und abhäng wirken. Doch das täuscht. Ihr Abwehrsystem ist perfekt und wird nur selten so sehr durchbrochen, dass sie erkranken oder einen ernsten Defekt auf dem materiellen Niveau bekommen.

Das einzige Problem, das aber kein wirkliches Problem, sondern Teil der natürlichen Entwicklung ist, betrifft das sich langsam ausbildende Gefühl für das vertikale Gleichgewicht. In Wirklichkeit braucht es Zeit, um sich zu erden. Mit seiner vitalen Erdung sind Veränderungen in der Umweltwahrnehmung verbunden.

Das Kind ist in seinen Wahrnehmungen ein unschuldiges Wesen, und zwar deswegen, weil es die Dinge nicht bewusst beurteilt und ihnen keine Vorzeichen aufdrückt. Seine Prinzipien sind Wissensdrang, Forschen und Lernen. Es geht nie allwissend an eine Sache heran und will die bestehenden Wahrheiten nicht generell verändern.

Genau das ist jedoch die Bedingung für eine starke Abwehrkraft gegen äußere Einflüsse, für Gleichgewicht und Sicherheit im Leben.

Gesundheit

Der Zustand des Gleichgewichtes

Gleichgewicht bedeutet Gesundheit. Das ist eine existenzielle Regel für energetische Gesundheit, die sich immer auch im physischen Körper manifestiert.

Der Mensch wurde dadurch ein bewusstes Wesen, dass es ihm gelang das Gleichgewicht zu finden. Ich denke nicht, dass sich die materielle Fähigkeit des Denkens als Folge des aufrechten Ganges entwickelt hat. Aber in der stehenden Haltung erreichte er das höchstmögliche Gleichgewicht zwischen allen Teilen seiner inkarnierten Ganzheit. In der aufrechten Haltung stimmten sich die Energiepotentiale aller seiner Ebenen aufeinander ab, und er konnte ein Mensch, d.h. ein denkendes, fühlendes, bewusstes und intuitives Wesen werden.

Sein physisches Aussehen veränderte sich, was viel bedeutete, denn seine wichtigste Energielinie wurde nun die Vertikale. Dafür bekamen seine Hände die Fähigkeit zu horizontalen Übertragungen.

Die Achse des Menschen ist das Rückgrat. Das ist eine Gesetzmäßigkeit,

die für den physischen wie für den vitalen Bereich gilt. Physisch gesehen ist die Wirbelsäule von größter Wichtigkeit, da in ihr alle Nervenbahnen zusammenkommen. Sie ermöglicht den Menschen als Wesen mit fünf Sinnen, sie bestimmt seine Beweglichkeit, seine Bewegungsweise und Kreativität.

Das Rückgrat ist die Achse, um die herum sich die vitalen Energiezentren reihen und aus der die inneren Energieverbindungen den ganzen Körper durchfließen.

Physische und vitale Wirbelsäule fallen im Idealfall zusammen. Bei einer Krankheit kann sich das energetische Rückgrat jedoch verlagern. Das symbolisiert das Kippen des Gleichgewichts im Körper. Zumeist ist eine Verschiebung des energetischen Rückgrats Folge einer vorangegangenen Verletzung des physichen oder energetischen Körpers. Dabei ist es notwendig zu verstehen, dass der Mensch kein so empfindliches Wesen ist, wie es vielleicht nach dieser Erklärung den Anschein hat. In Wirklichkeit kann er die meisten Störungen des Gleichgewichts ohne physische Anstrengung und gewöhnlich auch unbewusst selbst überwinden. Sein Abwehrsystem alarmiert bereits bei kleinsten Gebrechen den energetisch-physischen Kreislauf. Die Neigung des ganzheitlichen Wesens zum Gleichgewicht hilft dabei, den Zustand der Gelassenheit und Vollkommenheit wiederherzustellen.

Die energetische Hauptachse ist also das Rückgrat. Wenn wir uns die physische Struktur anschauen, so irritiert bestimmt die Tatsache, dass die Wirbelsäule gänzlich ungeerdet ist und irgendwie im Raum schwebt. Doch der Schein trügt. Die Wirbelsäule ist unsichtbar an ihr Erdungssystem gebunden, das ich auch Wurzelsystem nenne. Das ist ein verwickelter Energieknoten, der die Bedingung für die Erdung des Menschen als inkarniertes Wesen schafft. Ohne diesen Energieknoten wäre der Mensch kein irdisches Wesen. In Wirklichkeit erinnert er an die Wurzeln eines Baumes. Bei Bäumen ist das Verhältnis zwischen Wurzeln und Krone 1:1. Beim menschlichen System gilt die gleiche Beziehung. Die Wirbelsäule bildet die Achse von zwei großen Energiewolken: die eine strebt dem Kosmos zu, die andere dem Erdmittelpunkt oder der energetischen Erde.

Lasst mich zuerst die horizontale und vertikale Achse beschreiben. Wäre die Wirbelsäule die einzige menschliche Energieachse und wäre sie zudem nicht geerdet, so müsste der Mensch - im Scherz gesprochen - die ganze Zeit sitzen, wäre doch diese Stellung dann seine ideale kreative Position. Das kann freilich nicht stimmen, weil die Mehrzahl der Menschen bei ihren schöpferischen Tätigkeiten aufrecht steht. Um im Dasein auf Erden optimal standhaft zu sein, hat der Mensch zwei Horizontale in sich, die der vertikalen Wirbelsäule ihr Gleichgewicht geben: Schultern und Arme sowie Hüften und Beine.

Mit dieser Verbindung zwischen der vertikalen und den horizontalen

Achsen ist der Mensch ein ausbalanciertes, aufrechtes Wesen. Durch ein ideales Verhältnis zwischen ihnen ist auch seine ganzheitliche Gesundheit wiederhergestellt.

Der Mensch ist freilich kein Wesen, das "einfach nur so" leben würde. Zu seinem Wesen gehört, dass er die Inkarnation der Seele als raumfreieste Substanz ist und sich also in Raum und Zeit materialisiert hat, im Fall dieser Zivilisation also im Raum des Planeten Erde. Er ist eingefügt zwischen zwei Extremen, zwischen der Ewigkeit und dem Raum, zwischen dem Wesen und dem materiellen Ausdruck des Wesens, das nie vollkommen sein kann und dessen ewige Aufgabe es ist zu lernen, zu lernen und nochmals zu lernen. Seine Polarisierung zwischen extremen Punkten ist auch in seinem energetischen Lebenssystem gegenwärtig.

Mit seiner Seele, seinem Samen oder Wesen, ist der Mensch über das Kronenchakra verbunden, dem höchsten Energiezentrum im vitalen Körper. Dort ist er über die Nabelschnur an seinem höchsten Ausdruck angeschlossen und erfährt so Intuitionen und inneres Verständnis des Lebens.

Mit der Erde ist der Mensch durch sein Wurzelsystem verbunden. Dieses ist am Vitalkörper wahrnehmbar und von entscheidender Bedeutung für die Erdung des Menschen, also für sein Selbstbewusstsein als materielles Wesen in Raum und Zeit. Mit dem Wurzelsystem steht und fällt seine Verbindung mit der Umwelt, Natur und Landschaft im weitesten Sinn des Wortes. Auch vitale Reinigungen und für das Dasein in der Materie notwendige Vitalenergien fließen durch diesen Pol.

Ich will nicht behaupten, dass der Mensch über die Nahrung keine für die materielle Existenz notwendigen Vitalenergien aufnimmt. Ich weiß jedoch, dass er die aus der Nahrung entnommenen Energien über sein Wurzelsystem erdet und sie auf diese Weise zu einem Teil seines Energieflusses werden lässt. Wenn wir das Gleichgewicht prüfen wollen, so müssen wir alle aufgezählten Verhältnisse berücksichtigen: Kopf, Wurzelsystem, linke und rechte Hälfte der Vertikalen sowie beide Horizontalen.

Schon ein einziger Fehler kann es mit sich bringen, dass Gesundheit oder Befinden des Menschen gestört wird. Weil er nicht im Gleichgewicht ist, ist er nicht gesund. Er fühlt sich unvollkommen, krank, unbehaglich, betäubt. Es hängt natürlich davon ab, wo und weshalb das Gleichgewicht gekippt, und welches Organ oder welcher Körperteil davon betroffen ist.

Ich habe schon geklärt, dass dieses Kippen meist eine Folgeerscheinung von etwas anderem ist. Was aber sind dann die möglichen Ursachen?

Das vitale Energiekleid des Menschen

Der vitale Energiekörper wird von der inneren sowie der Schutzaura gebildet. Ich werde sie einfach Aura nennen. Das ist ein schöner Name für die vitalen Strömungen, wenn wir über sie als Ganzheit sprechen. Die innere Aura bezeichnet die inneren Energieflüsse, die in der östlichen

Medizin Meridiane genannt werden, und die Energiezentren, die als Chakren bekannt sind.

Beide Auren sind ein Flechtwerk verschiedener Energiefrequenzen, die alle Bedingungen für das Wohlergehen des physischen Körpers erfüllen. Reine Auraströmungen sind eine Bedingung für gute Gesundheit. Sobald der Aurafluss gestört ist, taucht die Möglichkeit einer Erkrankung auf.

Jede Krankheit, sofern es sich nicht um unmittelbare Folgen physischer Verletzungen handelt, wird sichtbar als veränderte Energieströmung auf dem Vitalniveau, noch bevor sie als schlechtes physisches Befinden sich bemerkbar macht. Eine Dissonanz in den Strömungen ist als Blockade fühlbar, als Vernebelung, verkehrte Wirbelbildung oder schlecht koordinierte Frequenzen der eigenen Vitalenergie. Von diesem Standpunkt ist das Heilen des vitalen Energiekörpers ein vorbeugendes Heilen, es setzt ja bei den Ursachen der körperlichen Störungen an und versucht nicht nur die Folgen zu beseitigen.

Vielleicht müsste ich erneut über die Bestimmung des Menschen auf Erden sprechen. Er ist nicht auf die Erde gesandt worden, um an seiner materiellen Erscheinung zu leiden, mit der er nie zufrieden ist und nie zufrieden sein kann. Er ist auf der Erde, um für sein Dasein in der Ewigkeit aus den Situationen zu lernen, in die er während seines Lebens hineinstolpert. Grundsätzlich sieht er sich die ganze Zeit über vor eine seltsame Tatsache gestellt: Er muss in die Zeit eintauchen, um etwas für das Leben in der Ewigkeit zu gewinnen. Das hört sich paradox an und ist es auch. Es ist schwer diese Tatsache bewusst zu begreifen.

Und wie lernt er nun? Die Wege des Lernens sind subjektiv. Es gibt keine Regeln, die der Reihe nach für alle gelten würden. Ein jeder hat seine Art und Eigenheit und muss bereit sein ihr zu folgen. Leider ist die Mehrzahl der Menschen dazu nicht genügend bereit. Es fällt ihnen schwer sich als lernendes Wesen zu akzeptieren. Sie nehmen ihr Leben gleichsam als eine vorgegebene Zeit, die von der Geburt bis zum Tod dauert und keine rechte Bedeutung hat. Solche Menschen muss man mit allen möglichen Mitteln aufwecken. Die erfolgreichste Anregung dazu, sich weiter zu entwickeln und über sich selbst hinauszuwachsen, ist Krankheit. Krankheit, wenn sie überhaupt heilbar ist, bedeutet einen Abschnitt der Ernüchterung. Sie ist ein Ultimatum der Seele und entsprechend definitiv.

Weshalb tauchen in der Welt stets neue tödliche und unheilbare Krankheiten auf? Die Menschheit braucht sie.

Sobald sie Medikamente für die bekannten Krankheiten gefunden hat, brechen neue, vielleicht noch schlimmere aus, und wieder fallen Tausende in unlösbare Agonien.

Niemand erkrankt oder gerät "einfach so" aus dem Gleichgewicht. Immer liegt hinter allen rationell erfassten Gründen noch einer, den man nicht verstehen kann, sondern einfach fühlen und subjektiv bewältigen muss. Die Krankheit ist ein Hinweis, manchmal eine Drohung, immer jedoch ein Ultimatum, dem man nicht entgehen kann, ohne dafür auch etwas zu tun und sich wenigstens ein bisschen um sich selbst oder seinen Nächsten zu bemühen. Es gibt keinen Schuldigen außerhalb von Euch. Es ist nicht der Frost im Frühherbst oder der niedere Luftdruck an nebligen Tagen. Der Grund liegt in Euch. Je früher Ihr ihn entdeckt, umso leichter und schneller werden die energetischen oder physischen Folgen zu beheben sein.

Der Zustand der Aura, ein gestörtes Gleichgewicht, physische und energetische Fehler im System führen dazu, dass Ihr gezwungen seid etwas für Euch und Euer Leben zu tun. Ich denke nicht, dass Hilfe unmöglich ist, im Gegenteil. Wenn Ihr Euch Hilfe wünscht und fest entschlossen seid gesund zu werden, dann verdient Ihr sie auch und werdet sie zum richtigen Zeitpunkt in der richtigen Form bekommen. Hier zeigt sich die Kraft des Vertrauens in das Gute.

Der Verlust des Gleichgewichts ist nur eine der möglichen Folgen des Prozesses, den ich eben beschrieben habe. Das kann einfach so geschehen ohne ersichtlichen Grund, es kann aber auch als Folge einer fehlenden Übereinstimmung im Frequenzbereich der Aura auftreten. Diese ist am leichtesten an ihren Farben feststellbar.

Es lassen sich jedoch nur schwer allgemeingültige Regeln für den Zusammenhang von Frequenzen und Krankheiten aufstellen. Die Folgen von Störungen liegen nämlich im Frequenzgleichgewicht, sind subjektiv und können daher schwer objektiv bestimmt werden. Bei dem einen wird mangelnde grüne Frequenz einen Nierenschaden verursachen, beim anderen eine Blütenstauballergie.

Man muss die Übereinstimmung der Frequenzen subjektiv prüfen und Abweichungen im Farbspektrum der Aura im Einzelfall feststellen. Defekte im Frequenzbereich gehören zu den schlimmsten Schäden im Körper des Menschen. Sie verursachen sehr ernste und am schwersten zu heilenden Krankheiten: Krebs, Zuckerkrankheit, Parkinsonsche Krankheit und vor allem alle möglichen Arten von Allergien.

Wenn der Aura fehlende Frequenzen zugeführt werden, so ist das ein weitreichender Vorgang, denn der Körper gewöhnt sich an den Mangel und hat sich schon teilweise darauf eingestellt. Die äußerliche Zuführung von Frequenzen kann stärkere oder schwächere Reaktionen des Körpers bewirken.

Die Verabreichung des blauen Frequenzanteils, der physische Kraft bedeutet, kann zum Beispiel Schmerzen in den Muskeln oder Knochen verursachen. Die Reaktion hängt von der Ursache des Gleichgewichtsverlustes ab oder von der Krankheit selbst, die ihre Ursache auf geistigem Niveau oder auf der seelischen Ebene hat.

Die Aura setzt sich nicht nur aus verschiedenen Frequenzen zusammen, sie ist auch nicht statisch, sondern bewegt sich ständig und bildet Strömungen aus. Auch in diesen Strömungen gibt es keine genauen Gesetzmäßigkeiten. Sie sind sehr subjektiv. Einige haben stärkere vertikale und schwächere horizontale Strömungen, andere umgekehrt, wieder andere haben sogar spiralenförmige Bewegungsmuster. Wichtig ist, dass die Aura glatt strömt, ohne Stauungen, Vernebelungen oder schädliche Verwirbelungen. Ist mit ihr alles in Ordnung, so tanzt sie sichtbar und schwingt vom Körper fort und wieder zurück. Dadurch entsteht ein Tanzmuster, ähnlich der Blüte einer Rose oder Nelke.

Im Grunde hat die Aura außer der Verbindung zur Seele nur einen Zuflusskanal. Dieser Kanal ist wiederum durch Kodierungen geschützt. Wenn sie nicht freigegeben werden, kann man nicht ins System gelangen und weder schaden noch helfen. Sobald der Zutritt ermöglicht wird, kann man alle Energiezentren erreichen und erkennen, den Strömungen der Aura folgen, sie beschleunigen, bremsen, koordinieren, glätten und aufladen. Über den Zugang zum Vitalsystem kann man auch Informationen über den Zustand auf dem emotionalen Niveau erhalten, da sie einander an drei Stellen der Aura berühren.

Auf diese Weise werden die Strukturen erkennbar und erlauben Schlussfolgerungen über die Ursachen und Folgen der Veränderung auf dem Energieniveau. Das ist die Bedingung dafür, dass die Genesung schnelle Fortschritte macht und der Mensch möglichst gut mit dem Heiler zusammen arbeiten kann.

Wo befindet sich nun in der Aura der Punkt, über den es am leichtesten ist die Ganzheit zu erkennen?

Zwei Punkte sind am intensivsten mit Informationen über die Ganzheit geladen. Sie sind komplementär. Das bedeutet, dass sie in ihrer Energiebasis zusammenfallen. Es sind dies das höchste Chakra und der Nabel. Über sie erhält man auch Informationen über die höchsten Niveaus des Menschen, sofern es der Mensch erlaubt und es überhaupt notwendig ist, dass er diese Informationen bewusst kennt.

Beide Stellen, der Nabel und das Kronenchakra, sind Zentren des menschlichen Körpers - das Kronenchakra vertikal, der Nabel horizontal. Daher ist es möglich über sie den Gleichgewichtszustand, die eigentliche Kraft und die Koordination zu prüfen. Doch sie sind nicht nur zentrale Punkte, sondern auch wichtige Kreuzungen energetischer Bewegungen und Wellen. Wie sieht nun eine Krankheit aus, wenn man sie im energetischen Körper erkennt?

Krankheit und Gesundheit sind im energetischen Sinn sehr einfache Zustände. Gesundheit ist ein Zustand des Gleichgewichts. Wir können ihn als Tanz der Aura sehen. Krankheit ist ein Zustand der Blockierung der Aura, eben das geschilderte Kippen des Gleichgewichts. Man kann damit normal leben. Sobald die Blockierung jedoch bei kleinsten Anforderungen störend wird, ist das ein Zeichen dafür, dass ein Verlust des Gleichgewichts vorliegt.

Beim Kontakt mit dem kranken Menschen wird zuerst die Diagnose gestellt. Die Blockaden in der Aura und ihre Intensität sind zu bestimmen, die Vernebelungen zu untersuchen und die Farbübereinstimmungen in der Aura zu prüfen, um die mögliche Ursache für die vitalen Strömungs-dissonanzen zu erhellen. Blockaden in der Aura sind ein wesentliches Zeichen und zeigen uns, dass an einem bestimmten Punkt ein Schaden vorliegt. Es gibt passive und aktive Blockaden.

Passive Blockaden entstehen, indem die Auravibrationen an einem der Energiezentren aus einem bestimmten Grund (niemals einfach nur so) aufhören und die Strömung an dieser Stelle immer mehr behindern. Zunächst sind sie kaum bemerkbar, dann werden sie immer häufiger und stärker. Wir können sie in Prozenten messen. Je stärker sie sind, umso vehementer beeinflussen sie den physischen Körper und verursachen Schäden. Das passiert freilich nicht über Nacht, sondern stufenweise. Blockaden, die in der eigenen Auraströmung entstehen, können durch mehrere Therapiesitzungen in entsprechenden Abständen beseitigt werden. Der Körper gewöhnt sich an die energetische Veränderung, die der mittelbare Grund für die Behinderung ist. Ein physisches Gebrechen benötigt mehr Zeit zur Heilung als eine vitale Blockade. Das ist verständlich, weil die Materie eine dichtere Substanz als die Energie ist und eigene physische Gesetzmäßigkeiten hat, die nicht einfach außer Kraft zu setzen sind.

Während der Abstimmung der energetischen und physischen Veränderungen muss der Patient möglichst geduldig sein. Er darf seinen guten Willen und sein Vertrauen in seine Genesung nicht verlieren.

Passive Blockaden unterscheiden sich voneinander in ihrer Dichte und Durchlässigkeit. Sie wirken sich daher unterschiedlich aus. Bei dem einen wirkt eine 20-prozentige Blockade schon so schädlich wie eine 70-prozentige bei einem anderen.

In der physischen Reaktion auf eine Blockade gibt es zwischen älteren und jüngeren Menschen einen merklichen Unterschied. Ein Kind wird jede Blockade, und sei sie noch so hartnäckig, mit Leichtigkeit überwinden, wenn ihm Hilfe angeboten wird. Ein älterer Mensch dagegen wird schon kleinere Blockaden nur mit Schwierigkeiten auflösen können. Um sie zu mildern, wird er bestimmt viel Zeit und guten Willen brauchen.

Über aktive Blockaden habe ich im Kapitel über die Elementarwesen bereits gesprochen. Es geht dabei um Blockaden, die eigentlich Energiewesen sind. Sie wirken wie Fremdenergien, sind aber in Wirklichkeit undurchsichtige elementare Wegbegleiter, die der Mensch zum Erreichen seines Zieles benötigt. Eigentlich sind sie sein Elementar-Ich. Sobald sie sich aus irgendeinem (meist emotionalen) Grund negativieren, beginnen sie als negative Auravibration rückzuwirken, mit anderen Worten, sie beginnen die Strömungen der Vitalaura zu blockieren. Dadurch beeinflussen sie das physische und emotionale Niveau des Menschen. Ihre Aktivität ist zyklisch und temporär, sie sind nie ständig aktiv.

Weil Elementarwesen emotionale Substanzen sind, verknüpft sich ihre Aktivität mit den emotionalen Regungen des Menschen, dem sie angehören.

Der Mensch hat auf seinem emotionalen Niveau eine generelle Ausrichtung, die teilweise auch aus seinem Charakter zu ersehen ist. Meist zeigt sie sich an den Reaktionen in konkreten Situationen. Sobald sich die allgemeine emotionale Ausrichtung negativ verändert, passt sich das elementare Ich der neuen Situation an und negativiert sich. Eine aktive Blockade entsteht. Sie ist im Grunde nichts Ungewöhnliches oder Erschreckendes, sondern nur ein Teil des Selbst, der sich in einen Feind des eigenen Systems verwandelt hat.

Ich kann wirklich behaupten, dass dieser Blockadetyp die schwerste Prüfung für den Menschen bedeutet. Mit der Zeit verändert sich nämlich auch seine emotionale Einstellung zu dem Niveau, auf dem die Negativierung begonnen hat.

Ein Beispiel: Jemand erlebt einen Verkehrsunfall. Im Moment fühlt er eine schreckliche Panik. Sein elementares Ich negativiert sich und bleibt in diesem "verzauberten" Zustand. Daher spürt der Mensch auch später noch unverständliche Ängste, die in Wirklichkeit nicht seine eigenen sind, sondern von der aktiven Blockade ausgelöst werden. Die aktive Blockade wirkt also emotional und somit direkt auf die Psyche, auf das Befinden im Raum und unter anderen Menschen.

Das häufigste Zentrum einer aktiven Blockade ist der Hals-Nacken-Bereich. Vielleicht ist es eine interessante Mitteilung, dass sie häufiger bei Frauen als bei Männern auftritt. Ich möchte das noch genauer schildern.

Der Mensch kann lange mit ihr leben, ohne tatsächlich zu bemerken, dass mit ihm etwas nicht stimmt. Meistens ist er reizbarer, als er selbst es verstehen kann. Unerklärliche Gefühle befallen ihn scheinbar grundlos: eine haltlose Angst, Melancholie, in Extremfällen Todessehnsucht, was die Hauptursache für die meisten Selbstmorde ist. Parallel zu den emotionellen Bedrängnissen kommt es zu physischen Problemen wie Atemnot, Schmerzen im oberen Bereich der Wirbelsäule (die häufigste Folge ist eine Abnützung der Wirbel), Herzstechen, chronische Angina, Bronchitis, Asthma usw.

Sehr oft setzt die aktive Blockade im Halsbereich an, d.h. zwischen der Augen- und der Herzregion. Das ist der Normalfall. Wegen des großen Wirkungsbereichs kann sie auch Probleme mit den Zähnen, Augen und Nebenhöhlen verstärken.

Im Grunde wirkt sie auf drei Energiezentren: auf das dritte Auge, den Halsbereich und das Herz. Sie verschließt den intuitiven Blick des Menschen für das eigene Leben, indem sie häufig Gefühle verfeinert, die nicht wirklich eigene Gefühle sind, sondern vom Elementarwesen kommen und daher unverständlich bleiben.

Diese Blockade wirkt nicht ständig, der Mensch fühlt sie nur manchmal sehr deutlich. Daher glaubt er kaum, dass mit ihm wirklich etwas nicht in Ordnung ist. Er vergisst es von Ereignis zu Ereignis und macht sich vor, dass die Probleme nur in seiner Vorstellung herumgeistern. Irgendwann ist es vielleicht zu spät und er endet in einem Zentrum für seelische Gesundheit oder verlebt den Rest seines Lebens als Einzelgänger, wenn nicht schon vorher etwas in ihm zerbricht, weil sich nicht einmal die einfachsten Pläne einen Fußbreit verwirklichen lassen.

Vielleicht ist das, was ich hier aufzähle, wirklich etwas übertrieben. Doch es ist sehr schwer sich allein gegen eine solche Energiefalle zu wehren. Sie ist tatsächlich zu stark und vorherrschend. Daher lässt sie sich nicht so einfach auslöschen. Man darf auch nicht vergessen, dass dies nicht irgendeine Energie ist, sondern ein intelligentes Wesen, das sein Innerstes und sein System genau ausgearbeitet hat.

Passive Blockaden können leicht beseitigt werden. Doch was tut man bei aktiven? Mit ihnen soll man verfahren wie mit einem kranken Gast, der Euer Haus aufsucht. Er kann sehr unangenehm sein, aber Ihr müsst Euch ihm gegenüber höflich und freundlich zeigen. Ihr könnt ihn nicht einfach vor die Tür setzen, sonst werdet Ihr in Ungnade fallen und seine Feindschaft auf Euch ziehen. Das nächste Mal wird er sich Euch als Feind nähern, Ihr werdet dann mit ihm kämpfen müssen.

Das Elementarwesen in Form einer aktiven Blockade ist also Euer Gast. Ihr fühlt Euch schlecht wegen ihm, doch es ist ein Wesen. Wenn Ihr es zu vernichten versucht, so wird es sich dreifach rächen. Der Schlüssel zur Problemlösung ist Achtung. Die Energie muss in Eurem Körper neutralisiert werden. Man muss der Energie des Wesens die Möglichkeit geben ein normales Leben zu führen. Erst dadurch hat es die Chance in einer neutralen Form zu bleiben oder das energetisch-emotionale System des Menschen für immer zu verlassen. Falls sich das Wesen zu einer Loslösung entscheidet, bekommt der Mensch einen neuen elementaren Weggefährten. Wenn es sich dafür entscheidet im System zu bleiben, wird man ihm noch weiter helfen, um auf allen Niveaus zu genesen.

Andererseits sind Probleme einer aktiven Blockade leichter zu lösen als jene, die von einer passiven herrühren, solange die materiellen Folgen ihrer Aktivität nicht zu groß sind.

Die Heilung ist ein komplexer Vorgang, bei dem Patient und Therapeut zusammen arbeiten müssen. Das ist die Voraussetzung dafür, dass die Heilung einsetzen und erfolgreich beendet werden kann.

Manchmal verdient der Mensch (noch) keine Heilung. Er benötigt noch bestimmte Erfahrungen, die ihm niemand durch Heilung geben kann, während er doch spürt, dass er viel mehr benötigt. Manchmal trifft man Menschen, die ihr ganzes Leben darum gerungen haben, etwas zu erreichen, um ihren Beitrag für die Menschheit zu leisten. Nur ihr starker Wille und beachtliches Vertrauen haben ihnen schließlich zum Sieg verholfen und die Verwirklichung der erhofften Pläne ermöglicht.

Jeder hat seinen Weg. Wenn Euch jemand hilft gesund zu werden, dann ist das nur die Folge dessen, dass Ihr an einem bestimmten Punkt angelangt seid. Ihr könnt gesund werden, weil Ihr schwere Erfahrungen überstanden habt und Euch in ihnen richtig verhalten habt.

Gesundheit ist ein großes Geschenk. Es gibt nichts Schlimmeres als Schmerzen, seien sie nun emotional oder physisch. Erst wenn Ihr schmerzfrei und entspannt seid, könnt Ihr nüchtern über die aktuellen Probleme nachdenken und entstehende Blockaden auflösen, bevor sie sich festsetzen. Ihr erlaubt ihnen nicht mehr, dass sie sich auftürmen und Euch unter sich begraben.

Bei genauer Betrachtung werdet Ihr erkennen, dass Gesundheit nie ein endgültiger Zustand sein kann. Man muss kontinuierlich um sie ringen.

Innerer Friede und Gesundheit

Im Zustand des inneren Friedens befinden sich physischer und emotionaler Körper in Übereinstimmung und im Gleichgewicht. Dann fühlt Ihr Euch überaus glücklich und alles, was Euch widerfährt, hat einen schönen Beiklang. Wer sich Euch nähert, erscheint Euch sympathisch. Dann seid Ihr wirklich glücklich und ausgeglichen. Der Zustand inneren Friedens ist die Folge Eurer Zufriedenheit mit Eurem Leben. Ihr vertraut darauf, dass Euch alles so widerfährt, wie es sein soll, damit es für Euch am besten wird. Daher habt Ihr vor nichts mehr Angst - keine Angst vor dem Tod und keine Angst vor Schmerzen. Ihr wisst, dass Ihr alles, was kommen wird, auf bestmögliche Weise überwinden werdet. Der innere Friede ist vor allem ein Zustand emotionaler Ausgeglichenheit und jenes Moment, da sich Eure Wünsche im Gleichgewicht mit der tatsächlichen Situation befinden. Wie ist dieses Gleichgewicht zu erreichen?

Ich will keine Rezepte verschreiben. Jeder muss für sich den besten Ausweg aus der momentanen Krise finden. In Augenblicken, da Euch das ganze Leben wie ein einziger großer Fehlschlag vorkommen mag, denkt einfach an das Sprichwort: "Wer das Kleine nicht ehrt, ist des Großen nicht wert." Dann wird Euch alles klar sein. Wenn Ihr mit Euch unzufrieden seid, dann werdet Ihr auch mit allem hadern, was Euch umgibt und widerfährt. Setzt die Axt nicht bei den anderen, sondern bei Euch selbst an und fragt Euch, weshalb Ihr nicht zufrieden sein könnt.

Wenn Ihr mit Euch selbst nicht zufrieden seid, dann könnt Ihr Euch auch nicht so verändern, dass sich Eure Beziehung zum Selbst wandeln würde. Ihr werdet jede Veränderung im frühesten Stadium mit Eurer ewigen Unzufriedenheit infizieren. Diese Regel gilt wirklich, ob es nun um eine Unzufriedenheit mit der äußeren Erscheinung, dem Charakter oder der Intelligenz geht. Vielleicht will es Euch scheinen, als ob Ihr nicht schön genug seid. Ihr beobachtet Euch im Spiegel und ärgert Euch über den

Vater, weil Ihr ihm ähnlich seht oder über Eure Großmutter, von der Ihr die Konstitution geerbt habt. Bald ärgert Ihr Euch über die ganze Welt und das grausame Schicksal, das Euch in dieses Leben hineinzog. In einer Kettenreaktion seid Ihr daher auch nicht mit Eurer Arbeit, Eurem Zuhause, Euren Freunden und Kindern (wenn Ihr welche habt) zufrieden. Dank dieser ewigen Unzufriedenheit verschlechtert sich Euer Aussehen wirklich, denn Ihr bekommt einen grimmigen oder geprügelten Blick. Das Gesicht legt sich frühzeitig in Falten, Ihr geht in die Breite und seid natürlich noch unzufriedener. Der Zustand steigert sich, die Unzufriedenheit erschafft sich neue Ursachen für noch häufigere Unzufriedenheit, bis Ihr endlich Depressionen oder physische Schmerzen bekommt.

Die Menschen sind bewundernswert, die "objektiv" gesehen nicht schön sind, vielleicht weil sie keinem Filmsternchen und keiner Weltschönheit ähneln, die aber dennoch wahre Schönheiten sind, weil sie ein anmutiges Selbstbewusstsein versprühen und das sichere Gefühl vermitteln, sich mit ihrer äußeren und inneren Erscheinung angefreundet zu haben. Solche Menschen sind Frohnaturen, und ihre Nähe ist angenehm. Sie erfüllen ihre Mitmenschen mit Optimismus und Lebensmut.

Schönheit ist subjektiv. Man darf einen Menschen nicht im Vorübergehen "sichten". Wenn es Euch gegeben ist mit ihm zusammen zu arbeiten oder zu leben, so vertieft Euch in ihn, und die äußere Erscheinung wird dabei keine Rolle spielen. Dem Menschen ist ein Modell gegeben, ein Körper, der so oder anders beschaffen ist. Es gibt keine Erscheinung, die den Mensch sein Leben lang unzufrieden stimmen müsste. Dem einen Mädchen ist ein wunderschönes Gesicht verliehen, damit es sich mehr als andere um die Anerkennung seiner inneren Schönheit bemühen muss. Ein anderes hat ein wenig attraktives Gesicht geerbt, um das Erlangen von innerer Schönheit und Optimismus zum Hauptanliegen im Leben werden zu lassen. Die äußere Erscheinung ist ein begrenzt haltbares Kleid. Es hilft Euch auf dem Weg, auf dem Ihr Euch Eurer Aufgabe am besten nähern könnt. Vergeudet daher keine Energie darauf über Eure Erscheinung zu lamentieren, betreffe sie nun Eure physische oder emotionale Ebene. Lernt mit ihr zu leben und Euer Leben kreativ zu gestalten.

Ihr erschafft die Welt aus Euch selbst heraus, vergesst das nicht. So wie Ihr in Euch selbst und in der Beziehung zu Eurem Selbst seid, so wird die Welt sein, die Euch umgibt. Führt Euch nicht selber an der Nase herum, indem Ihr die Umwelt beschuldigt. Fangt bei Euch selber an, und wenn Ihr einmal bei Euch selbst Erfolg habt, werdet Ihr überall Erfolg haben.

Zwischenmenschliche Beziehungen

Der Mensch ist zuallererst ein Subjekt, und zwar selbständig, ganzheitlich und vollendet. Dies leitet sich aus der Tatsache her, dass er in seinem Wesen eine Seele ist. Er ist selbständig bei seinen Vorlieben und Entscheidungen bezüglich seiner Existenz und Anschauungen.

Seine Umgebung bilden die Natur, die unsichtbaren Energiewesen und die Mitmenschen. Sein Zugang oder Kontakt zu vielen anderen Mitwesen ergibt sich aus seiner subjektiven Entscheidung.

Aus der Perspektive seines materialisierten Wesens ist die Entscheidung auf den Mitmenschen zuzugehen etwas Alltägliches, Normales und Unverzichtbares. Augenscheinlich tritt der Mensch mit jedem Gesprächspartner in Kontakt, arbeitet mit ihm zusammen und tauscht Gedanken aus. Auf dem Niveau seines Wesens arbeitet er dagegen nur mit ganz bestimmten Seelen zusammen. Für sie gilt eine gegenseitige Vereinbarung hinsichtlich ihres Einflusses aufeinander und ihrer Zusammenarbeit.

Der inkarnierte Mensch arbeitet mit anderen Menschen auf verschiedenen Niveaus zusammen. Im Leben ist das materielle Niveau am stärksten sichtbar und spürbar. Ihr trefft jemand, gebt ihm die Hand, sprecht mit ihm und tauscht einige Erfahrungen aus. Nichts weiter, ein paar Worte, ein Händedruck und Blickkontakt. Ihr schaut Euch den Menschen an und erkennt ihn an seiner Stimme und an der Art, wie er spricht. Das ist das materielle Niveau.

Das bewusste Niveau ist in Aktion, wenn Ihr über ein Thema sprecht, Euch dabei ergänzt oder widersprecht, also in einen bewussten Kontakt miteinander tretet. Dieser Kontakt ist auch energetischer Natur, denn zwischen Euch knüpft sich eine Verbindung. Das ist die Verbindung der Aufmerksamkeit, die keinen Einfluss auf die tatsächliche Verfassung der anderen Niveaus hat.

Sobald Ihr Euch längere Zeit mit jemandem unterhaltet, beginnt es Euch zu amüsieren, zu langweilen oder gar ans Herz zu gehen. Das ist eine emotionale Verbindung. Ihr fangt an, etwas für den Mitmenschen zu empfinden, sei das nun Sympathie, Angst, Sorge, vielleicht sogar Liebe. Auf der emotionalen Ebene sind die Vibrationen stärker. Beide Seiten fühlen sie gegenseitig. Sie fühlen sie auf einem Niveau, das dem Bewusstsein in geheimnisvoller Weise verborgen bleibt.

Weil nichts zufällig geschieht, gibt es auch bei den zwischenmenschichen Beziehungen keinen Zufall. Jeder, der Euch entgegenkommt, bringt Euch irgendeine Erfahrung, und sei sie noch so unbedeutend. Damit die Zusammenarbeit bestmöglich in Fluss kommt, muss es zwischen den Menschen Achtung geben. Die Beziehung zweier Menschen beruht auf gegenseitiger Achtung. Sobald sie fort ist, verliert die Beziehung ihre Reinheit. Missachtung ist immer die Folge eines Gefühls von Bedrohung, Abhängigkeit, Komplexen und unausgeglichenen Kräfteverhältnissen.

Dabei kann es sich um vorgefasste Meinungen von Menschen handeln, die zu unselbständig sind, um mit ihren Mitmenschen erwachsene und gleichberechtigte Kontakte anzuknüpfen. Solche Gefühle können die emotionale Folge eines verlorenen Gleichgewichts zwischen zwei Menschen sein. Das will ich gerne näher erklären.

Der Mensch ist ein Subjekt und selbständiges Energiewesen. Als solches muss er sich mit seinem Inneren in Gleichgewicht und Einklang befinden, wenn sein Wirken weise und ganzheitlich sein soll. Sobald er sich selbst im Gleichgewicht befindet, kann er mit Leichtigkeit Kontakte zu seiner Umgebung anknüpfen, denn er fühlt sich nicht von Schmerzen oder einem rastlosen Suchen nach Ausgeglichenheit beschwert. Auf diese Weise kann er der Umgebung nutzen und Erfahrungen austauschen. Wenn wir den Menschen aus energetischer Sicht betrachten, so sehen wir ihn als Ganzheit seiner fünf Niveaus, wovon vier inkarnationsgebunden sind und das unsterbliche fünfte ans sechste Niveau, den Kosmos, anknüpft.

Die Gesamtheit der Inkarnationsniveaus ist durch eine allgemeine Schutzkodierung gesichert. Dadurch ist der Mensch in der Gesamtheit seiner Niveaus in ein "gläsernes Ei" gehüllt, wo er sich sicher fühlen und selbst darüber befinden kann, welche Energien ihn berühren oder nicht. Mit dieser Möglichkeit verwirklicht er sich tatsächlich als selbständiges Subjekt, denn wenn ihn jede Kleinigkeit unmittelbar treffen würde, könnte er zwar seiner kognitiven Überzeugung nach ein Subjekt sein, jedoch nicht in der energetischen Wirklichkeit.

Es ist wichtig zu wissen, dass man als Mensch vor allen Dingen sicher ist, vor denen man sich schützen will. Die Entscheidung darüber kommt meistens aus dem geistigen Niveau, das die vollständige Übersicht bietet.

In Euer Energiesystem kann nur derjenige gelangen, dem Ihr das Geheimnis Eurer Kodierung enthüllt. Solange die Kodierung unbekannt ist, bleibt Eure Beziehung ein Geschehen auf den äußeren Niveaus, das Euch nicht verletzen kann.

Lassen wir die Tatsache einmal beiseite, dass dies alles von Eurem geistigen Niveau aus gelenkt wird. Schauen wir uns an, wie sich eine Begegnung auf den inkarnierten Niveaus darstellt.

Zwei Menschen begegnen einander und zwischen ihnen wächst allmählich eine materielle, bewusste und emotionale Verbindung heran. Diese drei Niveaus des Menschen haben einen spielerischen und variablen Charakter. Sie haben ihre äußere Gestalt, die eine Maske des eigentlichen

Inneren ist. Daher kann eine solche Beziehung zwischen zwei Menschen nur ein Spiel sein und muss nicht notwendigerweise wirkliche Gefühle und bewusste Vorgänge widerspiegeln.

Diese drei Niveauverbindungen können zwischen zwei Menschen entstehen, egal, ob das auf dem geistigen Niveau ebenfalls beschlossen wurde oder nicht. Damit die Beziehung auf ein höheres Niveau gelangen und das Innerste berühren kann, muss es zu einer Anregung von beiden Seelen kommen. Das wird in der energetischen Welt als kodierte Absprache oder Kodierungsaustausch bezeichnet.

Beim Austausch der Kodierungen kommt es zu einer Wesensverbindung auf bestimmten Niveaus. Dafür kommt vor allem das Gefühlsniveau in Frage, weil jede zwischenmenschliche Beziehung auf emotionalem Verhalten beruht.

Auf solche Weise wird die Zusammenarbeit zweier Menschen auf den Inkarnationsniveaus eingeführt und kann zu einer ständigen Verbindung wachsen, bzw. zu einer Verbindung, die Früchte (Erfahrungen) trägt oder eine längere Energieverbindung zur Folge hat.

Und was geschieht nun auf dem Vitalniveau? Wahrscheinlich stellt Ihr Euch vor, dass sich bei einer Umarmung zweier Menschen ihre Vitalauren kreuzen. Das ist nicht richtig, sonst wäre es viel zu leicht jemandem zu schaden oder ihm fremde Gedanken, Gefühle und Schmerzen aufzudrängen. Die Begegnung zweier Menschen auf dem energetisch-vitalen Niveau gleicht einer Vereinigung von zwei Subtanzen, die sich nicht mischen, wie Öl und Wasser. Von ihren gegenseitigen Verflechtungen auf dem Gefühlsniveau hängt es ab, wie sie im vitalen Sinn aufeinander wirken.

Die Verbindung zweier Menschen reift heran und entwickelt sich, als wäre sie ein eigenständiges Wesen. Manchmal wisst Ihr nicht einmal selber, weshalb Ihr aufhört jemand zu lieben oder so gut zu verstehen wie ehedem. Offenbar seid Ihr über diesen Menschen hinausgewachsen und braucht ihn daher nicht mehr. Das bedeutet nicht, dass Ihr ihn abschütteln oder verlassen müsst. Ihr braucht vielleicht nur eine feinfühlendere Geduld zu erlernen und Euren Gefühlen zu folgen. Wenn Ihr lernt Euren Gefühlen zu folgen, dann werdet Ihr genau wissen, was Euch eine Seele zuflüstert. Wichtig ist nicht, was das Bewusstsein daherredet oder was Euch die materielle Wirklichkeit eintrichtern will. Es zählt nur, was Ihr selbst als das Richtige fühlt. Vielleicht wird der Mitmensch das Gegenteil von dem reden, was Euch seine Seele erzählt. Dann hört auf seine Seele und folgt den Ausdrucksbewegungen, die sich über oder hinter den realen Tatsachen Eures Alltags befinden.

Ihr Menschen seid gesellige Wesen und die Einsamkeit der Materie bringt Euch emotionale Verzweiflung und Schmerz. Interessant ist, dass auf dem Energieniveau - vor allem auf dem Vitalniveau - das Gegenteil wahr ist. Ein Gefühl der Einsamkeit und Selbständigkeit weckt ein Gefühl von Sicherheit, Freiheit und Glück. Sobald jemand in Euer Vitalniveau einbricht, ist das Gefühl der Sicherheit dahin. Ihr werdet brüchig und hilflos in Eurem Verlangen nach Selbständigkeit und Ganzheit.

Schmerz in der Zusammenarbeit zweier Menschen

Ich werde nun ein Beispiel von zwei Menschen erzählen, die den Weg der Liebe und des Liebesverlustes erleben.

Zwei junge Menschen treffen einander. Das Mädchen ist schön und zart, der Bursche ist gut und beständig. Sie begegnen und nähern sich mit ersten zarten Blicken, schon bevor sie sich kennen. Irgendwann reden sie miteinander und bemerken, dass sie sich für dieselben Dinge interessieren und einander ähnlich sind. Mit ihrer Art sich auszudrücken und die Welt zu begreifen unterhalten sie sich gut. Bald berühren sie einander und ihre Körper harmonisieren in jeder Hinsicht. Sie bemerken nicht einmal, wann sich die Liebe in ihre Gefühle einschleicht. Die Liebe ist das wärmste und brennendste Gefühl. Es kann die Ganzheit umarmen und sie erweichen.

Wie sie nun einander immer wieder begegnen und gemeinsam glücklich sind, beginnen sie einander zu bekennen, dass es Liebe ist, was sie fühlen. Es geht um die Anerkennung und Erkenntnis der tiefstmöglichen Wahrheit, die ein Mensch im Kontakt zu einem anderen Menschen überhaupt erleben kann.

Mit der Anerkennung kommt das Bewusstsein. Sie sind sich bewusst, dass sie der Partner liebt, und das gibt ihnen Kraft. Es kann auch das Gegenteil gelten, muss aber nicht.

Der junge Bursche überwindet in so einer Beziehung den verängstigten Schüchterling, das Mädchen wird zur Frau. Ihre Wandlung geschieht subjektiv, keineswegs gleichmäßig. Ihre Reifungsphasen können auseinanderklaffen, die Beziehung gerät aus dem Gleichgewicht. Einer von beiden übernimmt die Führung. Zuerst nur zart, als würde er es gar nicht wollen, doch allmählich immer entschiedener. Weil sie einander lieben, stört oder schmerzt es sie nicht. Es gibt zahllose Ausreden. Als sie sich fürs gemeinsame Leben entschließen, ist dieses Ungleichgewicht noch kaum spürbar, auch wenn es schon da ist. Sobald sie zusammenleben, besteht ihre Beziehung nicht mehr allein aus Glückseligkeit und Liebe. Sie wachsen über diese Stufe hinaus, denn sie teilen alle ihre Augenblicke. Sie sind Tag und Nacht zusammen und müssen sich in der neuen Situation zurecht finden. Natürlich hat der Mann aufgrund der Spielregeln, wie sie die Zivilisation festgelegt hat, einen Vorteil. Er hat das Recht darüber zu befinden, wie viel er zur Hausarbeit beitragen will. Die Frau muss alles erledigen, was anfällt und der Mann nicht anpacken will. Ihr fällt die Last des Haushalts zu, an die sie nicht gewöhnt war, während sich sein Leben kaum verändert. Der Unterschied liegt darin, dass nun seine Frau materiell für ihn sorgt statt der Mutter. In dieser Situation sinkt die Motivation des Mädchens (das jetzt schon eine Frau ist). Es ist von der neuen Lebensweise überfordert und schafft nicht alles auf einmal. Vielleicht vergisst sie auch all die Aufmerksamkeit und Zuwendung, die ihr Mann benötigt. Wer weiß, was sie alles tun könnte, aber sie sieht die neue Situation einfach nicht aus einem genügend großen Abstand, um sie vollständig zu erfassen.

Was ich in den nächsten Sätzen erzählen werde, beschreibt die Situation jenseits von Gefühlen, Bewusstsein und Materie. Ich werde schildern, was auf dem Vitalniveau geschieht.

Die Frau, die nur aufgrund der neuen Situation eine Frau, in Wirklichkeit aber noch ein Mädchen ist (und bleiben wird, solange sie nicht Mutter wird), verliert ihr natürliches Schutzniveau und gibt sich dem Lauf der Dinge hin, wie sie es für richtig hält. Wegen ihrer Offenheit gegenüber den äußeren Faktoren, deren stärkster bestimmt ihr Mann ist, verliert sie das Vertrauen in ihre Selbstsicherheit.

Mit dem Verlust dieses Vertrauens gerät sie in reale Gefahr, dass der Mann ihren Schutzpanzer durchbricht und sie dadurch in ihrem Vitalwesen beschädigt, das die Grundlage ihres materiellen Seins ist. Eine solche Abhängigkeit entsteht unwillkürlich und unbewusst. Auf dem Vitalniveau sind beide nur vitale Energiewesen. Sie öffnet sich ihm, weil sie ihn gern hat und alles geben würde, damit er mit ihr glücklich und zufrieden ist. Er nimmt seinen Teil und gibt ihr dafür Liebe, die jedoch keine Liebe des Gebens sein kann, weil sie zugleich auf der Vitalebene nimmt.

Eine solche, nicht gleichberechtigte Beziehung zerstört allmählich die Achtung. Ein Mann, der mitverfolgen muss, wie seine Frau auf allen Ebenen verdorrt und vor allem ihr Selbstbewusstsein verliert, hört auf sie zu achten und hört dadurch auf sie zu lieben. In einer solchen Beziehung, die wir eine Beziehung der vitalen Erschöpfung nennen können, verliert die Frau ihre Identität und Kraft, um zu ihrer Entscheidung zu stehen. Der Mann erscheint ihr an Energie und Weisheit überlegen und lässt sie das auch spüren. Es kommt zu immer intensiveren Konflikten, mit der Zeit auch zu Hass, denn eigentlich ist es keinem von beiden wirklich bewusst, was mit ihnen nicht stimmt.

Wie ist eine solche Situation zu retten, die in ihrer letzten Phase auch Krankheit und aktive Blockaden verursacht?

Lasst mich noch ein Beispiel erzählen, damit ihr nicht denkt, dass ich die Männer pauschal verurteile. In der dargelegten Geschichte habe ich nur eine von zahllosen Möglichkeiten illustriert.

Während der Mensch seine bewusst erfassten Beziehungen zur Umwelt und den Mitmenschen auch mit seinem Verstand begründen kann, versteht er die Beziehung vitaler Erschöpfung auf der Mutter-Kind-Ebene viel schwerer.

Zuerst möchte ich darauf hinweisen, dass es bei den Erschöpfungen, von denen ich spreche, nur um Beziehungen auf dem vitalen Niveau geht.

Alles, was sich auf anderen Niveaus zeigt, ist eine Folge dieser Ursache.

Die Frau trägt das Kind neun Monate in ihrem Leib. Sie bietet ihm materielle und emotionale Wärme, vollkommene Sicherheit und Behaglichkeit. In ihr ist es frei, wie es während seines ganzen materiellen Daseins nicht mehr sein wird. Je mehr es die Mutter in Liebe erwartet, umso mehr öffnen sie sich einander und desto schöner entwickelt sich das Kind auf allen vorhandenen oder sich bildenden Niveaus. Die Schwangerschaft ist eine Zeit, in der sich zwei Wesen in der bestmöglichen Beziehung befinden. Auf dem Vitalniveau sind sie nicht getrennt, das Kind bildet einen Teil der mütterlichen Aura.

Die Mutter schenkt ihm einen Teil ihrer Aura oder ein Stückchen Raum unter ihrem Schutzmantel, also ihrer Kodierung. Daher besitzt das Kind im energetischen Sinn die Information über die mütterliche Schutzkodierung und nutzt sie unbewusst aus, auch dann noch, wenn es schon auf der Welt ist und ein eigenes Vitalsystem mit Schutzkodierung besitzt.

Das Baby befindet sich noch einige Zeit nach der Geburt in der mütterlichen Aura. Nach der Geburt bekommt es seine eigene Aura und ist außerordentlich stark. Die Mutter stillt und liebkost es. Sie gibt sich ihm emotional, doch unwillkürlich auch vital hin, was in den ersten Lebensmonaten des Babys sehr wichtig ist. Diese Zeitspanne entspricht der Stillphase. Beim Stillen ist die Mutter wirklich in einer gebenden Verbindung zum Kind. Doch ihre Vitalenergie erneuert sich auch entsprechend schneller und wird noch fürs geliebte Baby abgezweigt. Sobald sie aufhört zu stillen, beginnt sie sich energetisch zurück zu ziehen. Das muss ihr innerhalb von einigen Monaten gelingen. Ist sie empfindlich veranlagt, muss sie sich damit besonders beeilen.

Das Kind bringt zwar sein eigenes Vitalsystem samt Aura hervor, wenn ihm aber die Möglichkeit geboten wird, mit "einem Fuß" in der mütterlichen Aura zu bleiben, so macht es davon auch Gebrauch und nimmt weiterhin von ihrer Vitalenergie. Und wie drückt sich das auf dem sichtbaren materiellen Niveau aus?

Das Kind braucht nicht viel Schlaf. Am liebsten durchwacht es den meisten Teil des Tages und der Nacht und unterhält sich auf seine Weise. Weil es dafür zusätzliche Kräfte zur Aufrechterhaltung des eigenen Gleichgewichts braucht, wird es in dieser Hinsicht träge und vergisst die eigenen energetisch-kreativen Systeme. Meistens sieht es aus, als hätte es soviel Energie, dass es jeden Moment "explodieren" könnte. Die Mutter kann ihm freilich nicht mehr folgen. Es raubt ihren Schlaf und strapaziert dadurch ihre Geduld und Bereitschaft zur Zusammenarbeit. Das steigert sich kontinuierlich, und eines Tags beginnt sie zu kränkeln. Sie ist dauernd verkühlt oder hat chronische Magenschmerzen. Wenn der Stress nicht aufhört, beginnen sich wegen ihrer zu großen Verletzbarkeit und Anwesenheit negativer Gefühle Teile einer aktiven Blockade anzustauen. Sie wird zu einer lebenden Ruine.

Es ist klar, dass sich auf emotionaler Ebene ihre Beziehung zum Kind nicht verändert. Sie liebt es noch immer und wünscht sich, dass es gesund und guten Willens bleibt.

Wie ist ein solcher Fall zu lösen? Die Antwort ist kurz und einfach. Ein Einbruch im Vitalsystem zeigt sich immer als Schmerz oder Krankheit, zumindest als emotionale Niedergeschlagenheit und Veränderung der Gefühle zu jenem Mitmenschen, der einen erschöpft. Bei beiden entsteht Ungeduld, ein Gefühl, dass sie sich beieinander nicht mehr geborgen fühlen. Derjenige, der auslaugt, hat Angst seine Quelle zu verlieren, derjenige, der ausgelaugt wird, beginnt sich zu fürchten, weil er seine lebenswichtigen Energien verliert.

Das Aussaugen der vitalen Aura geschieht über einen bestimmten Punkt. Genau hier treten gewöhnlich auch (aktive oder passive) Blockaden auf.

Die einzige Lösung ist in so einem Fall die energetische Abnabelung. Dabei handelt es sich um eine Abkoppelung einzig und allein auf der vitalen Ebene. Sie hat keine zerstörerischen Folgen auf den anderen Ebenen der Beziehung. Bei solch einer energetischen Abnabelung des Kindes von der Mutter kann es lediglich passieren, dass das Kind plötzlich mehr Ruhe oder Nahrung braucht, während sich die Mutter erholt und ihr eigenes System regeneriert.

Bei zwei erwachsenen Menschen stellt sich nach der Abkoppelung wieder das Gleichgewicht her, natürlich nur, wenn sie ihre Beziehung inzwischen nicht schon zu massiv zerstört oder auf dem bewussten Niveau alle Möglichkeiten vergiftet haben.

Versucht achtsam zu sein und Euch vor solchen Erschöpfungskreisläufen zu schützen. Ein solches Aussaugen nenne ich auch "energetischen Vampirismus". In Horrorgeschichten hat diese Tatsache als Erzählung über Vampire Gestalt angenommen, die ihren Opfern das Blut aussaugen. Das entspricht insofern der Wirklichkeit, als die vitale Energie der Lebenssaft des Menschen ist.

Ich wiederhole, dass so etwas niemand bewusst tut. Es passiert häufig auch in Beziehungen, die einmal aus reiner Liebe begonnen wurden. Es geschieht deswegen, weil sie in ihrer Liebe, mit der sie einander beschenken, ohne böse Absicht in ungleiche Beziehungsmuster hineinschlittern, die irgendwann unbewusst ausgenutzt werden können.

Ihr müsst von der Tatsache ausgehen, dass niemandem geholfen ist, wenn Ihr ihn mit Eurer Vitalenergie überschüttet.

Dadurch wird er nur träge und verschlackt. Irgendwann wird er ohne Euch nicht mehr leben können. Es ist wichtig, dass jeder lernt ein Subjekt zu sein, im gegebenen Augenblick selbständig zu existieren und seine Wandlung und Entwicklung als erwachsenes und vollständig unabhängiges Wesen zu akzeptieren.

Karma

Leben ist Lernen. Die Inkarnation ist eine Schule, die sich die Seele selbst aussucht, um eine für sie bedeutsame Erfahrung zu machen. Bei ihrer Entscheidung zur Inkarnation bestimmt die Seele ihr Schicksal im Einklang mit ihrem Lernwunsch.

Die Ereignisse ihres kommenden Lebens sind also gleichsam ein "geplantes Lernprogramm", an das sich die Seele konsequent hält. Ich habe schon angedeutet, warum das Schicksal keine unabänderliche Vorankündigung von Ereignissen ist, die so und nicht anders eintreffen werden. Es geht vielmehr um einen Ursachen-Folgen-Plan, der sich in letzter Instanz auf völlig unterschiedliche Weise verwirklichen kann. Das ist die Bedingung dafür, dass der Mensch während seiner Inkarnation Schöpfer seines Lebens sein kann.

Es ist auch wahr, dass die Seele verschiedene Inkarnationen unternimmt, die man zeitlich einteilen und einem bestimmten Abschnitt in der menschlichen Evolution zuordnen kann. In diesen unterschiedlichen Inkarnationen ist der Mensch ein anderes Wesen. Das ist natürlich eine relative Behauptung, denn in Wirklichkeit ist der Mensch in seinem Wesen immer Seele. Die Inkarnationsniveaus sind nur das Lehrbuch und der Weg zur Erkenntnis.

Wenn es so wäre, dass auf der Erde immer Friede und Freiheit herrschen müssten, dass alle einander achten und lieben müssten, dass zwischen den Völkern und Individuen Harmonie auf allen Ebenen die Norm wäre, dann wären Inkarnationen nicht mehr notwendig, weil die Seele keine neuen Informationen aus ihnen gewinnen könnte. Es gäbe keinen Unterschied zwischen ihrem kosmischen und dem materiellen Sein.

Auf der Erde können nicht alle Menschen gleich sein. Sie müssen (scheinbar objektiv) schwach und stark, gut und böse, Mörder und Opfer sein. Bei allen gilt jedoch ihr subjektives Urteil über sich selbst. Selbst der ärgste Mörder sieht in sich einen guten Menschen, sonst könnte er nicht morden. Allen sind Wünsche, Ziele und Ideale als ihre Lehrer mitgegeben. Aus dem subjektiv Guten entstand in der Welt eine tatsächliche Spaltung in Gut und Böse, in gute und schlechte Menschen. Die Klassifizierung kann nur als Verallgemeinerung gelten. Auch wenn wir wollten, so könnten wir kein einziges Subjekt exakt dem Guten oder Bösen zuordnen. In den Handlungen eines jeden Einzelnen sind stets beide Pole gegenwärtig, auch wenn wir in unserer Untersuchung nach ganz bewussten Kriterien vorgehen. Wenn wir den einzelnen Menschen unter das Mikroskop seiner Seele legen, dann sehen wir, dass eigentlich alle seine Handlungen gut sind. Sie helfen ihm dabei, zu wichtigen Entdeckungen über sich selbst und die Ganzheit zu kommen, deren Teil er im Kosmos ist.

Wir machen im Leben keine Fehler, sondern folgen unseren besten subjektiv getroffenen Entscheidungen, die - von außen betrachtet - dem

Subjekt den einen oder anderen Schein verleihen. Doch sind es wirklich die besten Entscheidungen, denn sie bringen die gesuchte Erfahrung mit sich.

Wenn wir also keine Fehler machen, weshalb sollte dann jemand für etwas bestraft werden, was er in seinem vergangenen Leben falsch gemacht hat?

Vertiefen wir uns für einen Augenblick in die Abfolge der Inkarnationen. Sie ergänzen sich. Wenn Ihr im vorigen Leben vor etwas geflohen seid, dann ist es Euch in diesem wiederum gegeben, dasselbe Problem zu erforschen. Weder könnt Ihr, noch wollt Ihr vor etwas flüchten. In Eurem Wesen seid Ihr auf alles gefasst, was Euch widerfährt. Das Problem liegt darin, dass Ihr Euer Wesen nicht bewusst begreifen könnt. Es ist also kein wirkliches, sondern ein scheinbares Problem, das Euch vielleicht in diesem Moment überrascht hat.

Was ist Karma? Was ist karmisch bedingt? Wo könnt Ihr die Hände in den Schoß legen und sagen: "Das ist Karma, da kann man nichts machen."

Karma ist eine häufige Ausrede für etwas, wozu Ihr nach Eurer Überzeugung nicht fähig seid. Gäbe es wirklich eine Strafe für Fehler aus vergangenen Inkarnationen, gäbe es ein System, wonach der Mensch gezwungen wäre, für sie zu leiden und zu büßen, dann würde das Grundprinzip des Lernens der Seele in sich zusammenbrechen. Von der seelischen Entwicklung müsste ein perfekter Lebenswandel eingefordert werden. Lernen aus Fehlern wäre nicht erlaubt. Was meint Ihr wohl, welches System des Lernens das bessere ist und nach welchem Ihr lernt?

Ich denke Ihr wisst jetzt, dass das, was Ihr aus Euren Fehlern lernt, die wertvollste Erkenntnis ist. Weshalb sollten dann Fehler immer bestraft werden?

Ich gebe Euch das Beispiel eines Krebskranken. Die Krankheit hat sich schnell ausgeweitet und begonnen ihn so zu behindern, dass sein Leben kein Leben mehr war. Die Leute sagten sich und dachten: "Das ist Karma, da lässt sich nichts mehr machen." Sie gaben sich damit zufrieden und fragten sich vielleicht sogar, warum er wohl so eine Strafe verdient, was er denn verbrochen habe, dass er nun so leiden muss. Weil sie sich mit der Tatsache abfanden, taten sie auch nichts mehr für ihn, und der Kranke starb.

In Wirklichkeit ist jede Krankheit, auch die schlimmste, nur eine Prüfung. Sie ist keine Strafe und kann auch keine sein, wenn jeder Fehler ein Lernschritt und daher nur scheinbar ein solcher ist.

Wenn Ihr erkrankt, dann müsst Ihr Euch zuerst fragen, wo Ihr bei Euch selber ansetzen müsst, um gesund zu werden. Was sollt Ihr daraus erkennen und lernen?

Diese Selbstbefragung ist ein Kampf und Beweis, dass Ihr bereit seid für Euer Ziel zu kämpfen. Und was ist Euer Ziel? In Wirklichkeit ist das Leben in der Materie nur ein kleiner Teil des Lebens, und manchmal ist der Tod ein Sieg. Habt Ihr schon einmal über die Möglichkeit nachgedacht, dass Euch der Tod als Belohnung für den Sieg ereilt? Oder ängstigen Euch solche Überlegungen?

Jedenfalls ist das Leben niemals eine Strafe für alte "Sünden". Immer ist es ein Geschenk für eine neue Möglichkeit das Alte aus einem anderen Blickwinkel zu erkennen. Wenn Euch der Lebenswille gegeben ist, dann ist Euch bestimmt auch die Möglichkeit geschenkt zu überleben, auch wenn Ihr sterben solltet.

MENSCH UND NATUR

Der Planet Erde ist in seiner Art eine vielfältige Welt. Er trägt zahllose mögliche Lebensformen, sichtbare und unsichtbare. Er ist mit Wesen auf verschiedenen Niveaus und in unterschiedlichen Entwicklungsformen verflochten, die zu einer unzertrennlichen Ganzheit verbunden sind. Der Mensch ist in diesem Daseinsmeer nur ein Teilchen, ein kleiner Punkt im Ozean der Verschiedenheiten. Dennoch hat er sich zum König und Beherrscher von allem gemacht, was in seine Umwelt fällt. Er maßt sich die Rolle des Richters an und lässt sich als das vollkommenste Wesen der Erde feiern.

Woher diese Entschiedenheit? Der Mensch ist das einzige Wesen auf Erden, das alle Niveaus harmonisch in sich vereinigt hat. Er ist zugleich physisch, vital, bewusst, emotional und geistig gegenwärtig. Mit dieser Fähigkeit, die ihm als Zivilisationsaufgabe gestellt ist, vermag er in jedem Augenblick ganzheitlich mit seiner Umwelt zusammen zu arbeiten und mit ihr auf allen Niveaus zu kommunizieren. Die Kommunikation entgleitet jedoch dem bewussten Niveau, weil der Mensch mit der Entwicklung seiner jetzigen Zivilisation das Gefühl für seine vielfältige und vor allem gleichwertige Umwelt verloren hat. Das natürliche Gefühl der Zugehörigkeit wird mehr und mehr ersetzt durch ein Bewusstsein über die relative Lebendigkeit der Natur und die materielle Leblosigkeit des Planeten Erde als Ganzes.

Die Folge ist eine Vernachlässigung des Bewusstseins von der Erde als Lebewesen und von der Gleichwertigkeit aller Parallelzivilisationen, wie zum Beispiel der Elementarwesen.

Der Mensch ist zum zivilisatorischen Sieger über die Natur, zum Führer und Richter geworden. Er ist bestimmt nicht mehr ihr Freund und Mitarbeiter. Der Erde wird aus diesem Grunde viel Liebe und Achtung vorenthalten. Ihr Schmerz ist der Schmerz des verwundeten Drachen, wie ihn die Märchen schildern. Lasst mich das Symbol des Drachen erklären. Der Drache symbolisiert das Sein der Erde. Seine Symbolgestalt reicht von der Eidechse (ein sehr erdgebundenes Tier) bis zum Vogel (als freies, luftverbundenes Tier). Darum symbolisiert er die Erde als ganzheitliches Wesen. Er ist einerseits stark geerdet, also materialisiert, andererseits frei und leicht, trotz seines schwerfälligen Körpers. Neben seiner beeindruckenden Erscheinung hat er noch eine Besonderheit. Er verteidigt sich, indem er Feuer speit. Das Feuer ist also seine Waffe und sein Schutz.

Ähnliches gilt für die Erde, ist doch das Feuer ihr erstes materialisiertes Element. Ihre erste Inkarnation war die Feuerinkarnation. Wir könnten das Feuer auch mit der vitalen Energiestruktur des Wesens Erde in Verbindung bringen, werden doch ihre vitalen Hauptadern auch Drachenlinien, also Linien des Feuers genannt.

Noch ein weiteres Merkmal dürfen wir nicht außer Acht lassen. Der Drache hat stets mehrere Köpfe, also mehrere Gesichter.

Das symbolisiert die Vielschichtigkeit des Wesens der Erde und zugleich die Ganzheitlichkeit seiner Verschiedenheiten. Das stimmt mit den Merkmalen des Menschen überein. Der Unterschied liegt nur in ihren Entwicklungswegen. Die Erde gehört in dieser Hinsicht zu einer anderen Zivilisation und Auffassungsart, ist aber von den inkarnierten Niveaus her fast identisch. Es fehlt nur das Bewusstseinsniveau oder das Niveau des Denkens, das beim Menschen bis ins Kleinste entwickelt und in den Vordergrund seiner Umweltbeziehung gerückt ist.

Drachenmärchen beweisen, dass der Mensch in seinem Innersten nicht vergessen hat, wo er lebt und wie seine lebendige Umwelt beschaffen ist. Er hat nicht vergessen, dass er jeden Augenblick mit dem am weitesten reichenden Wesen, dem Wesen der Erde, kommuniziert.

In ihrem Innersten sind sich dessen alle bewusst. Darum achten sie die Erde auch als ihre Gastgeberin und Freundin. Eine Unstimmigkeit in der Struktur der Menschen selbst ist der Grund dafür, dass es vergessen wird dieses Gefühl auch bewusst werden zu lassen. Man vergisst ihm den richtigen Stellenwert im Denken und in der Zusammenarbeit zu geben. Man vergisst es zu leben - ganz einfach zu leben.

Die Zivilisation im Zeichen des Erdelements hat willentlich die Spaltung in Bewusstsein und Unterbewusstsein akzeptiert. Sie erschwerte sich das intuitive Begreifen, um es durch die Reibung mit dem Bewusstsein zu stärken. Das Bewusstsein spielt in diesem Kampf die Rolle der Maske. Die Intuition drängt durch sie hindurch ans Licht und zeigt sich meistens nur in Umrissen, wie durch einen Vorhang - als Schatten dessen, was ist. Darum ist intuitives Schauen meist ein Erleben von Symbolen. Das Bewusstsein lässt mit seinen Mustern nur den Umriss der Wahrheit zu. Aus den Konturen müsst Ihr die tatsächliche Bedeutung der Information selber entziffern. Darum sind die Träume maskiert und deswegen spricht der Mensch in Märchen über ungewöhnliche Dinge. Jede noch so unglaubliche Gestalt ist die Skizze einer wirklichen Botschaft. Sie muss nur verstanden werden.

Ich denke, dass das Bewusstsein - Tropfen um Tropfen - langsam seine verhärtete Rolle in der Welt verliert. Es ähnelt dem Bild, worin die Wurzeln eines mächtigen Baumes die Mauern eines scheinbar uneinnehmbaren Schlosses unterwandern. Das Bewusstsein ist ein erlerntes Niveau, die Welt um Euch herum dagegen eine naturgegebene lebendige Wahrheit, die gewillt ist all ihre Geheimnisse mit Euch zu teilen.

Das Zeitalter der menschlichen Königsherrschaft über die Natur geht seinem Ende zu. Die Menschen sind zunehmend sensibilisiert. Sie können sich immer leichter vorstellen, dass sie lediglich Gleiche unter Gleichen sind und ihnen andere Wesen auf der Erde sehr ähnlich sind. Sie können mit Pflanzen reden und die Bedeutung von Elementalen verstehen.

Natürlich kann der Mensch nicht auf das Niveau des Matriarchats oder der Jungsteinzeit-Zivilisationen zurückkehren. Das wäre ein Schritt zurück. Auf seinem Weg durch die Jahrtausende hat er ein neues Verständnis, eine neue Art von Achtung errungen. Das Errungene ist das Wertvollste. Was vorgegeben ist, was ohne Mühe erworben wird, ist nie gut genug.

Damit will ich keineswegs behaupten, der Mensch hätte irgendwann damit begonnen, aus dem Dunkel langer Jahrtausende hervor zu kriechen und seine Fehler zu korrigieren. Nein, der Mensch ist sich lediglich selbst entwachsen, indem er vom Gegenpol her (aus der Situation der Bewusstseinsvorherrschaft) wiederum begonnen hat seine Grunderkenntnis zu verstehen: dass seine Umwelt lebt und er ihr Unrecht tut, wenn er mit ihr verfährt wie mit einem wertlosen Sklaven.

Der Durchbruch dieses Verständnisses ist verwandt mit dem Augenblick, als die Menschheit die Gleichwertigkeit aller Menschen erkannte und Sklaverei als beschämendes Tun abgelehnt wurde. Für diese Erkenntnisse benötigte die Menschheit Jahrhunderte. Und manche Menschen können noch heute nicht zugeben, dass alle Menschen gleich wertvoll sind.

Es wird noch viel Zeit brauchen, bis die ganze Menschheit die Natur als gleichermaßen wertvolles Wesen anerkennen wird. Dadurch wird sie ihre Handlungsweise in allen Bereichen verändern und nicht nur in Gedanken, wie das zumeist heute geschieht. Doch es ist auch wahr, dass beim Menschen jede Handlung auf der gedanklichen Ebene beginnt und erst in der Schlussphase seine materielle Umsetzung findet.

Selbsterkenntnis

Der Mensch ist ein ganzheitliches Wesen. Seine Ganzheit besteht aus zwei Niveaus: dem Bewussten und Unbewussten. Jedes Wesen muss, sofern es ein Wesen ist, auf seiner Selbsterkenntnis gründen, und zwar auf einer ganzheitlichen, denn eine Teilerkenntnis wird es nur auf einen Teil seines Seins beschränken. Der Mensch erkennt sich auf beiden Niveaus. An erster Stelle (das ist die Bedingung dafür, dass die Inkarnation sinnvoll ist) erkennt er sich als materielles und bewusstes Wesen. Er anerkennt, dass er materiell ist, dass in ihm physische Prozesse als physischer Ausdruck des Lebens ablaufen (dass in seinen Adern Blut strömt, dass sein Herz schlägt, dass er zwei Hände und einen Kopf hat).

Selbsterkenntnis auf materiellem Niveau erlauben ihm seine Sinnesorgane. Er sieht, hört und spürt sich (er spürt auch innere Strömungen und Schmerzen), er schmeckt und riecht. Dadurch nimmt er seine Umwelt an und beurteilt sie subjektiv. Indem er sich als materielles Wesen anerkennt, anerkennt er auch das materielle Sein seiner Umgebung. In der Weise, wie er sich selbst begreift, muss er auch die Vorgänge außerhalb seines Körpers erfassen. Da er sich als Teil der Materie anerkennt, kann er in seine materielle Umwelt real eingreifen und sie kreativ umgestalten. Würde er sich nicht als materielles Wesen erkennen, wäre auch die Materie weniger real für ihn und er hätte keinen Zugang zu ihr.

Über das Materielle hinaus erkennt er sich auch als bewusstes Wesen. Sein Bewusstsein ist ein System, das auf anerzogene, vereinbarte Art und Weise sein gedankliches Verstehen der Umwelt bedingt. Über das Bewusstsein ist die Kommunikationsmöglichkeit unter den Menschen hergestellt und mit ihr das Wachsen des Zivilisationsbewusstseins. Bewusstsein und Materie ergänzen einander. Kein Sinnesorgan wäre dazu in der Lage, eine gewonnene Information mitzuteilen, wenn ihm das Bewusstsein nicht dabei helfen würde, die Information einzuordnen und in irgendeine Form oder ein Ergebnis zu bringen, das einen tatsächlichen Wert hat. Auf sich allein gestellt bleiben die Empfindungen und Gefühle imaginär, solange es kein System gibt, das sie auf eine verständliche, bewusste Ebene weiter vermittelt.

Doch der Mensch anerkennt sich noch auf weiteren Niveaus, den Niveaus der Gefühle und der Seele.

Die Gefühlsebene ist das mittlere Niveau. Es ist weder bewusst noch ganz unbewusst. Der Mensch anerkennt seinen Charakter, seine Gefühlsladung und auch momentane Verschiebungen der emotionalen Wahrnehmung. Doch mit seinem Bewusstsein anerkennt er seinen Gefühlskörper noch nicht gänzlich und kann nicht feststellen, an welchem Punkt der Einfluss der Gefühle auf seine physische oder bewusste Sphäre beginnt. Auf dem unbewussten Niveau sind die Gefühle eine Brücke zwischen Seele und Bewusstsein. Die Gefühle sind das Niveau des Unterbewussten, worin alle aus dem Bewusstsein verbannten Faktoren des menschlichen inkarnierten Lebens verborgen sind (heimliche Ängste, unterdrückte Wünsche). Auf diesem Niveau existieren auch Wünsche, Freuden, Hoffnungen und Vertrauen, die aus dem geistigen Niveau vermittelt werden.

Der Mensch ist sich vor allem dessen "unbewusst" bewusst, dass er ein geistiges Wesen ist - mit einem Wort, eine Seele ist. Die Seele ist sein Same, sein Anfang und sein Ende. Aus ihr tritt er scheinbar in die Welt, und in sie kehrt er zurück, sobald ihm das materielle Kleid genommen ist. In ihr ist er ewig und unendlich und darum glücklich. Er verliert absichtlich sein Gewahrsein von der Seele als Same, sonst würde er in der Materie allzu achtlos und sorglos leben.

Die Spaltung zwischen bewusster und unbewusster Selbsterkenntnis ist die Bedingung dafür, dass sich der Mensch während seiner Inkarnation vor allem auf sein materielles Dasein konzentriert. Dadurch ist in ihm die Bedingung zum Lernen und Suchen seiner wahren Identität erfüllt. Aus dem Gegenteil lernt man am meisten. Gegensätze und Wegscheiden beinhalten die meisten Möglichkeiten.

Vielleicht wisst Ihr alles über Euch, wisst, dass Ihr zuinnerst eine Seele seid, dass Ihr Euer emotionales, vitales, bewusstes und materielles Niveau habt, wisst, dass Ihr harmonisch vernetzt seid, und versteht die Kommunikation zwischen den Niveaus Eures Seins - und doch könnt Ihr nicht Eure vollständige Selbsterkenntnis aktivieren.

Ihr könnt Euch nicht bewusst als Seele wiedererkennen, auch wenn Ihr wisst, dass Ihr es seid. Ihr könnt Euch nicht vollständig spüren, erfühlen und sehen. Das meiste, was Ihr tun könnt, ist Euch intuitiv zu spüren. Doch das genügt nicht, um das Erfühlte auch bewusst zu machen.

Egal, was manche erzählen, Ihr könnt mir glauben, dass Ihr Euch während Eurer Inkarnation nie vollständig und umfassend erkennen werdet, zumindest nicht bewusst.

Es wird Euch nie vollständig klar sein, was und wer Ihr seid. Wäre Euch das gegeben, dann wäre Eure Aufgabe in der Welt beendet und Ihr benötigt keine grundlegende Spaltung mehr in Euch selbst.

Es scheint, als wäre es wichtig, dass Ihr Euch in Eurer Ganzheit gewahr seid, doch das ist nicht richtig. Wichtig ist vielmehr, dass Ihr es wisst. Es ist nicht notwendig ständig zu fühlen, was wir als allgemeine Wahrheit kennen.

Während der Inkarnation ist es von Bedeutung eine Brücke zu bauen zwischen dem, was Ihr im Samenkern und in der Materie seid. Keine Brücke, um auf ihr ins eine oder andere Extrem zu spazieren, sondern um ein Band zu knüpfen, das Euer eigentliches Wesen möglichst inensiv mit Eurer zeitlichen Existenz verbindet. Ein Band, das Euch eine intuitive Verbindung, ein intuitives Wiedererkennen von Euch selbst als Ganzheit ermöglicht.

Epilog

Ich habe versucht einen der vielen möglichen Wege zur Wahrheit zu beschreiben. Ich habe mich bemüht unterschiedliche Themen zu behandeln, damit jeder etwas für sich finden kann.

Versucht Euch zu beobachten. Beobachtet Euren Körper, Eure Gefühle, denkt über Euren Samenkern nach, über Eure Umgebung und darüber, wie Ihr Euch selbst erkennt. Die Inkarnation ist nur ein Teil Eures Seins. Versucht sie bis zum letzten Tropfen zu genießen. Erlaubt nicht, dass sie Euch zwischen den Fingern hindurchrinnt wie das Quellwasser, das aus der Hand entweicht und dem Ozean entgegeneilt. Lernt, lernt und lernt.

Ich spreche nicht als Laie zu Euch, sondern als Seele, die auf der Erde zu leben versucht hat und das nicht nur einmal. Die materielle Welt ist schön. Auch ihre Mängel und Fehler sind schön. Wenn ich sie kritisiere, dann will ich damit nicht sagen, dass es sinnlos ist, sich mit ihnen auseinander zu setzen. Ich wollte Euch nur zu einer neuen Sicht des Euch Umgebenden anregen.

Nehmt meine Worte als die Gedanken von jemandem, der Euch auf eine Anschauung des Seins aufmerksam machen möchte, die sich vielleicht von der Euren unterscheidet. Auch wenn sich die Anschauungen von einander unterscheiden, sind sie doch niemals falsch, denn sie helfen Euch dabei, einen bestimmten Teil von Euch selbst zu finden und damit ein subjektives Bild von der Welt zu erschaffen, in der Ihr lebt.

Genießt Eure zarten, flüchtigen Augenblicke und vertraut darauf, dass Eure Wahrheit die einzige ist, die Euch niemand nehmen kann.

Ich wünsche Euch viel Glück in dieser Welt und in der anderen ...

Nachwort

Ich liebe dieses Buch. Für mich ist es wie mein zehnjähriges Kind, denn ich schrieb es vor genau zehn Jahren. Damals war es mein Lehrer, ich lernte unendlich viel von diesen Botschaften.

Dennoch glaube ich, dass ich heute manches anders schreiben würde, nicht etwa, weil ich es vor Jahren nicht richtig verstanden habe. Vielmehr verfüge ich heute über so reiche Erfahrungen, dass die Welt einfach anders dadurch geworden ist.

Mein Herz ist heute übervoll von Gedanken, Wörtern und Wissen, und ich freue mich darauf, diesen Schatz einmal mit allen Menschen teilen zu können.

Ajra Miška, im Herbst 2001